趣读山海经

西山经

竹马书坊 编著

古吴轩出版社
中国·苏州

图书在版编目（CIP）数据

趣读山海经. 西山经 / 竹马书坊编著. -- 苏州 ：古吴轩出版社，2020.1
ISBN 978-7-5546-1492-1

Ⅰ. ①趣… Ⅱ. ①竹… Ⅲ. ①历史地理－中国－古代－少儿读物 Ⅳ. ①K928.626-49

中国版本图书馆CIP数据核字（2019）第285019号

责任编辑：蒋丽华
见习编辑：顾　熙
策　　划：村　上　高　超
封面设计：尛　玖

书　　名：趣读山海经 · 西山经
编 著 者：竹马书坊
出版发行：古吴轩出版社
地址：苏州市十梓街458号　　邮编：215006
电话：0512-65233679　　传真：0512-65220750
出 版 人：钱经纬
印　　刷：唐山富达印务有限公司
开　　本：710×1000　1/16
印　　张：11
版　　次：2020年1月第1版　第1次印刷
书　　号：ISBN 978-7-5546-1492-1
定　　价：235.00元（全六册）

前言

《山海经》是一本百科全书性质的先秦奇书，包含了历史、神话、传说、民俗、地理、动物、植物、矿产、医药等多方面内容，一度被当成一套权威的地理书籍。现存的《山海经》全书十八卷，其中“山经”五卷，“海经”八卷，“大荒经”四卷，“海内经”一卷，共约三万一千字。本书以“山经”“海经”为线索，分六本来解读《山海经》的故事。

图文并茂是《山海经》的重要特征。因古图遗失，现存图片多为明、清时代画师绘制。本书涉及的古籍主要有如下多种：

明代胡文焕《新刻山海经附新刻山海经图》，简称明代胡文焕图本；明代蒋应镐《山海经（图绘全像）》，简称明代蒋应镐图本；明代郭璞注、蒋应镐绘图的《山海经》（十八卷），简称明代《山海经》（十八卷）；清代吴任臣《增补绘像山海经广注》，简称清代吴任臣图本；清代汪绂《山海经存》，简称清代汪绂图本；清代毕沅《山海经新校正》图注原本，简称清代毕沅图本；清代郝懿行《山海经笺疏》，简称清代郝懿行图本；来自日本的图画，简称为日本图本；来自欧洲的图片，简称为欧洲图本；清代吴任臣注，四川成或因绘图的《山海经绘图广注》，简称清代成或因图本；上海锦章图书局于民国八年（1919）出版的《山海经图说》，简称上海锦章图本；清代《钦定古今图书集成·博物汇编·禽虫典》中的异禽、异兽图，简称清代《禽虫典》。

笔者能力有限，如有错漏之处，欢迎广大读者批评指正。

目　录

西山经

西次一经

西次二经

西次三经

玉山

长留山

章莪山

阴山

三危山

天山

翼望山

西次四经

上申山

刚山

英鞮山

中曲山

邽山

鸟鼠同穴山

崦嵫山

西山逸闻

·西次一经·

山脉览

◎ 原文

凡西经之首，自钱来之山至于騩(guī)山，凡十九山，二千九百五十七里。华山，冢也。羭(yú)山，神也。

◎ 译文

西方第一列山系，自钱来山起到騩山止，一共有十九座山，长达二千九百五十七里。华山是诸山的宗主。羭山有神威。

【西山神】人面马身神

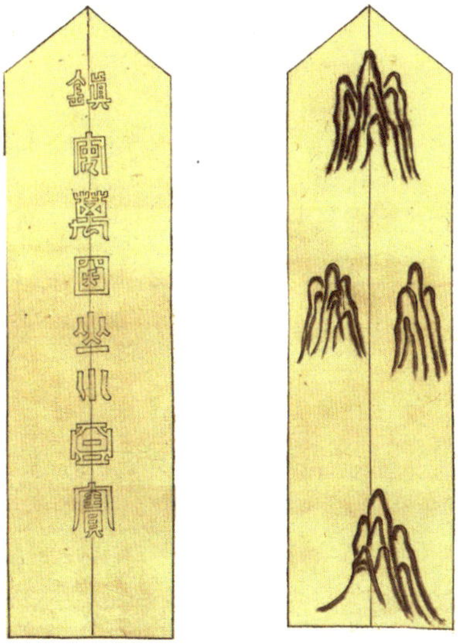

【玉圭】山神祭品

山神说

“从东到西，我们山系从钱来山到騩山，直抵西海。山系中盛产药草，走兽亦多，异兽有凶有吉，有些可解凡人病忧，也有些会害人性命。山系西临西海，常年沾染仙气，若来此游览，天帝山不可错过，山上有很多宝物。太华山高不可攀，如果好奇，可去小华山峰顶远眺。如果仍想多逛逛，可以去浮山，能看到和树一样高的草跟着风左右摇摆。”

钱来山

◎ 原文

《西山经》华(huà)山之首，曰钱来之山，其上多松，其下多洗石[①]。有兽焉，其状如羊而马尾，名曰羬(qián)羊，其脂可以已腊(xī)[②]。

◎ 注释

①洗石：洗澡时刮擦污垢的石头。

②腊：本意指风干的腊肉，这里指皮肤遭风干起皴皱。

◎ 译文

西方第一列山系是华山山系，第一座山叫作钱来山，山上有许多松树，山下有大量洗石。山中有一种野兽，形状像羊，却长着马的尾巴，它的名字叫羬羊，羬羊的油脂能够滋润干裂的皮肤。

【松树】

【方解石】洗石原料

羬羊

——爱美之心

“华山是冢山，山上居住着逝去的神鬼，它们的遗留之力滋养着土地上的生灵，令它们有修复肉身的能力。这正体现了万物循环的道理。”

钱来山附近很有意思，有好几种东西寄托了人们对外表美的追求。钱来山上出产一种洗澡时能去除身体污垢的石头——洗石，还生活着一种能让干裂肌肤复原的怪兽——羬羊。据说羬羊身高六尺，不仅它的油脂能滋养肌肤，而且它的尾巴非常鲜美，吃起来令人意犹未尽。如果能捉到这样一头异兽，那就是一举两得了。

离钱来山四十五里的松果山上，也有这样一种能让人变美的怪兽，名叫䳋（tóng）渠。它长得神似山鸡，身体是黑的，脚是红色的，它的肉能去除皱纹，只是很可惜，这种鸟早已经灭绝了。

【羬羊】清代吴任臣图本

【羬羊】明代蒋应镐图本

【羬羊】

【螐渠】明代蒋应镐图本

太华山

◎ 原文

又西六十里，曰太华之山，削成而四方，其高五千仞，其广十里，鸟兽莫居。有蛇焉，名曰肥𧔥，六足四翼，见则天下大旱。

◎ 译文

（松果山）再往西六十里，有座太华山，山崖陡峭，像刀削的一样，呈四方形，高五千仞，宽十里，飞禽走兽都无法栖身。山中生长着一种蛇，名叫肥𧔥，它长着六只脚与四只翅膀，只要它一出现，天下就会发生大旱灾。

肥𧔥

——不鸣而旱

“太华山山顶有仙女，从天庭接下很多琼脂玉浆。人如果爬到山顶，喝下玉女所奉的琼浆，就能成仙。可惜太华山陡峭，人是不能爬到太华山山顶的。”

太华山又高又窄，有一万多米高，却只有一千米宽。在这么险峻的环境中，山上自然没有寻常鸟兽，只有一种近神的异兽，名叫肥𧔥。它有六只脚、四个翅膀，还有人说它有两个头。这等凶猛的异兽一旦出现，天下将大旱。

肥𧔥出现是个凶兆，但人们却并不将它看成凶兽。明朝万历年间，有人见过一次肥𧔥。它不吃人也不惊恐，只从容地走。很多人来看它，却不敢伤害它，它就在众人的目光中，慢慢地走进了密林里。

【肥𧔥】清代吴任臣图本

小华山

◎ 原文

又西八十里，曰小华之山，其木多荆、杞，其兽多㸲（zuó）牛[1]，其阴多磬石，其阳多㻬琈（tū fú）之玉。鸟多赤鷩（bì），可以御火。其草有萆（bì）荔，状如乌韭，而生于石上，亦缘木而生，食之已心痛。

◎ 注释

①㸲牛：体形硕大的野牛。

◎ 译文

再往西八十里，有座小华山，山中盛产牡荆树和枸杞树，山中野兽多是㸲牛，山北产磬石，山南产㻬琈玉。山中栖息着许多赤鷩鸟，将它饲养在身边可以躲避火灾。山中还有一种叫作萆荔的草，形状像乌韭，但生长在石头上面，也沿着树木生长，人吃了能治愈心痛病。

【磬石】

【枸杞树】

赤鷩

——防火彩鸟

“我让它们分开来住，不然晚上就会被它们打成一团的声音吵醒。它们火气这么旺，还能防火，真是奇迹。”

【斗鸡】

小华山又叫少华山，相传它与太华山是天宫华蓉仙子和华芙仙子下凡显形而形成的。太华山高五千仞，被玉帝封为太华之主；少华山高四千仞，被封为太华之辅，赐名号少华。少华山中的牛体形巨大，鸟的体形也不算小。赤鷩鸟模样像山鸡，头是绿色的，金色的鸟冠，胸腹是纯赤色，后背是黄色的，尾巴夹杂着红色的毛，整只鸟色彩鲜明，非常醒目。将它养在宅子中，有防火的奇效。古代建筑多木，向来担忧火灾，如果有它在，主人心里也能安稳一些。

我国古代有一种斗鸡，和它很相像。斗鸡体形小一些，鸡冠也小一些，嘴尖善斗，背后有黄红纹路，找只鸡和它搏斗，它就会很容易被捕获。

萆荔

——疗愈心伤

“于我而言，只有一种心痛是萆荔不能治愈的：太华山的琼浆没有分到我头上。”

少华山挨着太华山，得主山庇护，灵蕴充沛。萆荔草在这种环境中生长起来，自带了治疗心脏病、治愈心伤的作用。它是一种香草，形如乌韭，叶片三四个一组，如羽毛形状。它长在石头上，或者缠绕在树上生长，吃下去的话，就再也不会生心痛的病了。古代，心病几乎无法治愈，多会早亡。对萆荔的想象，是人们的一种精神寄托。正如古人赋诗说：我的心痛啊，吃了萆荔也无法治愈。诗人表达心中极痛，也从侧面说明，在他们看来，萆荔是可以治愈心伤的。

【萆荔】

符禺山

◎ 原文

又西八十里，曰符禺之山，其阳多铜，其阴多铁。其上有木焉，名曰文茎，其实如枣，可以已聋。其草多条，其状如葵而赤华，黄实，如婴儿舌，食之使人不惑。符禺之水出焉，而北流注于渭。其兽多葱聋，其状如羊而赤鬣。其鸟多鴖（mín），其状如翠而赤喙（huì），可以御火。

◎ 译文

再往西八十里，有座符禺山，山南多产铜，山北多产铁。山上生长着一种树木，名叫文茎，果实像枣子，可以治疗耳聋。山中生长的草多是条草，形状与葵菜相似，开的花是红色的，结的果实是黄色的，果实的样子像婴儿的舌头，人吃了后就不会迷惑。符禺水就从这座山发源，之后向北注入渭水。山中的野兽多是葱聋，这种野兽形状像羊，却长着红色的鬣毛。山中的禽鸟多数是鴖鸟，形状像普通的翠鸟，有红色的嘴巴，养在身边可以预防火灾。

【翠鸟】

【葵菜】

葱聋

——红须异兽

“葱聋温顺，不爱惹麻烦。山里有这样的异兽，很省心呢。”

葱聋类似一种野羊，它的胡须颜色特别一些，是红色的。羊和牛都是我国古代图腾的一种，最早由羌族来饲养，后来逐渐扩散。羌族是古老的游牧民族，“羌”就是西边的牧羊人的意思，他们赋予羊吉祥的寓意，认为它是连接人、神、鬼三界的信使。

葱聋流传到日本后，形象被较完整地保留了下来，黑色的头颅，脸带笑意，是奇异而吉祥的象征。

【葱聋】清代吴任臣图本

【葱聋】日本图本

【野羊】

【葱聋】明代蒋应镐图本

文茎

——耳聪树

“文茎结果之时常有人在山脚求果子，看来凡人的苦痛真是很多啊……”

文茎的果实可治疗耳聋。耳聋也是古代难以治愈的疾病。文茎的模样像灌木，果实像枣一样。文茎和山茱萸有些相似。茱萸是我国一种重要的中草药，佩戴在身上可以防虫、祛毒，在我国也有重阳节登高插茱萸的习俗。

在它附近还有很多条草，它可让人不迷糊，神志清醒，它长得像葵菜。葵菜又叫滑菜，也被称为“百菜之王”。

【文茎和条草】

【茱萸】

鴖鸟

——翠鸟无火

“捉它来养在家中辟火可是非常难的，它飞得很快，常常眼前刚闪过一抹绿，再望过去时，它已经没有踪影了，还不如去小华山上捉赤鷩。”

【鴖鸟】明代蒋应镐图本

华山山系中可以避火的异兽有很多，鴖鸟便是其中一种。鴖鸟有着绿色的身体，像翠鸟一样，红色的尖嘴略细长，爪子据说也是红色的。它的姿态灵动，背上绿色羽毛似有光泽，在阳光下如同宝石一般闪耀。民间传说，鴖鸟常在田野间穿梭，在快要下雨的时候就会脆声啼叫。它对环境的干湿变化很敏感，如果能养一只在家里，就可以避免火灾发生。

英山

◎ 原文

又西七十里，曰英山，其上多杻（niǔ）[①]、橿（jiāng）[②]，其阴多铁，其阳多赤金。禺水出焉，北流注于招（sháo）水，其中多鲜（bàng）鱼，其状如鳖，其音如羊。其阳多箭、䉋（mèi）[③]，其兽多㸲牛、羬羊。有鸟焉，其状如鹑，黄身而赤喙，其名曰肥遗，食之已疠（lì）[④]，可以杀虫。

◎ 注释

①杻：古树，木质坚韧，能做弓干。

②橿：古树，一种坚韧的木材，能用来造车。

③䉋：一种竹子，竹节长，扎根深。

④疠：同“癞”，此处指麻风病。

◎ 译文

（石脆山）再往西七十里，是英山。山上生长着大量的杻树和橿树，山北蕴藏着大量的铁，山南盛产黄金。禺水发源于这座山，向北注入招水，禺水中有很多鲜鱼，形状与鳖类似，声音如同羊叫。山南面还生长着很多低矮的箭竹和䈽竹，山中野兽多数是体形较大的㸲牛和羬羊。山中生活着一种禽鸟，形状与鹌鹑相似，黄色身体，红色嘴巴，名字叫肥遗，人吃了它的肉能治愈麻风病，还能杀死身体内的寄生虫。

【箭竹】

【肥遗】麻风克星

【杻树】

鲑鱼

——龟壳鱼

“原本山上没有羬羊，鲑鱼叫啊叫，慢慢地，钱来山上的羬羊就闻声而来了，少华山上的㸲牛也跟着羬羊来了。”

【鲑鱼】清代吴任臣图本

《山海经》中的很多怪兽并没什么强身健体的功效，但能让人会心一笑。鲑鱼仿佛一条鱼背着一块龟壳，它的叫声和羊的一样——咩咩。这种鱼活在禺水之中，边游边叫，声音能传出很远。

【黑鱼】

【鳖】

【鲜鱼】明代胡文焕图本

竹山

◎ 原文

又西五十二里，曰竹山，其上多乔木，其阴多铁。有草焉，其名曰黄雚(guàn)，其状如樗（chū），其叶如麻，白华而赤实，其状如赭（zhě）[①]，浴之已疥，又可以已胕（fú）[②]。竹水出焉，北流注于渭，其阳多竹箭，多苍玉。丹水出焉，东南流注于洛水，其中多水玉，多人鱼。有兽焉，其状如豚而白毛，毛大如笄（jī）[③]而黑端，名曰豪彘。

◎ 注释

①赭：紫红色。

②胕：浮肿病。

③笄：簪子。

◎ 译文

再往西五十二里，有座竹山，山上的树木都很高大，山北蕴含大量的铁。山中有种草，名叫**黄雚**，形状像**樗树**，叶子像麻叶，开白色的花朵，结红色的果实，略带紫红色。用它洗浴能治疥疮，还能治疗浮肿病。竹水从这里发源，向北注入渭水。竹水北岸有很多矮小的竹子，还出产大量的墨玉。丹水也发源于这座山，之后向东南流入洛水。丹水中出产大量水晶，还有很多鳋鱼。山中有种野兽，形状与小猪很像，长着白色的毛，毛有簪子粗细，尖端呈黑色，这种野兽的名字叫豪彘。

【樗树】

【黄雚】

豪彘

——带刺的小猪

“豪彘确实很难找到伴侣，它身上的毛又长又尖，稍不留神就会被它的毛钉在树上或者地上。疼！”

竹山出竹水，竹水附近还有很多矮小的竹子，竹子叶子尖，它周围的豪彘也是如此。豪彘的毛有簪子那样粗细，基本上是白色的，只有尖端是黑色的。这样一只小猪，行走在水畔，恰如一只大型的长腿刺猬。传说豪彘的刺如堆锥，脊背上的刺可以像箭一样射出去，用来捕猎；而且它是雌雄同体，可以自体繁殖。

【豪彘】清代吴任臣图本

【豪彘】明代蒋应镐图本

【豪猪】

浮山

◎ 原文

又西百二十里，曰浮山，多盼木，枳（zhǐ）叶而无伤，木虫居之。有草焉，名曰薰草，麻叶而方茎，赤华而黑实，臭（xiù）[1]如蘼（mí）芜[2]，佩之可以已疠[3]。

◎ 注释

①臭：通“嗅”，闻的意思。

②蘼芜：一种香草，有兰花的清香。

③疠：疫症，或戾气、恶疮。

◎ 译文

再往西一百二十里，有座浮山，山上到处都生长着盼木，盼木长着和枳树一样的叶子，没有刺，许多虫子寄生在树干里。山中还有一种草，名叫薰草，叶子与麻的叶子类似，茎干呈方形，开红色的花朵，结黑色的果实，这种草的气味像蘼芜，将它佩戴在身上可以治疗瘟疫。

薰草

——瘟疫克星

“如果没有时间和地点的限制就好了，每当有瘟疫出现，我就将薰草送到人间去，这样就不会死那么多人了。”

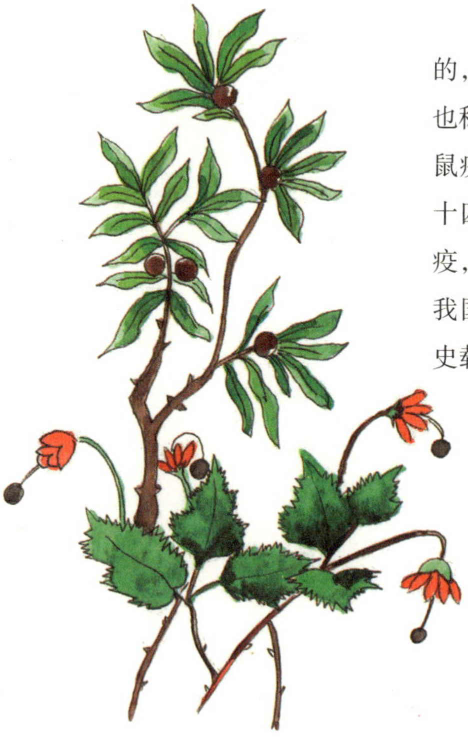

【薰草和盼木】

薰草气味芳香，似有兰花气味，茎秆是方的，随身带着它可治疗瘟疫。瘟疫是一种统称，也称大流行，非常严重的流行病都可称为瘟疫，鼠疫、天花等都属于此类。以鼠疫为例，欧洲十四世纪时发生了一次大规模的“黑死病”瘟疫，死亡人口超过当时欧洲总人口的四分之一；我国清代末年时也发生过一次大规模的鼠疫，史载“死者无算”。

羭次山

◎ 原文

又西七十里，曰羭(yú)次之山。漆水出焉，北流注于渭。其上多棫(yù)[①]、橿，其下多竹箭，其阴多赤铜，其阳多婴垣（yuán）[②]之玉。有兽焉，其状如禺而长臂，善投，其名曰嚣。有鸟焉，其状如枭，人面而一足，曰橐𩇯（tuó fěi），冬见夏蛰，服之不畏雷。

◎ 注释

①棫：白桜树，古代灌木，矮小，果实红。

②婴垣：当作“婴脰(dòu)”，系在脖子上的玉。

◎ 译文

再往西七十里，有座羭次山，是漆水的发源地，向北流入渭水。山中有很多棫树和橿树，山下有着茂密的矮竹丛。山北盛产赤铜，山南蕴藏着丰富的婴垣玉。山里有一种野兽，形状与猿猴类似，长着很长的双臂，擅长投掷，这种野兽的名字叫嚣。山中还有种鸟，形状像猫头鹰，长着和人一样的面孔，只有一只脚，名字叫橐𩇯。这种鸟冬天出现，而夏天蛰伏，将它的羽毛披在身上就不怕打雷。

【棫树】

【猿猴】

嚣

——长臂善投

“在每个晴朗的日子里，天空中都飞着白桵结的红果子，那都是嚣抡起臂膀扔到空中的。”

类似猿猴的怪兽有很多，嚣的能力在它们之中并不出众。它胳膊很长，平时在矮树间穿梭，还爱扔东西，和现实生活中的黑长臂猿有类似的地方。嚣生活在西山中，黑长臂猿也曾生活在我国西部，只是随着生态环境改变，生活范围逐渐缩小了。十八世纪时，陕西一带就很少出现黑长臂猿了；十九世纪时，长江以北的黑长臂猿几乎消失；二十世纪中末期后，它们只在云南等地活动，数量也急剧减少。

【嚣】明代蒋应镐图本

【嚣】日本图本

【长臂猿】

橐𩇯

——避雷鸟

“作恶多端的人是无法佩戴它的羽毛的，会有风神将羽毛吹走。寻常山林里养几只，就不怕雷击林火了。”

羭次山上的这种鸟非常独特，形状像猫头鹰，却长着人脸，还只有一只脚，而且它夏天的时候不出来，冬天才出来活动。佩戴它的羽毛就不怕被雷劈。雷电从天而降，壮观并且震撼人心，有时还伴随着水灾、火灾等自然灾害，所以古人对雷电有一种敬畏感。

民间神话中有雷公专门管理天上的雷电，他的形象和这鸟有相似的地方：巨翅、眼如铜铃、鸟喙。雷公还是人间公正的主持者，若有不公之事上达天庭，雷公就会降下雷电来，惩罚坏人。

【橐𩇯】明代胡文焕图本

【橐𩇯】欧洲图本

【橐𩇯】明代蒋应镐图本

【雷公】

天帝山

◎ 原文

又西三百五十里，曰天帝之山，上多棕、楠，下多菅（jiān）、蕙。有兽焉，其状如狗，名曰谿边，席其皮者不蛊。有鸟焉，其状如鹑，黑文而赤翁①，名曰栎（lì），食之已痔（zhì）。有草焉，其状如葵，其臭如蘼芜，名曰杜衡，可以走马②，食之已瘿（yǐng）。

◎ 注释

①翁：鸟的颈毛。

②走马：令马快走。

◎ 译文

（嶓冢山）再往西三百五十里，有座天帝山。山上生长着茂密的棕树和楠树，山下茅草和蕙草丛生。山中有种野兽，形状像狗，名叫谿边，人坐在用谿边皮毛做成的垫子上，不会中毒蛊。山中有一种鸟，类似鹌鹑，身上有黑色纹路，颈毛是红的，名字叫栎，它的肉可以治疗痔疮。山中生长着一种草，形状像葵菜，气味和蘼芜的相同，名字叫作杜衡，给马佩戴上这种草，可以让马跑得飞快，人吃了可以治愈颈部的肿瘤。

【棕树】棕榈

【楠树】

谿边

——辟邪犬

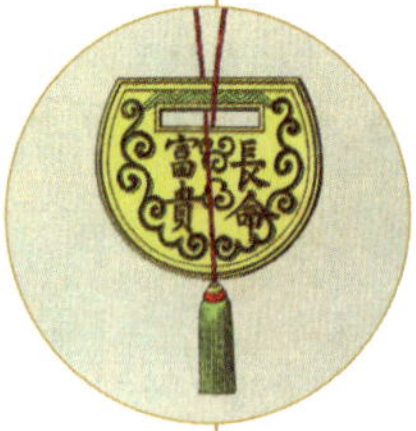

“为了避免被捕捉，谿边大多藏起来了。天帝山上草木茂盛，茅草有九尺那么高，它藏在茅草间，安全极了。如果想看它，就挑一个风大的日子，草都弯向一侧时，就能看到它静静地站在那里了。”

【谿边】清代《禽虫典》

从外界而来的毒物，从身体内开始腐蚀，称为蛊。蛊称毒物，也称邪魅之气。用谿边的皮毛做了垫子，坐在上面，就能防止邪气入体。和吃人的九尾狐相比，谿边的获取难度小了很多，所以它常被人们惦记。

我国民间有狗牙辟邪的说法，游牧民族常将狼、狗的犬牙摘下，有的镶嵌金丝、银丝，再用红绳或者皮绳穿起来，戴在家中小孩子身上。这既是一种护身符，也非常美观，为孩子增添英勇气质。

杜衡

——疾马草

“杜衡有毒，除非要治瘿病，否则不要吃，吃了会吐，还会昏迷。”

南山有一种吃了能让人快走的狌狌；天帝山上的杜衡，系在马的鬃毛上，能让马日行千里。这两种生物都体现了古代人渴望快速行走。我国人民自古生存在广袤大陆之上，从西到东走上半年是常有的事情。在没有车的古代，如果马能走得更快的话，那么游览全国的愿望就能更快实现了。

杜衡还能治疗颈瘤病，这种病也是古代一种高发、难治的疾病。古籍记载，在山上居住的人更容易生这种病。瘿病很像甲状腺疾病，多是缺碘导致。随着碘盐的普及，如今已经少有这种病了。在天帝山旁边的皋涂山上，有一种名叫数斯的鸟，它像猫头鹰，但长了人脚，吃它也可以治疗这种疾病。

【数斯】日本图本

【杜衡】

皋涂山

◎ 原文

西南三百八十里，曰皋（gāo）涂之山。蔷（sè）水出焉，西流注于诸资之水。涂水出焉，南流注于集获之水。其阳多丹粟，其阴多银、黄金，其上多桂木。有白石焉，其名曰礜（yù），可以毒鼠。有草焉，其状如槁茇（gǎo bá），其叶如葵而赤背，名曰无条，可以毒鼠。有兽焉，其状如鹿而白尾，马足人手而四角，名曰玃（jué）如。

◎ 译文

西南三百八十里，有座皋涂山，蔷水就发源于此，之后向西流入诸资水；涂水也从这座山发源，向南注入集获水。山的南面遍布着粟米粒大小的丹砂，山的北面盛产大量的银和黄金，山上到处都长满了桂树。山中出产一种白色的石头，名叫礜，可以用来毒死老鼠。山中生长着一种草，形状像槁茇，叶子与葵菜叶子类似，背面是红色的，名字叫作无条，也可以用来毒死老鼠。山中有一种野兽，形状很像鹿，长着白色的尾巴，马一样的蹄子，有人一样的手，还长着四只角，名字叫玃如。

无条

——毒鼠草

“名叫礜的白色石头很有意思，老鼠吃了会被毒死，若是蚕宝宝吃了，反倒会长得更加肥嫩，多出蚕丝。”

古人对偷粮和传播瘟疫的老鼠可谓恨之入骨。只皋涂山上就有两种可以毒死老鼠的东西：一种是白色的石头，礜；另一种就是无条。无条长得像槁茇，似伞状。槁茇无毒，可以治头皮屑；和它有些像的无条，叶子背面是红的，就有毒了。将无条拌在毒老鼠的诱饵里，很快老鼠就一命呜呼了。

【无条】

【礜石】

玃如

——三不像

“玃如不怕人，如果你不怕的话，还可以站在河边和它握握手。”

【玃如】清代《禽虫典》

皋涂山上水多，矿产也多，还有吉祥的树种——桂树。长相奇特的玃如就生活在这种环境里。玃如有点像梅花鹿，但头顶的角有四根，前蹄是人手的样子，后蹄似马蹄，是种“三不像”的异兽。我国还有一种俗称“四不像”的动物，叫麋鹿。它们犄角像鹿，面部像马，蹄子像牛，尾巴像驴，也是很奇妙生物呢。

【玃如】欧洲图本

【梅花鹿】

【玃如】明代蒋应镐图本

翠山

◎ 原文

又西二百里，曰翠山，其上多棕、楠，其下多竹箭，其阳多黄金、玉，其阴多旄牛、麢（líng）①、麝（shè），其鸟多鸓（lěi），其状如鹊，赤黑而两首四足，可以御火。

◎ 注释

①麢：通“羚”，像羊，但体形更大。

◎ 译文

（黄山）再往西二百里，有座翠山，山上长满了棕树和楠树，山下到处是低矮的竹丛，山的南面蕴藏着大量的黄金和玉石，山的北面有很多牦牛、麢羊和香獐。山中禽鸟以鸓鸟居多，它的形状与喜鹊类似，长着红黑色的羽毛，有两个脑袋和四只脚，饲养它能够预防火灾。

【獐】

【羚羊】

鸓

——辟火怪鸟

“辟火鸟据说都和神鸟朱雀有关系。朱雀周游山海各处，目光落在哪座山上，哪座山就会生出一种辟火鸟。我们翠山可是神鸟眷顾的山啊！”

辟火的鸟在《山海经》中有多种。鸓鸟和其他辟火的鸟相比，样子更怪异。它两个头、四只脚，猛一看好像两只喜鹊叠在一起，很有震慑作用。防火的鸟多见，可以看出古代人对火灾的畏惧以及对预防火灾的重视。

当我们去参观一些古建筑的时候，常能在殿顶看到一些雕刻的菱形图案，上面绘有瑰丽繁复的花纹，庄严且有仪式感。这些雕刻不仅是古代艺术的象征，也表达了古人对建筑远离火灾的祈愿。

【鸓】明代胡文焕图本

【鸓】欧洲图本

【传统藻井纹样】

【鸓】明代蒋应镐图本

·西次二经·

山脉览

◎ 原文

凡《西次二经》之首，自钤（qián）山至于莱山，凡十七山，四千一百四十里。其十神者，皆人面而马身。其七神皆人面牛身，四足而一臂，操杖以行，是为飞兽之神。

◎ 译文

西方第二列山系，自钤山起到莱山止，总计有十七座山，长达四千一百四十里。其中十座山的山神都是人面而马身。另外七座山的山神都是人面而牛身，有四只脚和一只手臂，需要拄着拐杖行走，这七位神就是所谓的“飞兽之神”。

【西山神】人面牛身

【猪】山神祭品

【鸡】山神祭品

山神说

“我们地处西山第二列，东起铃山，西到莱山，总计有十七座山，长达四千一百四十里。山中矿产丰富，树木茂盛。山中异兽不多，但各个灵力高强。若寻矿而来，各个山中皆有特产，按需自取便可；若想看大型野兽，底阳山和众兽山不要错过。十七座山，首推女床山，有矿，有兽，还有鸾鸟，山中安宁。记得避开极西处的莱山，上有罗罗，是食人鸟。”

女床山

◎ 原文

西南三百里，曰女床之山，其阳多赤铜，其阴多石涅（niè）①，其兽多虎、豹、犀、兕（sì）。有鸟焉，其状如翟（dí）②而五采文，名曰鸾鸟，见则天下安宁。

◎ 注释

①石涅：黑石脂的别称，古时用来画眉。

②翟：体形较大的野鸡，尾巴长。

◎ 译文

（高山）往西南三百里，有座女床山，山的南面蕴藏大量赤铜，山的北面出产丰富的石涅，山中野兽多是老虎、豹、犀牛和兕。山中有一种鸟，形状类似野鸡，长着色彩斑斓的羽毛，名字叫作鸾鸟，鸾鸟出现则天下安宁。

【石涅】

【豹】

鸾鸟

——和平瑞鸟

“鸾鸟热情，喜欢交朋友，所以常四处游玩，海内、海外都有它的踪迹。它和丹穴山上的凤凰是很好的朋友，它们志趣相投，常结伴出行。西山山脉和南山山脉虽然离得远，但阻挡不了它们间深厚的情谊。”

鸾鸟与凤凰类似，也是瑞鸟的一种。也有说鸾鸟是凤凰的后代，庶鸟是鸾鸟的后代，而天下所有的普通鸟类都是庶鸟的后代。女床山的鸾鸟是五彩斑斓的，也有说鸾鸟通体洁白，可唤五音（宫、商、角、徵、羽），嗓音极为动听。

有关鸾鸟的传说总和帝王诸侯脱不了关系。相传周成王时，有西戎人为他献上鸾鸟，那只鸟比凤凰还要大，极为罕见。古人相信若圣人在朝，天下宁和，启乐器祭典时，凤凰和鸾鸟会一起出现，展翅齐飞，与钟磬齐鸣。

【鸾鸟】明代蒋应镐图本

【翳鸟（鸾鸟）】明代《山海经》（十八卷）

【鸾鸟（凤凰）】明代《山海经》（十八卷）

【鸾鸟】日本图本

韶音连绵，鸟鸣如颂，是太平盛世的庆贺之词，但在其他时候，鸾鸟并不轻易鸣叫。古代有一位小国国王名为罽宾王，他养的一只鸾鸟三年也不曾鸣叫，他觉得奇怪也觉得愤怒。有术士进言称，鸾鸟见到同类便会鸣叫。他听到后，命人在鸾鸟屋中悬挂了多面铜镜，鸾鸟见到铜镜中自己被囚禁的孤独身影，终于哀鸣不止。罽宾王以此为喜，鸾鸟最后却啼哑而终。

鹿台山

◎ 原文

又西二百里，曰鹿台之山，其上多白玉，其下多银，其兽多㸲牛、羬羊、白豪。有鸟焉，其状如雄鸡而人面，名曰凫徯（fú xī），其鸣自叫也，见则有兵。

◎ 译文

（龙首山）再往西二百里，有座鹿台山，山上有很多白玉，山下有很多白银，山中野兽以㸲牛、羬羊、白色豪猪居多。山中有一种鸟，形状与雄鸡类似，却长着人脸，它的名字叫作凫徯，它的叫声和它名字的发音一样。凫徯出现，天下就会发生战争。

【白银】

【㸲牛】

凫徯

——服兮，服兮

“这鸟虽受我庇佑，但我不喜欢它。它每天在天上飞来飞去，问别人服不服气，总听到这样的话，谁都会心烦意乱，想和它打一架。我把它关起来了，但西面小次山上的朱厌总来找它，它们一起偷溜出去，一个乱叫，一个乱吼，见别人兵戎相见才开心。”

人面鸟家族中再添一只凶鸟。凫徯昂头长尾，颈上有厚厚的羽毛，公鸡一样的身形，长着人的脸，它出现的地方常常会发生战乱。据说古时候在郴（chēn）江地区，就有人发现了凫徯，转年就发生了战争。古人对战争极为厌恶和恐惧，也试图找到战争发生的原因，并且希望将这些战争的象征物杀死，就能回归平常生活。

【凫徯】明代胡文焕图本

【凫徯】明代蒋应镐图本

【凫徯】日本图本

小次山

◎ 原文

又西四百里，曰小次之山，其上多白玉，其下多赤铜。有兽焉，其状如猿，而白首赤足，名曰朱厌，见则大兵。

◎ 译文

（鸟危山）再往西四百里，是小次山，山上出产白玉，山下盛产赤铜。山中有一种野兽，形状与猿猴很像，脑袋是白色的，脚是红色的，名字叫作朱厌，它一出现，就会有大的战争爆发。

朱厌

——举界兴兵

“朱厌常年在战场上行走，双脚被战场上的鲜血染红。它常睡觉，极少醒来，若醒来了，便飞快消失，不知所终。我见到过它回来的样子，踮脚从东而归，在巨石上兴奋起舞，石头上有血的痕迹，它却不在乎，窝在巨石上下一刻就安稳入眠。”

朱厌是闻名遐迩的大凶兽，形如猿猴，动作灵敏，是天下兴兵的征兆。传说中，朱厌是逐鹿之战中死去的神将的灵魂所化，黄帝和蚩尤大战数月，朱厌就在混乱的战场上旁观，因为不断有神将牺牲，所以兵器和神力对朱厌造成的伤很快就会愈合。当黄帝胜利时，战场上已经没有什么活物了，他在去往昆仑的途中，将朱厌这只凶兽放到了小次山，让它自生自灭。

【朱厌】明代蒋应镐图本

· 西次三经 ·

山脉览

◎ 原文

凡《西次三经》之首，崇吾之山至于翼望之山，凡二十三山，六千七百四十四里。其神状皆羊身人面。

◎ 译文

西方第三列山系，从崇吾山起到翼望山止，一共有二十三座山，共六千七百四十四里。诸山山神的样貌都是羊身人面。

【西山神】人面羊身

【稷】山神祭品

山神说

“我们西方第三列山系，从崇吾山起到翼望山止，一共有二十三座山，共六千七百四十四里。山脉挨着大河，山与山间多沼泽水系，奇珍异宝数不胜数。神仙在人间的居所大多在我们山系中，合适的时候可以登山一览。”

崇吾山

◎ 原文

《西次三经》之首，曰崇吾之山，在河之南，北望冢遂，南望嶢（yáo）之泽，西望帝之搏兽之丘，东望蝺（yān）渊。有木焉，员[①]叶而白柎（fū）[②]，赤华而黑理，其实如枳[③]，食之宜子孙。有兽焉，其状如禺而文臂，豹虎而善投，名曰举父。有鸟焉，其状如凫，而一翼一目，相得乃飞，名曰蛮蛮，见则天下大水。

◎ 注释

①员：同“圆”。

②柎：花下萼。

③枳：淮水以北的橘子树叫枳树。

◎ 译文

西方第三列山系，第一座山叫崇吾山，这座山位于大河南岸，向北可以望见冢遂山，向南可以望见䍃泽，向西可以看到天帝的搏兽山，向东可以看见螞渊。山中生长着一种树，叶子圆，花萼白，红色的花朵上有黑色纹路，它的果实与枳的果实很相似，吃了能令人多子多孙。山中有一种野兽，形状类似猿猴，手臂上长有斑纹，长着豹子尾巴，擅长投掷，名字叫作举父。山中还有一种鸟，形状很像野鸭子，却只有一只翅膀和一只眼睛，需要两只鸟合起来才能飞翔，它的名字叫作蛮蛮。如果它出现，就会发大水。

【枳】

【野鸭子】

举父

——夸父之影

“举父喜欢吃崇吾山上的酸橘子，有时吃着吃着还会哭出来，或许是想家了。他们还喜欢比赛扔橘子，站在山顶上朝南扔，力气大的能将橘子砸进南方的岳泽，那时候他们就会高声笑出来。”

【举父】上海锦章图本

崇吾山三面环水，其上有宜子孙的树木，还有善于投掷的猿猴模样的奇兽。传说中举父与夸父族有关系。蚩尤和黄帝之间发生战争的时候，夸父是站在蚩尤一边的。他们生性纯良，一直跟蚩尤部落比较亲近，所以蚩尤邀请夸父族来助阵时，夸父族并未多想，应邀而去，结果成为叛部之一。

战役以蚩尤失败告终，夸父族人损伤过半，神力折损，有的侥幸返回故土，有的向西逃进深山里。深山无日月，慢慢地，夸父族人退化了：长久不和人接触，他们失去了说话的能力；他们身上也长出了御寒的毛发，身后长出了保持平衡的尾巴；象征力量的蛇消失了，只有纹路留刻在胳膊上。曾经和黄帝一族奋战过的巨人，就这样变成了名为举父的奇兽。

【蚩尤玉环】黄中透红

【举父】明代蒋应镐图本

【举父】清代吴任臣图本

蛮蛮

——比翼鸟

蛮蛮又称比翼鸟，《诗经》中也称鹣（jiān）鹣鸟，《海外南经》中也提到比翼鸟，说它们颜色有青有红，在南山出没。一只蛮蛮无法独自飞翔，需要和另一只蛮蛮结伴而行，因此它们常用来比喻感情好、形影不离的夫妻、朋友等。

蛮蛮现身会发生洪水，所以它很少现身。民间形象以鸳鸯、鸿雁为主。

【比翼鸟】清代吴任臣图本

“蛮蛮有时在天上好好地飞着，举父的橘子便扔过来了，将并肩的两只鸟分开。两只鸟分开后不能飞，就直直向下掉，摔在树上。我眼看着东海那边飘过乌云，水凶猛地涨起来，不多时，山脚处便是一片水泽。”

【蛮蛮】明代蒋应镐图本

【比翼鸟】日本图本

我国古代有很多关于比翼鸟的传说。三国时期，吴国有人名为陆东美，他的妻子朱氏相貌姣好、举止端庄，两人感情很好，几乎寸步不离。大家送了他们一个绰号，叫作“比肩人”。后来他的妻子先去世了，陆东美开始绝食，以求早死，以便和妻子合葬。两人合葬后，墓冢上长出了梓树，同根两身，相抱而合成一树，经常有成双鸿雁在这棵树上栖息。当时的吴主孙权听说了这件奇事，嗟叹之余，封他们所在的乡里为“比肩”，他们墓冢为“双梓”，这夫妻二人就成了比翼鸟的象征。

不周山

◎ 原文

又西北三百七十里，曰不周之山。北望诸𪊨之山，临彼崇岳之山。东望泑(yōu)泽，河水所潜也，其原浑（gǔn）浑泡（páo）泡。爰（yuán）[1]有嘉果，其实如桃，其叶如枣，黄华而赤柎，食之不劳。

◎ 注释

①爰：于此，这里。

◎ 译文

（长沙山）再往西北三百七十里，有座不周山。向北望，可以看见诸𪩘山，不远处是崇岳山。向东可以看到泑泽，那里是大河的源头所在，源头之水喷涌而出，发出浑浑泡泡的响声。这里生长着一种非常珍贵的果树，此树结出的果实与桃子相似，叶子类似枣树叶子，开黄色的花朵，花萼为红色，人吃了后就没有烦恼忧愁。

【嘉果】忘忧果

不周山

——共工之怒

不周山在西北大荒的一个角落里，它的山体有裂痕，合不拢，所以被称为“不周山”，有不妥当、不周正的意思。不周山曾经是天地间维持平衡的八根天柱之一，也是人类和神明沟通的桥梁。这是因为八根天柱中，只有不周山可以攀爬上去，其他天柱人类都无法爬上去。这个情况在共工和颛顼大战时改变了。

【神农氏】炎帝

黄帝的后裔颛顼成了天帝后，重新规定了天地间的规则。人神不再混居，等级分明，戒律森严，大地一片死气沉沉。减少了和神见面的机会，人类的疾苦很难传递给神明，脆弱不堪。共工是炎帝的后代，本就不忿自己的先祖在炎黄大战时败下阵来，在看到颛顼的行为后，决定起兵造反，争夺天帝之位。共工有得力助手相柳，颛顼也有海神禺彊，两方打得昏天暗地。在不周山附近打斗时，共工怒极，以身触柱，将通天神柱拦腰撞断。支撑天的柱子折了，天向西北方向倾斜，看起来更加高远；东南土地下沉，水滚滚东去，无可拦截；那些被颛顼挂在西天的星辰也沿着穹顶重新滑动。斗转星移，水流不息，人类失去了与神灵的联系，不得不独自生存在这片充满生机和危险的大陆上。

【八天柱】

“共工的做法带来了很矛盾的结果。撞折了天柱，除非神灵下界，不然人再也无法得到神的庇佑；天柱变成了不周山，星辰周转，有了日夜，水流动起来，大河从水泽中发源，养育了无数子民。因为这种结果，共工并未被处死。传说中，共工触柱前说：‘这是天柱，却也没听过谁真的爬上去见到神。如此惺惺作态，真当地上的人离不开这东西吗！’这话，确实像坏脾气的共工说的呢！”

峚山

◎ 原文

又西北四百二十里，曰峚（mì）山，其上多丹木，员叶而赤茎，黄华而赤实，其味如饴，食之不饥。丹水出焉，西流注于稷泽，其中多白玉，是有玉膏，其原沸沸汤（shāng）汤，黄帝是食是飨（xiǎng）[1]。是生玄玉。玉膏所出，以灌丹木。丹木五岁，五色乃清[2]，五味乃馨。黄帝乃取峚山之玉荣，而投之钟山之阳。瑾、瑜之玉为良，坚栗精密，浊泽而有光，五色发作，以和柔刚。天地鬼神，是食是飨；君子服之，以御不祥。自峚山至于钟山，四百六十里，其间尽泽也。是多奇鸟、怪兽、奇鱼，皆异物焉。

◎ 注释

①飨：通“享”，享用。

②清：光鲜。

◎ 译文

再往西北四百二十里，是峚山，山上很多丹树。它叶子圆，茎红，开黄色的花，结红色的果实，味道是甜的，人吃了后不会感到饥饿。丹水发源于此，之后向西注入稷泽，水中盛产白色玉石。这里有玉膏涌出，源头有沸沸汤汤的声音，黄帝就经常拿这种玉膏来服食享用。这里还盛产黑玉石。用涌出的玉膏去浇灌丹树，五年后，它便会开出光鲜亮丽的五色花，结出味道香甜的五色果。黄帝选取了峚山中玉石的精华，投种在钟山的南面。好的玉可以称为瑾、瑜，这两种玉石坚硬致密，温润而富有光泽。玉上散发出五种颜色的光彩，交相辉映，刚柔和谐。天神地鬼都喜欢享用它。君子佩戴它能抵御妖邪之气的侵害。从峚山到钟山，长四百六十里，其间全是沼泽，沼泽中生长着许多珍奇的禽鸟、怪异的野兽和神奇的鱼类，这些都是世间罕见的异物。

【丹树】

【双鱼玉佩】

钟山

◎ 原文

又西北四百二十里，曰钟山。其子曰鼓，其状人面而龙身，是与钦䲹（pī）杀葆江于昆仑之阳，帝乃戮之钟山之东曰䍃（yáo）崖。钦䲹化为大鹗，其状如雕，而黑文白首，赤喙而虎爪，其音如晨鹄（hú），见则有大兵。鼓亦化为鵔（jùn）鸟，其状如鸱，赤足而直喙，黄文而白首，其音如鹄，见则其邑大旱。

◎ 译文

再往西北四百二十里，有座钟山。钟山山神的儿子叫作鼓，鼓的样貌是人面而龙身，他曾和钦䲹共同谋划，联手在昆仑山的南面杀死了天神葆江。天帝知道此事后，将鼓和钦䲹诛杀在钟山东面一个叫䍃崖的地方。钦䲹化作一只大鹗，形状像雕鹰，长着黑色斑纹，白色脑袋，红色嘴巴，还长着和老虎一样的爪子，发出的声音如同晨鹄的鸣叫，它一旦出现，就会发生大的战争；鼓化为鵔鸟，形状类似普通的鹞鹰，却长着红色的脚和直直的喙，身上有黄色斑纹，头是白色的，发出的声音与鸿鹄的叫声很相似，它出现在哪个地方，哪个地方就会有旱灾。

鵕鸟

——罪神旱鸟

“葆江手里似乎有不死药，鼓想尝尝；也有说葆江手里有天宫的钥匙，鼓想据为己有。总之鼓贪婪妄为，最终也受到了惩罚，从神变成了凶鸟。只是可惜葆江一身神力就这样散了。”

【鼓】明代胡文焕图本

掌管北方明灭的神烛阴住在钟山上，他有个儿子名鼓，人面龙身。烛阴掌管北方的晨昏冬夏，事务繁忙，很少管这个儿子，使他变得不知天高地厚，很爱闯祸。鼓有个狐朋狗友叫钦䲹，他们俩联手在昆仑南坡将天帝臣子葆江杀害了，随后返回鼓的家中。

【鼓】日本图本

【鼓】明代蒋应镐图本

【鵕鸟】明代蒋应镐图本

善神惨死在天帝住所门口，天帝震怒，于是将他们两个处死在钟山东面悬崖处。神有复生的能力，天帝便降下神罚，剥夺他们的神格；他们杀死的葆江是神鸟，天帝就令他们复生成为人人喊打的凶鸟。钦䲹化身成雕鹰，声如狗叫，成为战乱的象征；鼓化身为鵕鸟，像鹞鹰一样，成为旱灾的预兆。烛阴休眠醒来，知道儿子做下的祸事，没有颜面与天帝理论，只能将他囚禁在山中，非神召不让他出门。

泰器山

◎ 原文

又西百八十里，曰泰器之山。观水出焉，西流注于流沙。是多文鳐鱼，状如鲤鱼，鱼身而鸟翼，苍文而白首赤喙，常行西海，游于东海，以夜飞。其音如鸾鸡，其味酸甘，食之已狂，见则天下大穰（ráng）。

◎ 译文

再往西一百八十里，有座泰器山。观水就发源于此，然后向西流入流沙。观水中有许多文鳐鱼，这鱼形状像鲤鱼，长着鱼的身子和鸟一样的翅膀，身上有青色的斑纹，脑袋是白的，嘴是红的。它经常从西海畅游到东海，夜间还会飞行。它的叫声很像鸾鸡的鸣叫，它的肉酸中带甜，能治疗癫狂病，只要它一出现，天下就会大丰收。

文鳐鱼

——酸甜止癫

“嗯……无论什么兽，抓住就要尝尝。我都不知道原来文鳐鱼的肉是酸甜的，不需要另外调味，真是我山奇鱼。”

观水出泰器山然后注入流沙，成为地下暗河，生活在观水中的文鳐鱼长了翅膀，既可以沙上滑行，也能飞翔。文鳐鱼是种吉祥的鱼，它乐观温和，热爱运动，吃了它还能治疯癫病，很惹人喜爱。

现实中也有一种“文鳐鱼”（燕鳐鱼），胸鳍特别发达，很像鸟类的翅膀，而且特别大，一直延伸到尾部。这种鱼可以在海中以十米每秒的速度高速运动，还可以跃出水面，在空中滑翔。这种滑翔很费体力，每当遭遇攻击急于逃脱的时候，它才会施展出这种本领来。

【文鳐鱼】清代吴任臣图本

槐江山

◎ 原文

又西三百二十里，曰槐江之山。丘时之水出焉，而北流注于泑水。其中多蠃（luǒ）母，其上多青、雄黄，多藏琅玕（láng gān）、黄金、玉，其阳多丹粟，其阴多采黄金、银。实惟帝之平圃，神英招（sháo）司之，其状马身而人面，虎文而鸟翼，徇①于四海，其音如榴。南望昆仑，其光熊熊，其气魂魂；西望大泽，后稷（jì）所潜②也，其中多玉，其阴多榣木之有若；北望诸毗，槐鬼离仑居之，鹰、鸇（zhān）③之所宅也；东望桓山四成，有穷鬼居之，各在一搏④。爰有淫（yáo）水，其清洛洛。有天神焉，其状如牛，而八足二首马尾，其音如勃皇，见则其邑有兵。

◎ 注释

①徇：周行，巡视。

②潜：归隐，也为葬。

③鸇：鸱的一种。

④搏：胁，腋下到肋骨下。此处形容山的一面。

◎ 译文

再往西三百二十里，有座槐江山。丘时水就从这座山发源，然后向北注入泑水。水中有很多蠛螺，山上蕴藏着丰富的石青和雄黄，出产琅玕、黄金和玉，山南到处都是粟米粒大小的丹砂，山北盛产带有纹彩的黄金和白银。槐江山是天帝在人间的园圃，由天神英招主管。天神英招的模样是马身人面，身上有老虎的斑纹和鸟的翅膀，他巡行四海，传布天帝的指令，发出的声音就像抽水声。

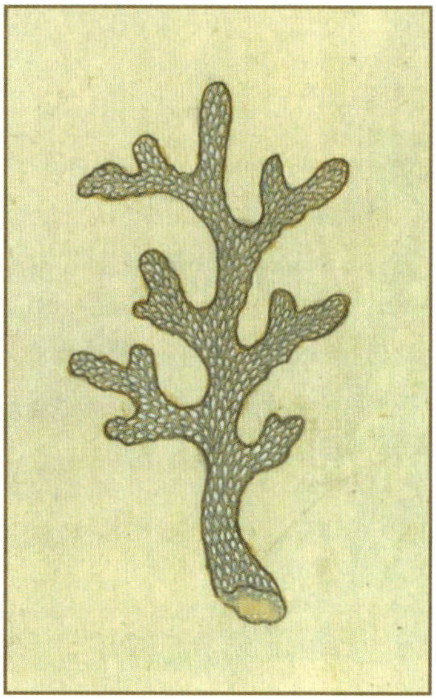

【琅玕】

南望昆仑山，那里神光熊熊，仙气燃燃。从这座山向西望去，可以看见大泽，那里是后稷的归隐之地。大泽中有很多的玉石，南面长着很多榣木，上面又生长着奇异的若木。从槐江山向北望，可以看见诸毗山，是槐鬼离仑居住的地方，鹰、鹯等飞禽也在那里栖息。从槐江山向东望，可以看见四重高的桓山，有穷鬼居住在那里，他们各住在山的一面。槐江山边上有瑶水，清澈明净，汩汩流淌。边上还有一位天神，形状像牛，长着八只脚、两个脑袋和一条马的尾巴，叫声像“勃皇”，它出现在哪里，哪里就会发生战争。

【鹯】

英招

——天帝侍神

“英招大神脾气非常好，人也细致，总住在槐江山上，说住在这里便于查看昆仑的气韵，了解天帝动态，为天帝服务。”

槐江山上金玉良多，在昆仑附近，是天帝游玩的园圃。英招就是这儿的管家。英招马身人面，常在四海巡游，将天帝的命令传达给众人，也将自己看到的人间见闻传递给天帝。英招说神语，人类听起来，就如抽水声一般。英招是天帝和人间沟通的使者，人间有难时，天帝也常派他出来相助。传说大禹治水时，共工手下相柳氏为祸人间，应龙几次败于他之手，英招领天帝命令，出手相助，终于将相柳氏除掉，让大禹可安心治水。

【英招】清代吴任臣图本

【英招】明代蒋应镐图本

【昆仑玄木】

后稷

——司农神

“后稷大神托生的经历太艰难了，他归隐回到神界后，也总和我们说起这段经历。”

槐江山西面的大泽，是后稷大神的安息之处，此处山水环绕，隐在昆仑的无尽神息中，名为都广之野。这片原野上植物能自己生长，鸾鸟、凤凰自唱自舞，还生活着神女。上古神灵在人间有诸多后嗣，有的是祥瑞的代表，很有名气，也有的不见经传，甚至危害人间。黄帝一脉有颛顼，颛顼之后又有帝喾，帝喾便是“三皇五帝”之一，而后稷是帝喾的后代，周部落的祖先。

《大荒经》中有一个关于后稷的故事。在那个时候，大禹继承他父亲的遗志，终于平息了洪水，令人间平定下来。后稷见人间平定，就从天上将百谷带了下来。他还有个侄子叫叔均，叔均帮助他播撒五谷，开始用牛来耕田。人们这样慢慢聚集起来，形成了西周国，姓姬。

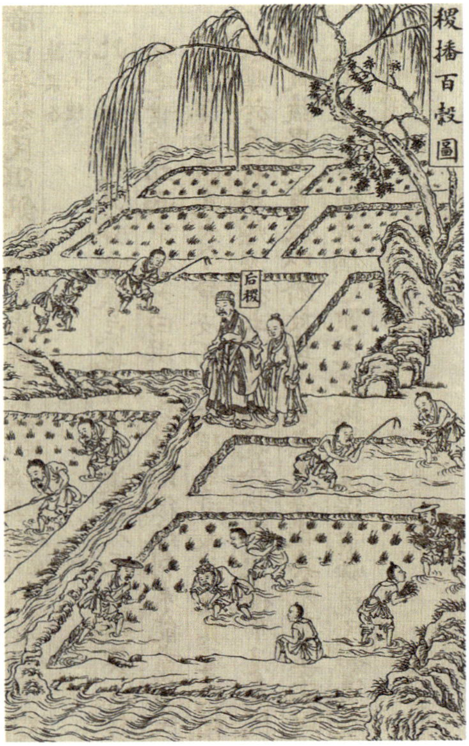

【稷播百谷图】

【后稷与母亲】后稷出生的传说

关于后稷，还有个传说。后稷的母亲姜嫄在荒野踩了巨人的脚印生下了他，但他出生后生得怪异，像个肉团一样，所以被他母亲遗弃了。天帝怜惜他的身世，用神力照拂他。他母亲将他扔在巷子里，牛羊避着他走；他母亲将他扔在林子中，有人来伐木，收养他；他母亲又将他扔在冰原上，有大雁温暖他；将他抛在河里，他就变成了一个“呱呱”哭泣的婴儿。他母亲见到这个情形，就将他带回去抚养，取名为“弃”，这才有了后面的播种百谷的故事。

天神

——主兵之神

“他说‘勃皇’，就是不要靠近的意思。如果不听他劝阻，自然是要动干戈的。人和神分开居住，可能是颛顼大帝的规定，但在此之前也有预兆，颛顼大帝也不是突然决定的。女娲神祖倒是常坐在地上和人聊天，但那种日子已经太遥远了。”

槐江山脚下有瑶水，环绕昆仑，是将人和神分开的一道水阻。这附近有位天神，像牛，但有八只脚，两个头，长着马尾。他驻守在这附近，防止人类窥视神境，打扰天帝安宁。这位天神也说人听不懂的神语，音如同“勃皇”，像一种吹奏乐器的声音。他平时隐匿不出，一旦出现便是要打仗了。

【天神】明代蒋应镐图本

若木

——成仙树

“大木生灵都可称为若木，大荒之中也有他处有若木。若木的树干是红色的，叶子青青，长在不知名的山上。”

槐江山上的树高耸入云，可称为榣木，这树很高大，难以开花，只能朝着天空生长。榣木越长越高，有时会生出奇异的灵性，灵性催生出另一种树，树附生在榣木上，被称为“若木”。若木似有流光，可历经千年而不变，不比扶桑树差。如果吃了若木的叶子，就能成为洞悉“仁”道的圣人，那么也就可以成仙了。

【若木】如有流光

【若木】

昆仑山

◎ 原文

西南四百里，曰昆仑之丘，是实惟帝之下都，神陆吾司之。其神状虎身而九尾，人面而虎爪，是神也，司天之九部及帝之囿（yòu）时。有兽焉，其状如羊而四角，名曰土蝼，是食人。有鸟焉，其状如蠭（fēng）①，大如鸳鸯，名曰钦原，蠚（hē）②鸟兽则死，蠚木则枯。有鸟焉，其名曰鹑鸟③，是司帝之百服。有木焉，其状如棠，黄华赤实，其味如李而无核，名曰沙棠，可以御水，食之使人不溺。有草焉，名曰蕒（pín）草，其状如葵，其味如葱（cōng），食之已劳。河水出焉，而南流，东注于无达。赤水出焉，而东南流注于氾（fán）天之水。洋水出焉，而西南流注于丑涂之水。黑水出焉，而西流于大杅（yú）。是多怪鸟兽。

◎ 注释

①蠭：通“蜂”。

②蠚：被毒虫蜇。

③鹑鸟：另有一种说法是凤凰。

◎ 译文

向西南四百里，是昆仑山。这里实际上是天帝在下界的都城，由天神陆吾掌管。这位天神长得像老虎，有九条尾巴，长着人的脸，手像虎爪。陆吾掌管着天上的九域以及天帝苑圃的时节。山中有种野兽，形貌像羊，长着四只角，名叫土蝼，是种吃人的野兽。山中还有种禽鸟，像蜜蜂，但大小与鸳鸯相近，名字叫钦原，其他鸟兽被钦原鸟刺螫后都会死去，树木被它刺螫也会枯死。山中还有一种鸟，名叫鹑鸟，它负责掌管天帝的用器和服饰。山中有一种树木，形似棠梨树，开黄花，结红果，果子的味道像李子，但没有核，它名叫沙棠，能防水，人吃了它能在水中漂浮不沉，不会被淹死。山中还有一种草，名字叫蘋草，形似葵菜，味道像葱，人吃了它能够远离各种忧愁和烦恼。这座山还是大河的发源地，向南流而东转注入无达。赤水也从这里发源，然后向东南注入汜天之水。洋水也发源于这座山，然后向西南注入丑涂水。黑水也发源于此，之后向西流到大杅山附近。这座山里有许多奇异的鸟兽。

【陆吾】明代蒋应镐图本

陆吾

——昆仑山神

“昆仑山虽在我辖区内，但我用不着做什么。我一般住在山脚赤水那边，劝说来朝拜的小妖怪速速回家。羿大神才能去的地方，他们又怎么能上得去呢！”

有关昆仑的传说有很多。西海南，流沙边，赤水、黑水所环绕的，就是巍峨的昆仑山。昆仑山方圆八百里，高万仞。山上有一种很大的稻苗，有十三米多高，五人合抱那么粗。昆仑周围有九口井，被玉栏杆包围，还有九扇门，门口有九个头的开明兽把手。昆仑南面有深渊，三百仞那么深，开明兽就面对东方站着，时刻警惕。在它的附近有很多奇珍异兽：凤凰、鸾鸟、不死树、珠树、文玉树等。昆仑山附近住着很多神仙，如果没有羿那样的本领，是无法攀登上去的。

【昆仑不死树】明代蒋应镐图本

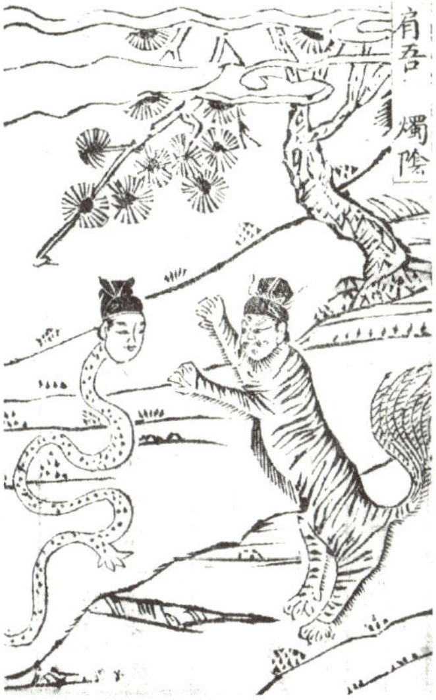

【陆吾与烛阴】

【陆吾】日本图本

开明兽虎身九头，镇守山门；陆吾虎身九尾，守卫昆仑。两个神仙重合之处很多，所以一直有传说，开明兽就是陆吾的化身。陆吾在昆仑山上不只要照看天帝的日常起居，也管理着天上九域，还管控着天帝园圃内的节气。如果天帝想让夏季来临，那么荷花便会盛开；如果天帝思念冬天，那么蜡梅便要绽放。大禹治水时，陆吾也曾为大禹助力，结果被相柳打败了，由此可见相柳这凶神的残暴。

【陆吾】清代吴任臣图本

土蝼

——四角凶羊

“土蝼没有传说中那么凶。昆仑山上鲜有普通人，它平常也就是吃点草而已。有时它下山取水喝，我和它就会遇见。听它说，陆吾大神和隔壁山上的英招大神是好朋友，有时会一同夜游九天，有时也会切磋武艺，好像英招大神赢的次数要多一点。”

天神居所守卫森严，除了陆吾之类的神明，还有一些凶兽来消灭不请自来的人，土蝼便是其中之一。它像羊，而有四只角，角坚硬锐利，任何动物碰上，都会马上死掉，它常常在园子里走动，如果外来之人遇见它，多半就要遭殃了。

【土蝼】明代蒋应镐图本

【土蝼】唐代《山海百灵》图卷

【土蝼】

钦原

——剧毒鸟

“钦原了不得。听土蝼说，它尾后的针能夺取生灵的活气，脾气又坏，所以没人敢惹它。好在给天帝管理衣服、器用的是只凤凰，还能约束它一些，不然昆仑山上每天都要少点鸟和树。如此凶残，难怪它没有什么朋友。”

昆仑的守卫多种多样，有吃人的土蝼，也有对付鸟兽和草木的凶鸟。钦原大如鸳鸯，但性情残忍，对待敌人毫不留情。它蜇鸟兽，鸟兽就死了；蜇了灵木，树木马上就枯萎。与蜜蜂蜇人后会死掉不同，钦原蜇别人后并不会死，只会冷酷地转头飞走。

【鸳鸯】和钦原大小相当

【钦原】明代蒋应镐图本

沙棠

——避水树

“听土蝼说，陆吾大人还用沙棠树造了一艘独木舟送给有幸到达昆仑的人。那船可以永久在海上航行，不怕风浪。或许他回到人间之后，就能乘船去海外看看了。海外有很多异族人，应该很有趣吧！”

昆仑山有水有深渊，不好攀登，但总有善良勇敢的人会得到神的眷顾，来到昆仑山之上。如何让这种人在昆仑山生活下去，也是陆吾大神要考虑的问题。为了防止这人掉进水里淹死，陆吾会给他吃一些沙棠果，这样他就能漂在水上而不会丧命；为了不让这人思念家乡，闷闷不乐，陆吾还会给他吃一种味道像葱的菜叶，让他开心地在昆仑山上游览。

这沙棠树还有一个称呼叫服常，上面有三头人把守。它在上面一直观察着远处的琅玕树，因为琅玕树结出的美玉是凤凰的食物。

【三头人】明代蒋应镐图本

【沙棠】

玉山

◎ 原文

又西三百五十里，曰玉山，是西王母所居也。西王母其状如人，豹尾虎齿而善啸，蓬发戴胜，是司天之厉及五残。有兽焉，其状如犬而豹文，其角如牛，其名曰狡，其音如吠（fèi）犬，见则其国大穰。有鸟焉，其状如翟而赤，名曰胜（xìng）遇，是食鱼，其音如录（lù），见则其国大水。

◎ 译文

（嬴母山）再往西三百五十里，有座玉山，是西王母居住的地方。西王母的形貌与人很相似，却长着豹子一样的尾巴和老虎一样的牙齿，喜欢发出吼叫声，她蓬松的头发上戴着玉胜，掌管上天的灾厉和五刑残杀之气。山中有种野兽，形貌像狗，长着豹子一样的斑纹，头上长着牛角一样的角，名字叫作狡，它的叫声像狗叫，出现在哪个国家，哪个国家就会五谷丰登。山中还有种禽鸟，样子与野鸡相似，浑身上下皆是红色的，名字叫胜遇，它吃鱼，叫声与鹿叫相似，出现在哪个国家，哪个国家就会发生水灾。

【西王母与青鸾】

西王母

——刑灾之神

“听狡说，西王母还想再给羿不死药，但是他没接受。嫦娥躲着他，去了月宫，羿担心两人在天上碰面，令她难堪，所以决定留在人间除害。正是这些善良的神存在，早期无依无靠的人类才幸存了下来啊！”

西王母是天帝的女儿，地位尊贵。这位天帝要比黄帝还早，是盘古大神那个时期的神仙，那时候还没有女娲造人的事情呢。西王母长着豹尾和老虎的牙齿，她说出的神语在人类听来如同吼叫一样。她总是自由自在的，并不拘束于人神不来往的条约。舜当皇帝的时候，西王母派人送了玉器贺礼；周穆王来觐见，她也和他愉快地相处，还请他有空再来仙境。

【西王母】明代《山海经》（十八卷）

【西王母】明代蒋应镐图本

【西王母】

她还掌握着不死药。谁吃了这种不死药，就能飞升成仙，摆脱人间疾苦。羿曾登昆仑山，寻找不死药，昆仑附近有弱水，还有万仞深渊，九头开明兽在上面把守，但他还是勇敢地攀登上昆仑山。羿本是天神，但他射下九个太阳，所以无法返回天庭，他的妻子嫦娥也要跟着他在凡间受苦。他心中难过，就向西王母求来了不死药。他本想着再杀一些人间的凶兽后，和嫦娥一起飞升，可是人间太苦了，嫦娥总回忆起天宫的美好，于是她选择独自吃了药飞升到月宫中，而羿则留在了人间，神力消退，成了一个勇猛的凡人。

狡

——牛角犬

“狡喜欢四处玩，丢了前肢不能返回玉山，才被人捉住的。这些带着预兆的怪兽都不能离开自己居住的地方太久，不然灵力就会慢慢消失。”

狡像狗，叫声也像狗叫，但是长着牛角。牛在古代是一种精神图腾，神农氏炎帝就是牛头形象。牛主耕种，象征着丰收的狡长了牛角也体现了一种农耕精神。晋朝的时候，扶夷县曾经捕到过一只怪兽，样子像没有斑点的豹子，头上长了两只角，没有两个前肢，当时的人非常高兴，就将这只怪兽叫作狡，好好地将它供奉了起来，希望能五谷丰登。

【狡】日本图本

【狡】明代蒋应镐图本

胜遇

——鹿鸣鸟

“听说胜遇喜爱吃鱼，人间有个小城邦为了不让它来，夏季时便将境内河流里面的鱼统统捞干净，生怕会招来洪灾。”

【胜遇】清代《禽虫典》

现身就会引发大水的鸟，是不是有些熟悉？崇吾山的蛮蛮也是如此，可见人们对水灾有多么恐惧和不理解。胜遇像只红雀，声音像鹿鸣咽一样。它和狡多半是西王母的宠物，两种怪兽能住在玉山上，并不是凭借什么过人的本领，而是因为长得憨态可掬，能逗人开心。

长留山

◎ 原文

又西二百里，曰长留之山，其神白帝少昊居之。其兽皆文尾，其鸟皆文首。是多文玉石。实惟员神磈（wěi）氏之宫。是神也，主司反景（yǐng）[1]。

◎ 注释

①景：同“影”。

◎ 译文

（积石山）再向西二百里，有一座长留山，这座山中居住着天神白帝少昊。山中野兽的尾巴都有花纹，禽鸟的脑袋上也都有花纹。山上盛产彩色花纹的玉石。长留山实际上也是神磈氏的行宫。这个神主要掌管着太阳西落时，将影子折向东方。

少昊

——西方天帝

在上古神话中，天帝有多位。有的是继承关系，如黄帝和颛顼；也有共存的关系，如未开战前的黄帝和炎帝；还有像少昊这种，本是海外的东方天帝，重生后成了西方天帝。传说中，少昊身份特殊，是他母亲感天界启明星灵力而生的，他或许是黄帝的儿子也或许是黄帝的孙子，但因为出身，和黄帝并不亲近。少昊出生时就有五色鸾鸟觐见，后来他在东方建立了少昊国，群臣就是百鸟相貌。

他在东方时，司百鸟，主旭日东升。后来少昊死了，神魂回归昆仑，落在了长留山上，不再看守日升，而是改为照看夕阳之景。他也看管四季中的秋天，照拂人间收获的季节。身死神不灭，无论何时，上古的神仙都在细心照看着他目光所及的这方土地。

【有凤来仪】

“天帝为人很认真，若今日夕阳懈怠，自身摆得不正，他就会用心将它扶正，有时还会添些晚霞，争取每个地方都见到壮丽的日落景色。”

章莪山

◎ 原文

又西二百八十里，曰章莪（é）之山，无草木，多瑶碧。所为甚怪。有兽焉，其状如赤豹，五尾一角，其音如击石，其名曰狰。有鸟焉，其状如鹤，一足，赤文青质而白喙，名曰毕方，其鸣自叫也，见则其邑有讹火[1]。

◎ 注释

①讹火：怪火。

◎ 译文

再往西二百八十里，有座章莪山，山上不生长花草树木，遍布着瑶、碧一类的美玉。山中经常出现瑰丽奇异的东西。山中有种野兽，形貌像红色的豹，长有五条尾巴和一只角，能够发出如同敲击石头声的吼叫，它的名字叫狰。山中还有一种禽鸟，形貌如同鹤，只有一只脚，身上有红色的斑纹，羽毛青色，嘴巴是白色的，名字叫毕方，叫声就是它名字的读音，它出现在哪里，哪里就会出现怪火。

【鹤】

【猛豹】明代蒋应镐图本

狰

——五尾赤兽

“若能驯服狰，就会得到枭的帮助，或许也能借着枭的力量在天上飞行呢。”

章莪山上多有奇异之物，发生的事情也很奇怪，即使在《山海经》中也是不常见的。而民间传说中的凶兽狰就出自这座山。狰的样貌很醒目，红豹五尾，还有传言称，狰有隐藏的双翼，是从枭那里得来的，有危险时，可以踏地而飞，在空中发出击石般的吼声。

狰在民间是非常凶残的怪兽，它化成人的样子，在夜里求助，等人来了，它就化成原形跳起来吓唬人，然后发出愉快的笑声。

【狰】明代胡文焕图本

【狰】欧洲图本

【狰】日本图本

【狰】明代蒋应镐图本

毕方

——兆火神鸟

“毕方总是飞着，又很热心，听到哪里有水灾，就会叼着怪火前去，希望能将水全部蒸发。听说华山那边有辟火的小鸟，我打算用它的羽毛做个首饰送给毕方，这样毕方也许就可以常在地上站一站，总是飞也很累吧！”

【毕方】清代吴任臣图本

毕方相貌如仙鹤，但只有一只脚，很少落在地上，一般都是飞着的。传说毕方是从建木中生出的，五行讲“木生火”，毕方又是由神木而生，所以它落地就会有火。毕方带来的火很怪，不知起因，也不知如何结束，只凭毕方的想法。

相传黄帝和蚩尤大战时，毕方就跟随在黄帝战车附近，是黄帝的护卫。蚩尤虽勇猛，但也拿毕方的怪火没什么办法，常常被它绊住，很是恼火。毕方在史书中有多处记载，唐朝元和年间，有数十次火灾日夜不断，传言便是毕方来过。

【毕方】欧洲图本

【毕方】日本图本

【毕方】明代蒋应镐图本

阴山

◎ 原文

又西三百里，曰阴山。浊浴之水出焉，而南流注于蕃（fán）泽，其中多文贝。有兽焉，其状如狸而白首，名曰天狗，其音如猫猫，可以御凶。

◎ 译文

再往西三百里有座阴山。浊浴水就从这座山发源，继而向南注入蕃泽，水中有很多五彩斑斓的贝壳。山中有种形状像野猫的野兽，长着白脑袋，名叫天狗，它能发出“猫猫”的叫声，人饲养它能够辟凶邪之气。

天狗

——避邪神犬

“这狗如此拥护主人，却没想到它的主人早已经心灰意冷，一心只想着为人间多多除害了。”

狗自古以来便是和人相伴的兽类，很早就已经被驯化。人间的狗看家护院，天上的狗则跟在神仙身后，成为战力之一。二郎神的哮天犬忠心护主，还曾给孙悟空一些苦头吃。前文西王母那里讲到了羿求不死药的故事，故事的后续还有天狗出场。

相传羿一次求得了两颗神药，想等凶兽杀光后，就和嫦娥一起飞升。但嫦娥实在厌烦人间生活，打算自己先吃。刚吃掉一颗，就被羿养的猎犬看见了，于是，它扑上去阻止，结果不小心吞下另一颗仙丹。嫦娥飞上天宫住进广寒宫，这只忠犬循着嫦娥的气味，将她找到了。为了提醒下界的主人，它经常趁嫦娥不留神，就一口把月亮给吞下去。

天狗把月亮吞下去，羿很无奈，凡间的百姓也不乐意，他们纷纷敲锣、打鼓、放鞭炮，把天狗吓得一下子又把月亮吐出来了。但天狗并没有死心，经常在月亮旁边徘徊，以伺机再次吞下月亮。

【天狗】清代吴任臣图本

三危山

◎ 原文

又西二百二十里，曰三危之山，三青鸟居之。是山也，广员百里。其上有兽焉，其状如牛，白身四角，其豪如披蓑，其名曰傲徆（ào yē）[①]，是食人。有鸟焉，一首而三身，其状如鴹（luò），其名曰鸱。

◎ 注释

①傲徆：此处“傲徆”为错别字，应为“獓㹭”。

◎ 译文

（符惕山）再往西二百二十里，有一座三危山，有三青鸟栖息在这里。三危山方圆百里。山上有种野兽，形貌与牛类似，却长着白色的身子和四只角，身上长着又长又密的毛，看上去就像披着蓑衣，名字叫獓㹭，能吃人。山中还有种禽鸟，生有一个脑袋，三个身子，形状与鴹鸟类似，名字叫鸱。

三青鸟

——西王母之侍

“青鸟们每日忙忙碌碌，很疲惫，所以没那么好的耐性。别的人叫这座山三危山，倒不是因为这座山有三座山峰，而是因为山上有三种危险的异兽。除了青鸟，还有两种。”

【三青鸟】明代蒋应镐图本

西王母是神帝的女儿，因为热爱人间，所以居住在玉山上。三青鸟的头是红色的，眼睛黝黑，是西王母的专属侍从，为西王母打理日常生活。它们为她送饭。神的食物在崟山、钟山上，所以每日里三青鸟就要从三危山出发，飞往那两座山峰，为西王母寻找膳食。它们还充当西王母的使者，给人间帝王送信。有时候青鸟也是西王母的坐骑，她闲来无事去人间巡查时，就由它们送她过去。西王母的好朋友周穆王西征的时候，也在三青鸟的居住地待过一段时间。

《山海经》中的青鸟是西王母的使者，但在国外童话中它是幸福的使者。青鸟是幸福健康的化身，如果它从人的头上飞过，那么这个人和他爱的人就要走好运了。

獓狠

——披蓑食人

“跟着蚩尤反对黄帝的三苗人有一些就被放逐到我们山上，后来我却没怎么见到那些人的踪迹……唉，我们这山上，没什么人爱来，就连我，也不想待了。”

【獓狠】清代《禽虫典》

獓狠像四角白牛，若没有毛的话，或许很怪，但毛像蓑衣一样披在它身上，也看不出有几只角，离得远了，还会觉得可能有农夫在牛背上睡觉。在神境附近，这种想法很容易让人放松警惕，随便地靠近它，然后……

【獓狠】明代蒋应镐图本

【蓑衣】

【獓狠】清代吴任臣图本

鸱

——一首三身鸟

“我虽然是山神，却也不敢得罪这三位。如果没有护体神功，还是去旁的地方游历，别来我们山上为好。”

这处的鸱和猫头鹰不一样，它长成大雕样子，身上有黑色的纹路，脖子是红色的，若说相似，可能更像兀鹫一些。它视力好，可在高山翱翔，喜欢吃腐肉，是很好的“清道夫”。三青鸟白日里为西王母奔波，鸱就为三青鸟做些善后的工作，维护好三危山的环境。

【鸱】明代胡文焕图本

【鸱】日本图本

【兀鹫】清道夫

天山

◎ 原文

又西三百五十里，曰天山，多金、玉，有青、雄黄。英水出焉，而西南流注于汤谷。有神焉，其状如黄囊，赤如丹火，六足四翼，浑敦无面目，是识歌舞，实惟帝江(hóng)也。

◎ 译文

（騩山）再往西三百五十里，有座天山，山上盛产金属矿物和玉石，也出产石青和雄黄。英水就发源于这座山，进而向西南流入汤谷。山中住着一个神，形貌就像一个黄色的口袋，身上能发出火红的光芒，长着六只脚和四只翅膀，面目模糊不清，他懂得唱歌跳舞，此神名叫帝江。

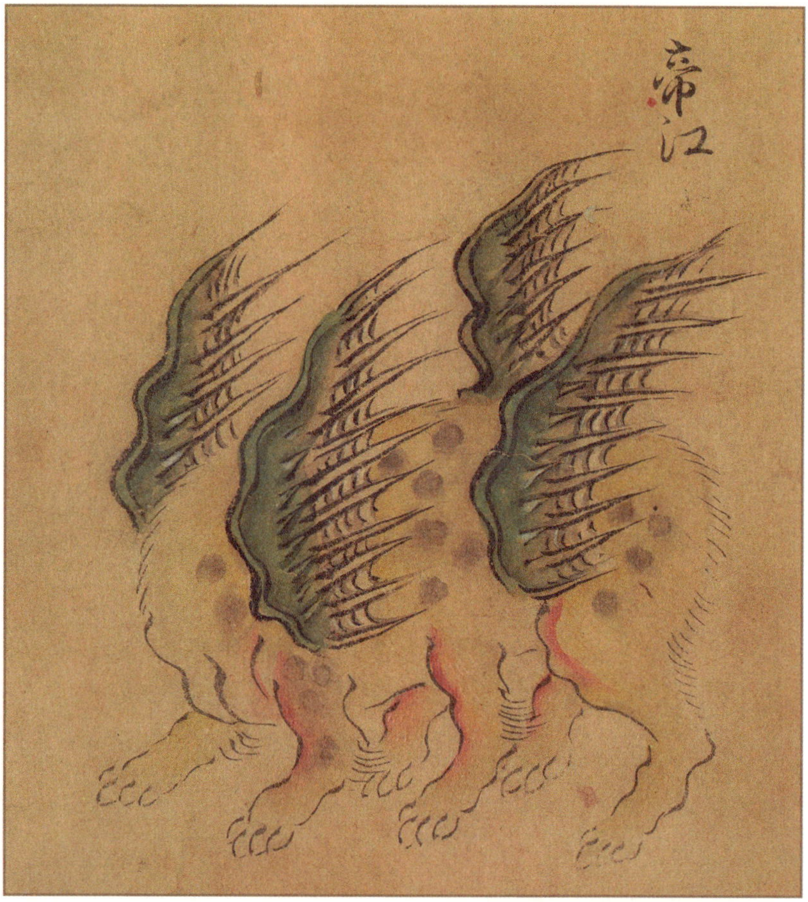

【帝江】日本图本

帝江

——自在混沌

混沌的形象很固定，几乎每本古籍上画出来的样子都很相似。它像个口袋，身体里没有五脏器官，无须饮食，无须睡眠，整个兽体自成系统。天山离老童的住处不远，帝江常受到音律熏陶，对歌舞很了解。

有一个和帝江相关的开天辟地的传说。传说南海的天帝叫倏（shū），北海的天帝叫忽，中央的天帝就是混沌，三人是非常要好的朋友。混沌好客，每次倏和忽来，他都热情款待。倏和忽非常感动，就商量怎么样报答混沌的深厚情谊。他们商量道：“人人都有七窍，所以才能享受声色之娱、酒肉之欢。混沌他人那么好，可惜一窍也没有，什么乐趣都体会不了，实在是可怜。不如我们帮帮他，给他凿出七窍来。这样的话，混沌就能和我们一样快活了。”

【帝江】明代蒋应镐图本

“这故事对帝江太不友好了。帝江是上古神兽，传闻中是盘古大神开天辟地后剩下的最后一团混沌气息。它住在高远的天山上，自在快乐。”

【帝江】清代吴任臣图本

【帝江】欧洲图本

于是倏和忽便找来凿子、斧子等工具，为混沌开七窍。他们一天在混沌身上凿出一窍，一连凿了七天，到了第七天才把混沌的七窍凿成。倏和忽想要好好地庆祝一番，却发现混沌已经死掉了。虽然混沌死了，但是因为他的七窍已经被打开，所以整个世界的光明也随之诞生。

翼望山

◎ 原文

西水行百里，至于翼望之山，无草木，多金玉。有兽焉，其状如狸，一目而三尾，名曰讙（huān），其音如夺百声，是可以御凶，服之已瘅（dàn）[1]。有鸟焉，其状如乌，三首六尾而善笑，名曰鵸鵌（qí yú），服之使人不厌（yǎn）[2]，又可以御凶。

◎ 注释

①瘅：通“疸”，指黄疸病。

②厌：通“魇”，噩梦。

◎ 译文

（泑山）向西行一百里水路，有座翼望山，山上没有花草树木，蕴藏着大量金属矿物和玉石。山中有种野兽，形貌类似**野猫**，却只长着一只眼睛和三条尾巴，名字叫讙，它发出的声音能盖过一百种动物一起鸣叫的声音，人饲养它能够躲避凶邪之气，吃了它的肉可以治愈黄疸病。山中还有种禽鸟，模样与**乌鸦**很相似，它长着三个脑袋、六条尾巴，喜欢嬉笑，名字叫鵸䳜，人吃了它的肉不会做噩梦，还能躲避凶邪之气。

【野猫】

【乌鸦】

讙

——高声压邪

“它的声音非常响，响到我就觉得自己快聋了，山也快崩塌了。我想，没有什么邪气是它吓不走的。”

【讙】清代吴任臣图本

翼望山与其他山隔着几百里水路，山上却不长草，住在这山上的动物几乎只有鱼可吃。讙像狸猫，却有一只眼睛、三条尾巴。它虽然体形不大，但是音量很大，它鸣叫的时候，其他动物的声音几乎听不到，可以压邪。传闻中它能治黄疸，黄疸这种病，在古代也被看成邪气入体，才令人虚弱不堪、昏睡失智，所以吃它的肉能治黄疸也说得通了。

【讙】

【讙】日本图本

【讙】明代蒋应镐图本

鵸鵌

——笑鸟解魇

“北山有种和它同名的鸟，不知是否也这样爱笑，什么时候过去看看。”

这鸟像三头乌鸦，很爱笑。爱笑的鸟或许心胸开阔，吃了它的肉就不会被噩梦吓醒了。现实生活中，也有一些叫声像是笑声的鸟。新西兰有一种叫作笑鸮的猫头鹰，叫声听起来就像人的窃笑声，夜里听着还有点吓人呢。在欧洲人到来以前，笑鸮在新西兰岛上自由自在地生活着，数量很庞大，但笑鸮突然在二十世纪初灭绝了。这是因为笑鸮原本在新西兰是没有天敌的，所以它的巢筑在地面上，但是西方人带来的猫狗等外来物种会把笑鸮孵在巢里的蛋吃掉，于是笑鸮就灭绝了。

【鵸鵌】清代吴任臣图本

【鵸鵌】欧洲图本

【鵸鵌】日本图本

【鵸鵌】明代蒋应镐图本

· 西次四经 ·

山脉览

◎ 原文

凡《西次四经》，自阴山以下，至于崦嵫之山，凡十九山，三千六百八十里。

◎ 译文

西方第四列山系，从阴山始直至崦嵫山止，总计十九座山，长达三千六百八十里。

【神魈】

【稻米】山神祭品

【白鸡】山神祭品

山神说

“我们西山第四列山系，从阴山到崦嵫山，总计十九座山，长达三千六百八十里。山脉比不得西三次壮丽，多普通走兽，接近极西处，异兽踪迹才明显起来。山中盛产漆木，可用来制漆器。奇山也有些，阴山无石，盂山有很多白色的动物。若来游玩，定要避开邽山，穷奇吃人；冬夏两季来时也要避开申首山，气候不好，不利于游览。若说推荐，该是西面的中曲山，安全，还有长力气的果子可吃。”

上申山

◎ 原文

又北百二十里，曰上申之山，上无草木，而多硌（luò）石①，下多榛楛（hù）②，兽多白鹿。其鸟多当扈（hù），其状如雉，以其髯（rán）飞，食之不眴（shùn）目③。汤水出焉，东流注于河。

◎ 注释

①硌石：大石头。

②榛楛：泛指丛生的灌木。

③眴目：即瞬目，眨眼睛。

◎ 译文

（鸟山）再往北一百二十里，有座上申山，山上不生长草木，到处都是大石头，生长很多灌木，以榛树和楛树为多，山中野兽多是白鹿。山中禽鸟以当扈居多，它的样貌类似野鸡，却用髯毛做翅膀来飞行，人吃了它的肉，能治愈眨眼睛的疾病。汤水发源于此，东流注入大河。

当扈

——髯飞鸟

“当扈飞得很慢很慢，那些胡须常受风所扰，所以它要死死地盯住前方，时刻控制方向，不然到傍晚它也飞不到觅食的汤水旁。”

【当扈】清代吴任臣图本

当扈这鸟很有意思，尾巴长，胡须也长，连飞行也不用翅膀，用的是它长而散落的胡须。每当要飞行的时候，它就鼓起一口气，原地跳两下，让自己的胡须像翅膀一样展开，然后慢腾腾地飞走。吃了这种鸟能治眨眼睛的病。不受控制地频繁眨眼，又叫梅杰综合征，是中老年群体的常发病，得病后会面部抽搐，有碍生活。如果当扈能帮这个忙，那可是再好不过了。

刚山

◎ 原文

又西百二十里，曰刚山，多桼（qī）[1]木，多㻬琈之玉。刚水出焉，北流注于渭。是多神䰠（chì），其状人面兽身，一足一手，其音如钦（yín）[2]。

◎ 注释

①桼：同“漆”。

②钦：通“吟”，打哈欠。

◎ 译文

（泾谷山）再向西一百二十里有座刚山，山上盛产㻬琈玉，到处都覆盖着茂密的漆树。刚水就发源于此，之后向北流入渭水。这座山中有许多神䰠，长着人的面孔，野兽的身子，只有一只脚和一只手，发出人打哈欠的声音。

【山鬼（山神）】九歌图

神 魄

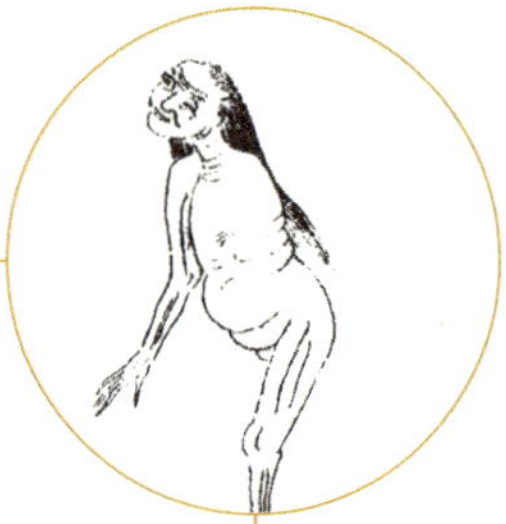

——魑魅成神

“我总想起当初上战场的事情，沉浸在刀光剑影的梦里醒不过来，总觉得自己还没有失去那半边身体，回过头还能看见追随蚩尤的将士。”

神魄是魑魅死后的样子，神语如同人打哈欠时的长叹声。相传蚩尤和黄帝大战共有七十多次，战场残酷，将士常会肢体残缺，或许成神的魑魅就这样失去了自己的另一半躯体，只留下了一足一手。

在我国的传说中，魑魅是会害人的凶鬼恶灵，他们会作恶吃人，扰乱人间秩序。在日本的传说里，魑魅魍魉是一组凶残的家伙，高大、长角，浑身红色，面目可憎，专门吃漂亮的女人和落单的旅客。

【神魄】清代吴任臣图本

【神䰠】明代蒋应镐图本

【神䰠】欧洲图本

【魍魉】日本图本

英鞮山

◎ 原文

又西三百五十里，曰英鞮（dī）之山，上多漆木，下多金玉，鸟兽尽白。涴（yuān）水出焉，而北流注于陵羊之泽。是多冉遗之鱼，鱼身蛇首六足，其目如马耳，食之使人不眯[①]，可以御凶。

◎ 注释

①眯：噩梦。

◎ 译文

再往西三百五十里，是英鞮山，山中生长着很多漆树，山下盛产金属和玉石，这座山中的禽鸟野兽都是白色的。涴水从这座山发源，然后向北流入陵羊泽。水域中生长着许多冉遗鱼，它长着鱼的身子、蛇的头和六只脚，眼睛很长，像马耳朵，人吃了这种鱼的肉，睡觉就不会做噩梦，还能趋避凶邪。

【采漆】

【白色的野鸡】

冉遗鱼

——安梦鱼

“我们山上的动物都是白色的，飞行在天空中像云朵一样，行走在树林间，也各个仙气十足。”

冉遗鱼样貌的奇特程度在《山海经》中名列前茅：蛇一样的头上长着狭长的眼睛，那眼睛还像马耳朵一样，更别提它与众不同的六只脚了。冉遗鱼能够辟邪几乎没什么好怀疑的，可以辟邪的动物，吃了它的肉，梦里也有它保护，自然也就能安心睡觉了。

【冉遗鱼】清代吴任臣图本

【冉遗鱼】欧洲图本

【冉遗鱼】明代蒋应镐图本

中曲山

◎ 原文

又西三百里，曰中曲之山，其阳多玉，其阴多雄黄、白玉及金。有兽焉，其状如马，而白身黑尾，一角，虎牙爪，音如鼓，其名曰驳，是食虎、豹，可以御兵。有木焉，其状如棠，而员叶赤实，实大如木瓜，名曰櫰木，食之多力。

◎ 译文

再往西三百里，有座中曲山，山的南面盛产玉石，山的北面盛产雄黄、白玉以及金属矿物。山中有种形状像马却长着白身子和黑尾巴的野兽，它的脑袋上长一只角，有老虎一样的牙齿和爪子，能发出击鼓声般的声音，这种野兽的名字叫驳，吃老虎和豹子，人饲养它能够躲避兵器伤害。另外山中还生长着一种树，形状像棠树，叶子是圆的，结红色的果实，果实有木瓜大小，这种树的名字叫櫰木，人吃了能够增长力气。

驳

——免伤独角兽

“我们山里几乎没什么老虎、豹子，驳想打牙祭的时候，就要去别的山上；若走得太远，有时候就一去不回，到人间去了。”

驳是匹奇马，样子温顺，牙齿是锯齿形状的，很锋利，可以捕食猛兽。传闻中，骑着驳就不会被兵器砍伤，所以古时候有的战马就会以“驳”命名。门神秦琼还在当将军的时候，有坐骑叫作“忽雷驳”。这马长三米多，高二米多，颔下有一肉瘤，肉瘤上有三根毛。主人一抓这个肉瘤马即轻叫；若一拉肉瘤上的毛，叫声便如雷鸣。秦琼死后，这匹忽雷驳嘶鸣不止，绝食而亡。

【驳】清代吴任臣图本

还有一个传说，春秋战国时期，齐桓公骑的马也是驳的一种。他有一天骑马入山，远远地看见一只老虎，他本来有点紧张，但那老虎不但没有扑过来，反而趴在地上不敢动。齐桓公很纳闷，问齐相管仲："我只是乘了一匹马，老虎看见我却不敢动弹，这是怎么回事呢？"管仲回答说："因为您骑的是驳马，驳马是专吃虎豹的猛兽，所以老虎一见它就会害怕，不敢上前。"

【驳】唐代《山海百灵》图卷

【驳】明代蒋应镐图本

【驳】日本图本

櫰木

——大力果

“崦嵫山上的孰湖很喜欢这种果子，常让驳给它带过去一些。它和驳都是喜欢和人类亲近的异兽，或许对它们来说，住在山里还不如去人间交朋友来得好。”

【櫰木】

吃了这种果子，就会力大无穷，这体现了古代人们对力量的渴求。农耕时代，体力劳动很多，大力士常常受人敬仰。战国时有一个叫乌获的大力士，据说能举起三千斤重的东西，后来他靠着这能力做了官，活了八十多岁。

现在有了机器的帮忙，人们对劳动者体力的要求已经没有以前那么高了，不过对力量的追求仍没有停止。除了举重比赛，国际上有专门的大力士比赛，各个国家最有力量的人都在那里一决高下。

邽山

◎ 原文

又西二百六十里，曰邽（guī）山。其上有兽焉，其状如牛，猬毛，名曰穷奇，音如獆（háo）①狗，是食人。蒙水出焉，南流注于洋水，其中多黄贝、蠃鱼，鱼身而鸟翼，音如鸳鸯，见则其邑大水。

◎ 注释

①獆：通“嗥”，（豺狼等）大声叫。

◎ 译文

再往西二百六十里处，有座邽山，山中有一种形状像牛一样的野兽，全身覆盖着**刺猬**毛，名字叫穷奇，声音如同狗叫，这种野兽能吃人。蒙水从此处发源，继而南流，注入洋水，水中盛产黄色的贝壳，另外水中还生长着一种蠃鱼，这种鱼长着鱼的身子、鸟的翅膀，声音与**鸳鸯**的鸣叫声相似，它出现在哪里，哪里就会发生水灾。

【刺猬】

【荷下鸳鸯】

穷奇

——少昊不才子

穷奇有两种形象：一是牛身，毛发像刺猬一样尖锐；二是虎身，有一对翅膀。《山海经》中的异兽若按恶劣程度排名，穷奇一定位列前三。它喜爱恶人，看到有人发生纠纷，它张口就将善良的那方吃了。若碰上诚实守信的人，就一口一口慢慢吃到肚子里；若是碰上坏人，它就将坏人饲养起来，喂给坏人鲜肉吃。

【穷奇】清代吴任臣图本

“穷奇是天帝的儿子，多少还是有点异能的——它能够驱赶瘟疫。是的，它就是这样凶残，连瘟疫都能吓退。不过瘟疫走了，吃人的凶神来了……还是用别的法子来驱除瘟疫吧。”

【穷奇】日本图本

【穷奇】明代蒋应镐图本

惩善奖恶，是穷奇最令人不齿的地方，也是它父亲少昊驱逐它的原因。天帝少昊子嗣众多，有句芒、蓐收这种善神，也有发明弓箭的般，少昊自然对穷奇这种食人的凶神深恶痛绝。穷奇被驱逐之后，起先还报复自己的父亲，后来作恶太多，慢慢退化成了一头浑浑噩噩的凶兽，连自己是少昊的儿子都忘记了。

【穷奇】明代蒋应镐图本

【穷奇】清代《禽虫典》

蠃鱼

——鲲鹏后裔

“它也喜欢和人类待在一起，如果发现哪里要降水灾，就悄悄爬到那个地区的水井里，发出‘嘎嘎’的尖细声音。后来人们觉得水灾是它带来的，所以驱逐它。它也不在意，下一次还是去提醒人们。”

蠃鱼住在穷奇附近，平日里还和鸳鸯一样鸣叫，丝毫不担心自己的性命。一来是穷奇或许不爱吃鱼，二来是蠃鱼身上有鲲鹏神力的传承。鲲鹏住在北海里，是一种巨大而自由的神兽，畅游于天地间。

我国东南海域中生活着一种飞角鱼，胸鳍张开就像翅膀一样，它可以在海底滑行走动，或许和古时候的蠃鱼也有一些关系呢。

【蠃鱼】清代吴任臣图本

鸟鼠同穴山

◎ 原文

又西二百二十里，曰鸟鼠同穴之山，其上多白虎、白玉。渭水出焉，而东流注于河。其中多鳋（sāo）鱼，其状如鳣（zhān）鱼，动则其邑有大兵。滥（jiàn）水出于其西，西流注于汉水。多䰽魮（rú pí）之鱼，其状如覆铫（yáo）①，鸟首而鱼翼鱼尾，音如磬石之声，是生珠玉。

◎ 注释

①铫：一种小型的烹饪器皿，有柄有流嘴。

◎ 译文

再往西二百二十里，是**鸟鼠同穴山**，这座山上生活着许多白色老虎，盛产洁白的玉石。这里还是渭水的发源地，渭水向东流，最后注入大河。水中有大量的鳋鱼，这种鱼形貌类似鳣鱼，它出现在什么地方，什么地方就会有战乱。滥水从鸟鼠同穴山的西面发源，继而向西流入汉水，水域中生长着许多䰽魮鱼，形貌如同反转过来的铫，有鸟一样的脑袋和鱼一样的鳍、尾巴，能发出像敲击磬石般的声音，而且这种鱼体内还能生长出珠玉。

【鸟鼠同穴山】明代蒋应镐图本

鳋鱼

——兴兵之鱼

“我们这山，鸟和老鼠住在一个洞穴里，老鼠可以为鸟类做警卫，鸟类也能帮老鼠捉身上的寄生虫。再说鳋鱼，它挺好吃的，因为常游动，肉质紧实，味道鲜美。如果来山中游玩，不如尝一尝它。”

鳋鱼的样子有两种说法：一说它像鳝鱼，体长头小，但体形比鳝鱼大得多；一说它像鲨鱼，嘴巴在下巴下面，身上还有鱼鳞。但在流传下来的图画里，它更像鲤鱼、花鲢。它们喜欢聚集在水流湍急的地方，靠吃其他鱼生活。《山海经》中有大河，如同黄河流经我国诸多地区一样，大河也是如此。鳋鱼生活在渭水中，顺着河流可入大河，哪里有战争的气息，它们就会在哪里聚集。岸上的将士们奋力搏斗时，它们就在翻滚的水波间静静看着。

【鳋鱼】明代蒋应镐图本

䰻魮

——可孕珠玉

“它体内产珠玉，数量多了，堆在肚子里非常沉，有时候游不动只能靠尾巴向前挪动。它很爱那些宝贝，等实在走不动的时候，它就找一个浅水坑，把它们吐出来，然后在上面摞上几块石头，防止被别人拿走。”

这鱼像是细嘴的铫子倒过来，肚子大，尾巴很细。它身体里能孕育珍珠和美玉，声音也好听，像敲击磬的声音。玉在古代是君子的象征，是神的食物。珍珠则是富贵的象征，是生活圆满的体现。古代的珍珠会被做成首饰佩戴，同时它也是名贵的药材，制成粉后混合其他材料，配制而成珍珠散、丸、丹、液等各种保养品，美容养颜。

【䰻魮】清代吴任臣图本

崦嵫山

◎ 原文

西南三百六十里，曰崦嵫（yān zī）之山。其上多丹木，其叶如榖，其实大如瓜，赤符[①]而黑理，食之已瘅，可以御火。其阳多龟，其阴多玉。苕水出焉，而西流注于海，其中多砥砺。有兽焉，其状马身而鸟翼，人面蛇尾。是好（hào）举人，名曰孰湖。有鸟焉，其状如鸮而人面，蜼（wèi）[②]身犬尾，其名自号也，见则其邑大旱。

◎ 注释

①符：通“柎”，花萼。

②蜼：一种长尾猿。

◎ 译文

再向西南三百六十里，有座崦嵫山，山上生长着茂密的丹树，叶子与构树叶相似，能结出瓜大小的果实，红色的花萼中带着黑色的纹理，人吃了它不仅能治愈黄疸病，还能辟火。这座山的南面有许多乌龟，北面有大量玉石。苕水从此地发源，继而向西流入大海，水域中有很多磨石。山中有一种马身鸟翅的野兽，生有人的面孔和蛇的尾巴，它非常喜欢将人抱举起来，名字叫作孰湖。另外，这座山中还有一种形貌如同猫头鹰的禽鸟，它长着人的面孔，蜼的身子，尾巴像狗，这种禽鸟的叫声就是它名字的发音，它出现在什么地方，什么地方就会发生大的旱灾。

【蜼】明代蒋应镐图本

【磨石】

孰湖

——近人异兽

“如果来这边游玩，请一定来我们这里。孰湖最喜欢人类了，只要你让它抱住举高，它就会驮着你去天上飞一圈。你开心，它就会更开心。”

孰湖这兽长得奇特，爱好也很奇特。它是人、蛇、鸟和马的“综合体”，见到人就抱起来，举得高高的，和人类非常亲近。相传孰湖是女娲造人时用的藤条在地上的影子化成的，女娲热爱人类的信念深入它的灵魂中，所以它一直觉得自己也是人类的一员。它将人举起来的时候，多半是想看一看自己的同类是什么样子的。

【孰湖】清代汪绂图本

人面鸮

——无名旱鸟

“不知道你们如何称呼它,它有时候会边飞边叫‘燕子——燕子——’，叫声和我们山名的发音差不多，所以我们一般叫它呼山鸟。”

这鸟名字不详。原文中说人面鸮发出的叫声就是自己名字的发音，但文中没提到它的名字，晋朝的《山海经》研究专家郭璞因此推断这里有缺字。鸮是我国古代对猫头鹰一类鸟的统称。猫头鹰古时又叫“鸱”“逐魂鸟”“报丧鸟”等，因其头部似猫，故俗称猫头鹰。鸮大多习惯在黄昏或夜间活动，听觉和视觉在夜间异常敏锐。

在我国古代，猫头鹰是不祥的象征，代表阴暗巫术的一种，在国外却并非如此。在希腊传说中，它是智慧女神雅典娜的象征，代表了智慧、清醒和睿智。

【人面鸮】明代蒋应镐图本

·西山逸闻·

女娲

——神圣母神

开天辟地之初，世界上还没有人类，行走于世间的大神女娲，只能与日月星辰、草木花鸟为伴。时间久了，女娲便觉得有些孤单，她想：别的动物都是成群结队，自己却形单影只，为什么不能造一些生灵来陪伴自己呢？

于是，女娲挖了一大堆黄土泥，按照自己的模样捏了起来。女娲心灵手巧，不一会儿就捏好了好多泥人。她朝着那些小泥人吹了口气，那些小泥人便“活”了，变成了一群能直立行走、能言会语、聪明灵巧的小东西，女娲称他们为“人”。

女娲造人之后休息了一段时间，人自由地在天地间生活。之后天崩地裂，天兜不住暴雨，大地发了洪水，火山地震频发，人也被野兽和食人鸟当作猎物，苦不堪言。女娲怜惜人类的遭遇，炼化了五色石来补天，又砍断了巨鳌的腿重新做了天柱，杀死在冀州四处祸乱的黑龙，还用草木灰来掩埋洪水。她做完这一切，非常疲惫，神力也几乎用光了。她的身躯与大地融为一体，她的肠子化成了十位神裔，站在栗广原野上，诉说着母神的慈爱和坚韧。

【女娲】明代蒋应镐图本

【十神】清代汪绂图本

常羲
——月亮妈妈

在大荒西边原野的某处，是月亮女神常羲为月亮洗澡的地方。月亮女神常羲，是帝俊的另一个妻子，她和帝俊有十二个女儿，也就是十二个月亮。这十二个姑娘长得一模一样，每个都有饱满圆润的脸庞。与十个太阳（见《海外东经·汤谷》）一样，她们也是轮流值班，不过是一个月换一个人。常羲也和羲和一样，亲自驾着由九头凤凰拉着的月亮车，在天空上巡游。柔和的月光照耀着大地，驱走了黑暗，使人们在黑暗中不再迷乱恐慌。

每个姑娘值班回来，常羲都会带着她们一起去一个隐秘的地方洗澡。由于害怕被别人窥探，所以没有透露具体位置，只知道是在大荒西边的原野深处。月亮和太阳比起来，比较喜欢打扮，每天都穿不同的衣服，所以每天晚上的月亮都不一样，会有圆有缺。

和太阳比起来，月亮乖巧听话，总是尽职地完成任务，就这样日复一日，年复一年。每天晚上在美好的月亮的照拂下，调皮的孩子们能尽情玩耍嬉戏，劳累一天的大人们能安静地休息。诗人们则怀着对美好月亮的仰慕之情，写下了一篇又一篇赞颂月亮的千古佳作。

【常羲浴月】清代汪绂图本

建木

——通天梯

【建木】

在昆仑附近有弱水，岸旁长着建木。建木形状像牛一样，树皮轻轻一拉就能撕下来，树皮像缨子，又像黄蛇皮，树干像刺榆一样。建木的叶子是青色，如同罗网一般，花朵是黑的，果实黄色。建木在百仞以下都没有旁支，所有的神仙都通过此处来往于天上和人间。这附近没有声响，树也没有影子，是天地的正中心。

建木旁是弱水，弱水承载力很小，鸿毛在上面也会被吞噬，这使得昆仑更难攀登。相传建木是由天帝所造，是神来往人间的常用通道。

趣读山海经

北山经

竹马书坊 编著

古吴轩出版社
中国·苏州

图书在版编目（CIP）数据

趣读山海经．北山经 / 竹马书坊编著．-- 苏州 ：古吴轩出版社，2020.1
ISBN 978-7-5546-1492-1

Ⅰ．①趣… Ⅱ．①竹… Ⅲ．①历史地理－中国－古代－少儿读物 Ⅳ．①K928.626-49

中国版本图书馆CIP数据核字（2019）第285014号

责任编辑：蒋丽华
见习编辑：闫毓燕
策　　划：村　上　高　超
封面设计：尛　玖

书　　名：趣读山海经·北山经
编 著 者：竹马书坊
出版发行：古吴轩出版社
地址：苏州市十梓街458号　　邮编：215006
电话：0512-65233679　　传真：0512-65220750
出 版 人：钱经纬
印　　刷：唐山富达印务有限公司
开　　本：710×1000　1/16
印　　张：9
版　　次：2020年1月第1版　第1次印刷
书　　号：ISBN 978-7-5546-1492-1
定　　价：235.00元（全六册）

如有印装质量问题，请与印刷厂联系。022-69381830

前言

《山海经》是一本百科全书性质的先秦奇书，包含了历史、神话、传说、民俗、地理、动物、植物、矿产、医药等多方面内容，一度被当成一套权威的地理书籍。现存的《山海经》全书十八卷，其中“山经”五卷，“海经”八卷，“大荒经”四卷，“海内经”一卷，共约三万一千字。本书以“山经”“海经”为线索，分六本来解读《山海经》的故事。

图文并茂是《山海经》的重要特征。因古图遗失，现存图片多为明、清时代画师绘制。本书涉及的古籍主要有如下多种：

明代胡文焕《新刻山海经附新刻山海经图》，简称明代胡文焕图本；明代蒋应镐《山海经（图绘全像）》，简称明代蒋应镐图本；明代郭璞注、蒋应镐绘图的《山海经》（十八卷），简称明代《山海经》（十八卷）；清代吴任臣《增补绘像山海经广注》，简称清代吴任臣图本；清代汪绂《山海经存》，简称清代汪绂图本；清代毕沅《山海经新校正》图注原本，简称清代毕沅图本；清代郝懿行《山海经笺疏》，简称清代郝懿行图本；来自日本的图画，简称为日本图本；来自欧洲的图片，简称为欧洲图本；清代吴任臣注，四川成或因绘图的《山海经绘图广注》，简称清代成或因图本；上海锦章图书局于民国八年（1919）出版的《山海经图说》，简称上海锦章图本；清代《钦定古今图书集成·博物汇编·禽虫典》中的异禽、异兽图，简称清代《禽虫典》。

笔者能力有限，如有错漏之处，欢迎广大读者批评指正。

目 录

·北山经·

北次一经

北次二经

北次三经

乾山

伦山

北山逸闻

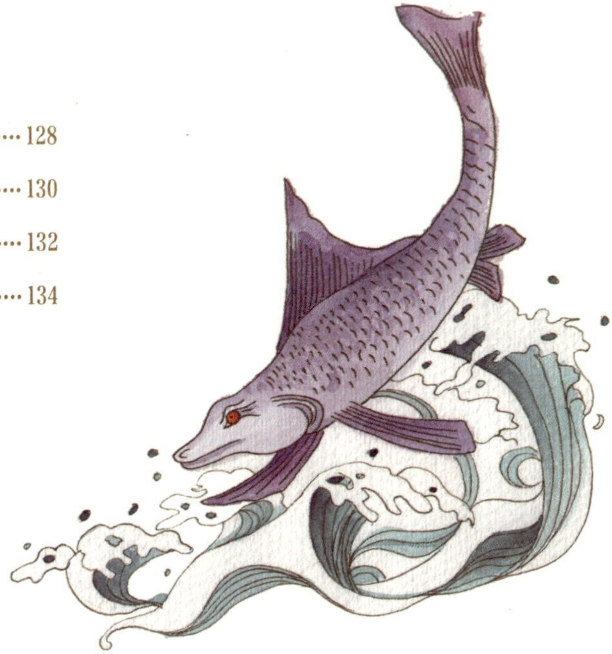

·北次一经·

山脉览

◎ 原文

凡北山之首，自单（dān）狐之山至于隄（dī）山，凡二十五山，五千四百九十里，其神皆人面蛇身。其山北人，皆生食不火之物。

◎ 译文

北方第一山系，从单狐山到隄山，一共二十五座山，长达五千四百九十里，山神都长着人的脸和蛇的身体。在北山居住的人，不用火，都吃生食。

【北山神】人面蛇身神

【雄鸡】山神祭品

【吉珪】山神祭品

山神说

“我们北方第一列山系，山脉长度、密度都是中等。一共有二十五座山，长达五千四百九十里。山脉贴近西北，多异兽、凶兽，来游览的话务必小心。少咸山和北岳山最好不要去，上面有吃人的怪兽；谯明山值得一去，有一个脑袋十个身体的鱼，更有上佳的雄黄可采。”

带山

◎ 原文

又北三百里，曰带山，其上多玉，其下多青碧。有兽焉，其状如马，一角有错[1]，其名曰臛（huān）疏，可以辟火。有鸟焉，其状如乌，五采而赤文，名曰鵸䳜（qí yú），是自为牝牡，食之不疽（jū）。彭水出焉，而西流注于芘（pí）湖之水，其中多儵（yóu）鱼，其状如鸡而赤毛，三尾、六足、四目，其音如鹊，食之可以已忧。

◎ 注释

①错：通“厝”，磨刀石。此处形容角有深的纹路。

◎ 译文

（求如山）再向北三百里有座带山，山上盛产玉石，山下盛产青石和碧玉。这座山中有一种形貌像马的野兽，长着一只磨石一样的角，名字叫作䑏疏，人饲养这种野兽可以躲避火灾。另外，山中还栖息着一种形貌类似乌鸦的禽鸟，浑身长着红色斑纹的五彩羽毛，名字叫作䳜鵸，这种鸟是雌雄同体，不用交配即可自行繁殖，人吃了它的肉就不会患痈疽病。彭水从这座山发源，继而西流注入芘湖水，附近水域中生长着很多儵鱼，样貌像鸡，有着红色的羽毛、三条尾巴、六只脚以及四只眼睛，叫声类似于喜鹊的鸣叫，人吃了它的肉就会无忧无虑。

【马】

【喜鹊】

䑏疏

——厌火兽

“白泽形象万千，我山中䑏疏得到它的真传也未必不可能。”

带山附近奇兽、异鸟和怪鱼每样都有。䑏疏是独角兽，是匹吉兽，饲养在家里可以避免火灾。它在《山海经》里只是一种普通的怪兽，漂洋过海到达日本之后，就和神兽白泽有了一定的联系。

【䑏疏】明代蒋应镐图本

【白泽】日本图本

【臛疏】日本图本

白泽是可使人逢凶化吉的吉祥之兽，它样貌如同白狮子，长角，有胡须。相传黄帝在昆仑山东边的恒山游玩，偶然在海边遇到一只白泽。白泽浑身雪白，能说人话，而且有一种特殊能力，能知道天地鬼神的事情，对山林水泽的各种精怪更是了如指掌。黄帝觉得有趣，于是派人把白泽所说的各种精怪都画成图像，并在图的旁边加上注解，一共画了一万一千五百二十种。

【白泽】明代《三才图会》

【臛疏】唐代《山海百灵》图卷

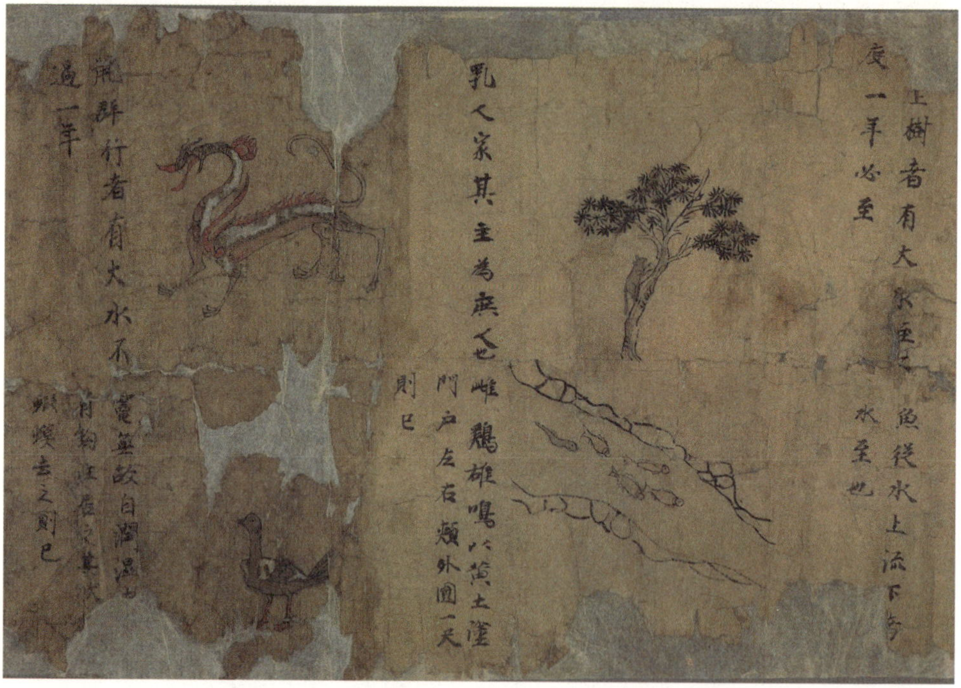

【白泽精怪图残卷】

鵸鵌

——五彩鸦

“它俩确实是一种鸟，不过一个生在西山，一个生在北山，因为环境不同，各自产生变化了。环境对鸟的影响都如此大，更何况是人呢。”

在《西山经》中已经讲过一种同名鸟。那三头鸟爱笑，吃了它的肉能够不做噩梦。在带山的鵸鵌体形也像乌鸦，不过身体是五颜六色的，还有一些红色纹理，人吃了它能去除毒疮。它和西山上的鵸鵌，可能是同一族群的不同分支，都是吉兽的代表。

【鵸鵌】清代《禽虫典》

【鵸鵌】明代蒋应镐图本

儵鱼

——最复杂的鱼

“他们谈论的儵鱼好像是一种小白鱼，并不是我们山上这个复杂的物种。不过每个人的逻辑都像这位庄子一样有趣吗？如果是这样，我可能要从山里出去找人聊聊天了。”

儵鱼长着四只眼睛、三条尾巴、六只爪子，样子像鸡，叫声却像喜鹊一样，堪称《山海经》中结构最复杂的鱼了。这种鱼吃到肚子里能够让人忘却忧愁。有关这种鱼，还有个关于思辨的故事。

【儵鱼】明代胡文焕图本

庄子和惠子一起在濠（háo）水的桥上游玩。庄子说："儵鱼在河水中游得多么悠闲自得，这是鱼的快乐啊。"惠子说："你又不是鱼，哪里知道鱼是快乐的呢？"庄子说："你又不是我，怎么知道我不知道鱼是快乐的呢？"惠子说："我不是你，固然就不知道你（的想法）；你本来就不是鱼，你不知道鱼的快乐，这是可以完全确定的。"庄子说："让我们回到最初的话题，你开始问我'你哪里知道鱼的快乐'的话，就说明你很清楚我知道（鱼的快乐），所以才来问我是从哪里知道的。现在我告诉你，我是在濠水的桥上知道的。"

【儵鱼】明代蒋应镐图本

【儵鱼】清代吴任臣图本

谯明山

◎ 原文

又北四百里，曰谯（qiáo）明之山。谯水出焉，西流注于河。其中多何罗之鱼，一首而十身，其音如吠犬，食之已痈。有兽焉，其状如貆（huán）[①]而赤毫，其音如榴榴，名曰孟槐，可以御凶。是山也，无草、木，多青、雄黄。

◎ 注释

①貆：豪猪。

◎ 译文

再往北四百里有座谯明山，谯水发源于此，继而向西流入大河。谯水中生长着许多何罗鱼，这种鱼长着一个脑袋，身子却有十个，能发出狗叫一样的声音。人吃了这种鱼的肉，能够治愈痈肿病。这座山中还生长着一种形状像豪猪却长着红毛的野兽，叫声如同用辘轳抽水的响声，它的名字叫孟槐，饲养在身边可以躲避凶邪。谯明山不生长任何草木，却遍布着大量石青和雄黄。

【辘轳】

【豪猪】

何罗鱼

——一首十身鱼

“原来何罗鱼还有这种悲惨的故事，是因为北山的山神不需要精米供奉，所以它们想尝尝精米的味道吗？”

何罗鱼长得很奇怪，一个鱼头连着十个身体，所以也有人将它称为“八带鱼”，也就是八爪鱼。何罗鱼当然比普通的乌贼要厉害一些，除了吃了能治痈肿病以外，它还能化身为鸟。何罗鱼能变身成休旧鸟，在人舂米的时候，悄悄地偷一些精米来吃，有时运气不好，就被打伤或打死在石臼里，再也不能去偷粮了。

【何罗鱼】清代吴任臣图本

【何罗鱼】欧洲图本

【何罗鱼】明代蒋应镐图本

【舂米图】

孟槐

——红毛貆

“孟槐能避免凶邪，所以总有人等在山脚的河旁边，趁它喝水的时候将它捉走。唉，山上的孟槐越来越少了……”

在《山海经》文字设定中，孟槐样子像貆。貆有两种解释：一种说法是豪猪，另一种说法是年幼的貉。豪猪又叫箭猪，体形粗壮，身上有刺；貉外形像狐狸，毛是黄褐色的，生活在山林中，昼伏夜出，以鱼虾和鼠兔为食。我国绘制的孟槐都以豪猪为参考形象，突出孟槐身上“猪”的特征。日本的江户时期的画师根据我国的《山海经》绘制了《怪奇鸟兽图卷》，图卷里也收录了孟槐的形象。日本图本中的孟槐形象在胡文焕图本的基础上，明显地带上了貉的特征，鼻子脱离了猪鼻子的形状，眼睛也更圆了一点，但孟槐身上刺的元素保留了下来。

【孟槐】明代胡文焕图本

【孟槐】日本图本

【孟槐】明代蒋应镐图本

雄黄

——黄红驱恶

【雄黄】

雄黄在古代是一种颜料，也是一种药物。质地软，容易粉碎。雄黄以鸡冠色为上佳，少量用于药物中能够驱除人体内的恶气；青黑色的雄黄不可药用，只能当颜料使用。古代端午节快到的时候，人们会制一些雄黄酒，然后在端午节当天饮用，以此来辟邪、驱除五毒。其实雄黄酒含有大量的砷元素，现代医学并不提倡多饮用这种酒。

【雄黄石】

【卖雄黄的商贩】

虢山

◎ 原文

又北三百八十里，曰虢（guó）山，其上多漆，其下多桐椐（qū）[①]。其阳多玉，其阴多铁。伊水出焉，西流注于河。其兽多橐（tuó）驼[②]，其鸟多寓，状如鼠而鸟翼，其音如羊，可以御兵。

◎ 注释

①椐：椐树，树干上多长着肿节，古人常用来做拐杖。

②橐驼：骆驼。

◎ 译文

（涿光山）再往北三百八十里有一座虢山，山上生长着茂密的漆树，山下生长着茂密的梧桐树和椐树。山的南面蕴藏着丰富的玉石，山的北面出产大量铁矿。伊水就发源于此，继而向西流入大河。山中多是橐驼这种野兽，禽鸟以寓鸟居多，这种鸟长着鸟的翅膀，形貌却与老鼠类似，能发出羊的叫声，人饲养这种禽鸟可以躲避战争。

【橐驼】明代蒋应镐图本

【梧桐】

寓

——鸟翼鼠猴

“寓鸟白天休息，晚上出来活动，它叫声像羊，如果闭着眼睛的话，还以为是只羊走过来了呢！”

【寓鸟】清代吴任臣图本

这种鸟长得奇形怪状，看起来并不像是鸟类，很有可能是一种鼯（wú）猴。鼯猴的体侧自颈部到尾部具有大而薄的滑翔膜，看上去像鼯鼠，但是面部又很像狐猴，因此被叫作鼯猴。不过鼯猴其实既不是猴子，也不是蝙蝠，而是鼩（qú）和蝙蝠之间的一种过渡生物。鼯猴从脖子到尾端的那一层皮膜，连着它的前臂、前趾以及后腿和后趾。当四肢完全伸开时，它看上去就像一只风筝。它不可以飞行，但是可以滑翔。

【野衾】日本图本

【寓鸟】明代蒋应镐图本

【寓鸟】上海锦章图本

在日本传说里，寓鸟又叫野衾，会趁着人路过的时候，扑到人脸上吸取血液，有的还会在人面前变出一堵透明的墙，以此来阻碍和吓唬人类。

石者山

◎ 原文

又北二百八十里，曰石者之山，其上无草木，多瑶碧。泚（cǐ）水出焉，西流注于河。有兽焉，其状如豹，而文题①白身，名曰孟极，是善伏，其鸣自呼。

◎ 注释

①文题：额头有花纹。

◎ 译文

（丹熏山）再向北二百八十里有座石者山，这座山不生长任何花草树木，却遍布着瑶、碧之类的美玉。泚水就从这座山发源，继而向西流入大河。山中有一种形貌类似普通豹子，花额头、白身子的野兽，名字叫孟极，非常善于隐藏，叫声与它名字读音相同。

【玉泉】泉中有玉

孟极

——白纹豹

“山中无草木，孟极身体白，配上浅浅的花纹，如果不移动的话，就像一块玉石一样，令人难以发现。”

【孟极】清代《禽虫典》

孟极外形像豹子，头上有花纹，但皮毛是白色的，十分善于潜伏。这种异兽和雪豹非常类似。在中国的神话传说中，雪豹是一种神兽，并且还有以雪豹为图腾的氏族。雪豹喜欢独行，习惯在夜间活动，生活在高海拔地区。

在尼泊尔的传说中，雪豹是山神的“护法神”。如果牧民在野外烤肉，山神就会派雪豹去进行惩戒。尼泊尔还把雪豹称为庄稼的“天然栅栏”。这是因为如果没有雪豹，各种野生动物就会肆无忌惮地糟蹋庄稼。

【孟极】明代蒋应镐图本

【高山雪豹】

蔓联山

◎ 原文

又北二百里，曰蔓(wàn)联之山，其上无草、木。有兽焉，其状如禺而有鬣(liè)，牛尾、文臂、马蹄，见人则呼，名曰足訾（zī），其鸣自呼。有鸟焉，群居而朋飞，其毛如雌雉，名曰䴔，其鸣自呼，食之已风。

◎ 译文

（边春山）再往北二百里有座蔓联山，山上不生长任何草木。有种形貌类似猿猴，却长着鬣毛的野兽，这种野兽长着牛一样的尾巴，双臂布满花纹，有马一样的蹄子，一看见人就呼叫，名字叫作足訾，叫声便是自身名称的读音。山中还有一种禽鸟，这种禽鸟喜欢成群栖息，结队飞行，尾巴与雌野鸡相似，名字叫作䴔，叫声与它自身名字读音相同，人吃了它的肉能治愈风痹病。

足訾

——哀叹猴

“猿猴类的异兽天生就对人类感兴趣，无论是害怕、厌恶还是喜欢，人在它们心目中和别的动物可是不一样的。我就从没见过足訾举着前爪问我问题。”

【足訾】清代《禽虫典》

北山中有好几种类似猿猴的鸟兽，足訾就是其中一种。这兽像猴子，却长了马的蹄子，见到人就会举着前臂呼喊：“足訾？足訾？”仿佛在焦虑地问：“我的脚怎么了？能帮帮忙吗？”

足訾的体形比猴子都要大一些，近似狒狒。狒狒的四肢一样长，奔跑的时候四肢着地，与马有些类似。狒狒是群居动物，每个群体都有十几只，甚至百余只。在狒狒群体中，等级秩序非常明显，还有严明的纪律。

【足訾】明代蒋应镐图本

【狒狒】

在古埃及，狒狒是很神圣的动物，被称为太阳神的儿子，因为每天清晨狒狒都第一时间全体迎接太阳的升起，十分虔诚。古埃及人还把狒狒当成宠物来饲养，死后将它们制作成木乃伊随葬。

䴔

——止风鸟

“风症这种病非常难治，据说得病的人时常莫名其妙地就死掉了，这么看来䴔的能力还是很出众的。”

䴔结伴而行，发出的声音为“交”，是一种有些不起眼的善鸟。它们是一种群居动物，成千上万地聚集在一起飞，飞在天上的时候可以把太阳挡住，落在地上的时候可以把田野遮住。传说它们还非常不喜欢火。就像非洲大草原上的犀牛只要看见火就冲过去踩灭一样，䴔只要看见火，就会集体飞过去，把火扑灭。这其实也是动物的一种天性。因为自然界的野火，是可以将一切都烧成灰烬的。

【䴔】明代蒋应镐图本

单张山

◎ 原文

又北百八十里，曰单张之山，其上无草木。有兽焉，其状如豹而长尾，人首而牛耳，一目，名曰诸犍（jiān），善咤，行则衔其尾，居则蟠其尾。有鸟焉，其状如雉，而文首、白翼、黄足，名曰白鵺（yè），食之已嗌（yì）[1]痛，可以已痸（chì）[2]。栎（lì）水出焉，而南流注于杠水。

◎ 注释

①嗌：咽喉。

②痸：痴疾。

◎ 译文

再向北一百八十里有座单张山，山上没有任何花草树木，有种形貌像豹子却拖着一条长尾巴的野兽，这种野兽长着人一样的脑袋和牛一样的耳朵，只有一只眼睛，名字叫诸犍，喜欢吼叫，行走的时候用嘴叼着尾巴，睡觉时将尾巴盘蜷起来。另外，山中还有一种形貌类似野鸡的禽鸟，脑袋长着花纹，有白色的翅膀，黄色的脚，名字叫白鵺，人吃了它的肉能治愈咽喉疼痛，还能治愈痴病。栎水也从这里发源，继而向南流，注入杠水。

白鵺

——利咽明智

“白鵺长在诸犍身旁，兴许就是为了给它治嗓子的。”

白鵺在《山海经》中是一种能治两样疾病的鸟，相传它很有正义感，能够分辨人的善恶。如果是善人，它就会将那人保护起来；如果是恶人，它就会令他凄惨地死去。这种善恶分明的鸟漂洋过海去了日本之后，变成了一种名虽为鸟实则是兽的妖怪。它叫声极其奇怪，是不祥之物。传说曾有天皇听到它的声音，心生恐慌，身体渐渐衰弱，请了箭术高明的武士将它射下来才算安心。

【白鵺】明代胡文焕图本

诸犍

——怒吼豹

“这兽很宝贝自己的尾巴，白天时叼在嘴上，睡觉的时候也盘在身上，绝不肯让尾巴沾到土。可能真的是龙子屈尊在我山上住呢！”

诸犍这异兽长得很威武，但是胆子并不大，经常被一些小事吓得嗷嗷叫。有一种说法认为诸犍就是传说中的蒲牢。蒲牢是龙的九子之一，很喜欢吼叫。据说蒲牢生活在海边，却害怕海里的鲸，每次一看到鲸，它就吓得大声吼叫。人们根据它喜欢吼叫的特点，就把蒲牢铸成钟纽，把敲钟的木杵做成鲸的形状。敲钟时，响声能直穿云霄且回声幽远，很有气势。

【诸犍】清代《禽虫典》

【诸犍】明代蒋应镐图本

【诸犍】

【诸犍】唐代《山海百灵》图卷

灌题山

◎ 原文

又北三百二十里，曰灌题之山，其上多樗柘，其下多流沙，多砥。有兽焉，其状如牛而白尾，其音如訆（jiào）①，名曰那父。有鸟焉，其状如雌雉而人面，见人则跃，名曰竦（sǒng）斯，其鸣自呼也。匠韩之水出焉，而西流注于泑泽，其中多磁石。

◎ 注释

①訆：叫，大声呼喊。

◎ 译文

再往北三百二十里有座灌题山，山上生长着茂密的臭椿树和柘树，山下遍布着流沙，盛产磨石。这座山中有种形状像普通的牛，却拖着一条白色尾巴的野兽，它能发出如同人在高声呼唤时的声音，这种野兽的名字叫那父。山中还有一种形貌像雌野鸡的禽鸟，长着一张人的面孔，看见人时喜欢跳跃，它的名字叫作竦斯，叫声与它名字的读音相同。这座山还是匠韩水的发源地，匠韩水由此向西，流入泑泽，水中蕴藏着大量的磁石。

【磁石】寻铁工具

【磁石】中医药材

那父

——白尾牛

“听说还有一种白尾羚牛，和那父也很相似，不过已经很久没见过了。”

那父像牛，拖着一条白尾巴，这兽很警觉，会发出人类的叫声，以此来警告自己的同类。

在我国有一种扭角羚牛也有这种习惯。它们体形庞大，前肢发达，像牛也像熊，还有点像马，毛发通常是乳白或淡金色的，尾巴贴服在身体上。扭角羚牛生活在海拔很高的地方，群居的羚牛里常有“哨兵”，它来负责整支牛群的安危。目前这种羚牛已经是国家一级保护动物、世界濒危物种了。

【那父】清代《禽虫典》

【那父】明代蒋应镐图本

【高山扭角羚牛】

竦斯

——粘人鸟

“有很多动物没什么目的，只是喜欢和人类生活在一起，它们的行为看起来像献媚一样，其实是没有别的方式来表达对人类的喜欢，毕竟言语不通嘛。”

这鸟见人就跳，和前面的足訾一样，很是喜欢人，像被人饲养的宠物一般。古代人就用它们两个来形容那些爱献媚的人。据说，屈原被流放三年，心情烦闷、思想混乱，不知道何去何从，就前去拜见太卜郑詹尹。屈原说：“我很困惑，希望先生您给我算个命。”郑詹尹对他说：“你要算什么呀？”屈原说：“我是宁可诚恳朴实、忠心耿耿呢，还是迎来送往、巧于逢迎而摆脱困境？是宁可鹤立鸡群而保持正直操守呢，还是像足訾和竦斯一样侍奉那位妇人？”郑詹尹很尴尬，哭丧着脸说：“尺有所短，寸有所长，鬼神也不是什么都知道，你的这些事我算不了。”

【屈子行吟图】傅抱石

【竦斯】日本图本

【竦斯】明代蒋应镐图本

少咸山

◎ 原文

又北二百里，曰少咸之山，无草木，多青碧。有兽焉，其状如牛，而赤身、人面、马足，名曰窫窳（yà yǔ），其音如婴儿，是食人。敦水出焉，东流注于雁门之水，其中多𩶛（pèi）𩶛[①]之鱼，食之杀人。

◎ 注释

①𩶛𩶛：或为河豚。

◎ 译文

（敦薨山）再往北二百里是少咸山，山上不生长花草树木，遍布着青石和碧玉。有一种形状像牛，却长着红色身体、人面、马蹄的野兽，名字叫窫窳，叫声如同婴儿的啼哭声，能吃人。敦水就发源于此，继而东流，注入雁门水，附近水域中盛产𩶛𩶛鱼，人吃了这种鱼会中毒身亡。

窫窳

——混噩神

“射日也好，杀死窫窳也好，都是对人极有好处的事情，虽然羿回不到天上了，但不妨碍他成为大英雄。”

窫窳在《山海经》中有两处住所，都在昆仑附近。一是昆仑旁边万物都会沉没的弱水里，它在那里是龙头的形象；二就是在少咸山上，是人面牛身的形象。据说它还是天神的时候，是人面蛇身的样子。

窫窳从天神变成吃人的恶兽，是一段很悲惨的故事。

窫窳做天神的时候，性情温顺和善，很受大家的爱戴，同样是人面蛇身的贰负就心生嫉妒，并怀恨在心。贰负有个非常忠心的手下，叫作危，他找了个机会将窫窳给杀了。天帝听说了这件事，就命人把贰负和危捉来，把他们绑在疏属山上，给他们的右脚上了枷锁，又用

【人面牛身窫窳】清代《禽虫典》

【人面牛身窫窳】明代蒋应镐图本

【贰负尸】明代蒋应镐图本

头发反绑住他们的手，拴在大树下，不准别人解开。天帝怜惜窫窳的遭遇，就命昆仑山的巫师用不死药将他复活。但这次复活并不成功，复活后的天神窫窳，变成了身形像牛、性格凶残的野兽，专以吃人为生，成为人间的祸害。

天帝仍悲痛它的遭遇，就将它放在万物不得浮起的弱水里。它待了一阵子，觉得无聊，又跑到了少咸山上，惹了不少祸事。它吃人，但也知道趋吉避凶：遇到有明君在位的盛世，就躲藏起来；遇到乱世时，就趁乱出来作恶。十个太阳一起出现在天上时，民不聊生，哀鸿遍野，它就趁机出来作乱，在中原一带为害。羿射掉了九个太阳后，顺便把窫窳也杀死了。

【龙形窫窳】明代蒋应镐图本

【贰负神】明代蒋应镐图本

【窫窳神】明代蒋应镐图本

狱法山

◎ 原文

又北二百里，曰狱法之山。瀤（huái）泽之水出焉，而东北流注于泰泽。其中多鱳（zǎo）鱼，其状如鲤而鸡足，食之已疣。有兽焉，其状如犬而人面，善投，见人则笑，其名山狎（huī），其行如风，见则天下大风。

◎ 译文

再往北二百里是狱法山。瀤泽水发源于此，继而向东北流入泰泽。水域中生长着大量鱳鱼，形貌类似鲤鱼，却长着鸡的爪子，人吃了这种鱼肉可以治愈赘瘤病。这座山中有一种形状像狗却长着人面的野兽，擅长投掷，一看见人就笑，名字叫山狎，它行走如风，一出现就会刮起大风。

【雷电以风】

鱳鱼

——鸡爪鱼

“或许……今天晚上就炖一条来吃吃看。”

长着鸡爪的鱼，吃了以后能够去除赘疣，这样美好的想象，可以窥见古代人天真烂漫的一面。

在我国沿海一带，鸡爪鱼是一道常见而美味的菜肴。先将大鲤鱼（或花鲢）的鱼头炸过，然后将鸡爪焯水，两样放在一起炖，炖烂以后焖一段时间，出锅前调味，就可以配米饭吃了。这菜味道鲜美浓郁，营养丰富，想来和直接炖鱳鱼的味道差不多。

【鱳鱼】清代汪绂图本

【鳔鱼】明代蒋应镐图本

【鲤鱼】

【鸡爪炖鱼头】

山狎

——动如风

“听说海外还有一种叫风狸的异兽。它可以随着风奔跑，快得和飞起来一样，而且它不怕刀砍，不怕火烧。即便被人杀死了，只要有狂风吹过它身体，它就又活蹦乱跳了。”

【山狎】明代胡文焕图本

狱法山除了美味的鱼，还有一种和举父一样善于投掷的野兽。它喜爱人，奔跑速度极快，是一种风兽。山狎据说是山魈（xiāo）的一种，常出没在山野间，吓唬离群索居的人。

古时候有一个姓孙的书生在一个偏僻的庙里读书。有一天晚上，突然风声呼啸，房门被刮开了，风声进入屋内，还夹杂着“铿铿”的声音。这个书生从指缝里偷偷一看，

【山㺐】明代蒋应镐图本

【山童】

【山魈】

发现屋里竟然站着个和房梁一般高的大怪物，咧着大嘴对他笑。孙书生吓坏了，忙拿起防身的刀砍过去，怪物跑掉了。有人听到响声来看，发现门、墙、用来抵挡的棉被上都是一些利爪抓过的痕迹，于是告诉他，那怪物就是山魈。

北岳山

◎ 原文

又北二百里，曰北岳之山，多枳、棘、刚木[①]。有兽焉，其状如牛，而四角、人目、彘耳，其名曰诸怀，其音如鸣雁，是食人。诸怀之水出焉，而西流注于嚣水。其中多鮨（yì）鱼，鱼身而犬首，其音如婴儿，食之已狂。

◎ 注释

①刚木：檀木。

◎ 译文

再往北二百里有座北岳山，山上生长着茂密的枳树、酸枣树和檀、柘一类的树木。这座山中生长着一种形貌如牛，长有四只角、人眼睛、猪耳朵的野兽，名字叫诸怀，叫声如同大雁鸣叫，能吃人。诸怀水就发源于此，继而向西流入嚣水。水中盛产鮨鱼，这种鱼长着鱼身而狗头，能发出婴儿啼哭般的声音，人吃了这种鱼的肉可以治愈疯癫病。

【柘】

【大雁】

诸怀

——如牛凶兽

“诸怀当真坏极了！”

【诸怀】清代《禽虫典》

北岳山上的诸怀是和穷奇名声差不多的凶兽。它样貌吓人，声音却和大雁鸣叫声一样清脆，容易让人放松警惕。这种凶兽爱吃人，在它周围有一种发出像婴儿啼哭声一样声音的鱼，它常常躲在鱼群后面，等人被吸引过来之后，就是它出场的时候了。

【诸怀】明代蒋应镐图本

【诸怀】唐代《山海百灵》图卷

鮨鱼

——婴啼鱼

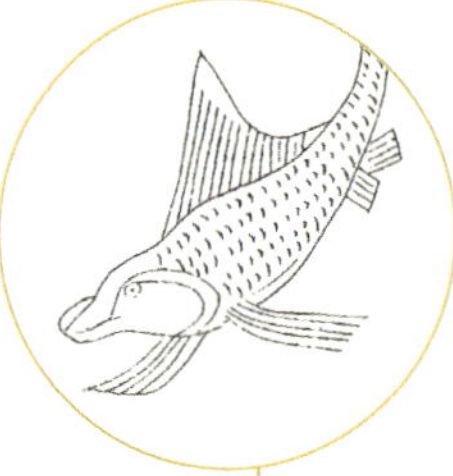

“这鱼长着狗头，又会学婴儿啼哭，装可怜，经常被诸怀驱使做诱饵，真是坏透了。”

这鱼很像现在的海狗，海狗平时没有固定的栖息场所，但是每年的春末夏初，它们都会陆续返回出生地，开启新生活。一般来说，雄性海狗会先上岸，等它们划分好地盘后，雌性海狗才会上岸。海狗在古代是一种重要的中药材，现在已经是世界范围内的濒危保护动物，大部分地区都不允许捕猎了。

【鮨鱼】清代汪绂图本

【鮨鱼】明代蒋应镐图本

【鮨鱼】清代吴任臣图本

【海狗】

酸枣树

——实用果木

酸枣树用处很多，结出果子做成蜜饯可以给小孩吃，难以长高的树干还能做天然的围墙，如果看厌了，还可以用来烧火，很实用。

【枣枝】

【酸枣树】

檀木

——君子圣木

檀木木质坚硬，香气芬芳永恒，色彩绚丽多变且百毒不侵。这种树万古不朽，又能避邪，故称为圣檀。

【檀木】

【檀木枝】

· 北次二经 ·

山脉览

◎ 原文

凡北次二山之首，自管涔（cén）之山至于敦题之山，凡十七山，五千六百九十里。其神皆蛇身人面。

◎ 译文

北方第二山系，从管涔山到敦题山，一共十七座山，长达五千六百九十里。各山的山神都长着蛇的身体和人的脸。

【北山神】人面蛇身神

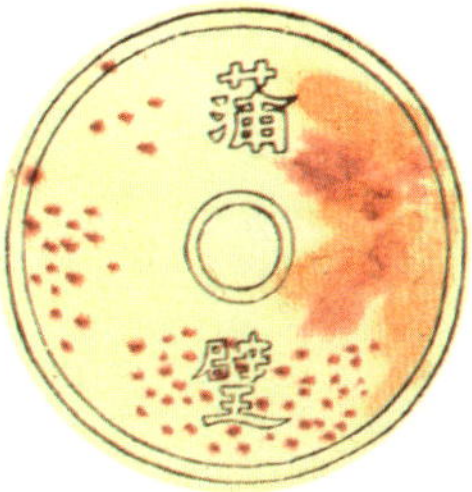

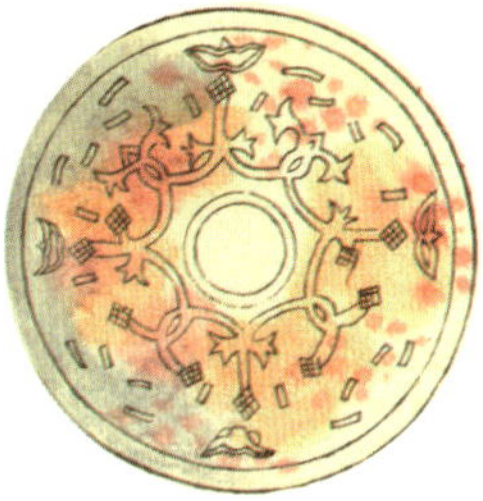

【蒲璧】山神祭品

山神说

“我们山系，从大河东直到北海边，一共十七座山，绵延五千六百九十里。山中较为荒芜，草木不茂盛，寻常动物很多，异兽较少，除了钩吾山上的狍鸮，其他都较为温顺。若游览，避开钩吾山即可；若说推荐，梁渠山值得一去，有一种红毛的小刺猬异兽，很可爱。”

敦头山

◎ 原文

又北三百五十里，曰敦头之山，其上多金玉，无草木。旄水出焉，而东流注于邛（qióng）泽。其中多䮝（bó）马，牛尾而白身，一角，其音如呼。

◎ 译文

（诸余山）再往北三百五十里有座敦头山，山上出产大量金属矿物和玉石，但不生长花草树木，旄水发源于此，然后向东流入邛泽。这座山中有许多䮝马，身体为白色，长着牛尾，独角，发出的声音如同人在呼唤。

【独角兽】

𬳵马

——仙马

“山上没有草木，这马就靠吃玉维持生命。或许真是天上来的仙马，不然为什么可以吃神的食物呢？”

中曲山时讲过上阵不受伤的驳马，这山上的马的样子和它类似，也是一种独角马。但是这种马身体是白的，是天马的另一种形态。相传天马下凡延续的后代是人间最佳的骏马，称为骐。天上掌管马匹的神仙叫伯乐，民间精于鉴别马匹优劣的人，也称为伯乐。曾有一匹骐，成年后，被驱赶着拉一辆盐车，在太行山上蹒跚而行。伯乐经过这里，立刻下了车，抱着骐的脖子痛惜地放声大哭起来。于是骐仰起头来长嘶一声，那声音直冲云霄，如金石碰撞般令人震撼。那长鸣，似是在回应伯乐的知己之情。

【𬳵马】清代《禽虫典》

【驿马】黄色马匹

【驿马】明代蒋应镐图本

钩吾山

◎ 原文

又北三百五十里，曰钩吾之山，其上多玉，其下多铜。有兽焉，其状羊身人面，其目在腋下，虎齿人爪，其音如婴儿，名曰狍鸮（xiāo），是食人。

◎ 译文

再往北三百五十里，有座钩吾山，山上盛产玉石，山下蕴藏着大量的铜。这座山中有一种羊身人面的野兽，眼睛长在腋窝下，有着老虎的牙齿和人一样的指甲，叫声就像婴儿的啼哭声。这种野兽的名字叫作狍鸮，能吃人。

【酒林肉池】商纣王

狍鸮

——人面凶羊

“狍鸮可真是又凶又傻的典范了，为了吃，连性命都可以豁出去。无论是人还是兽，太贪婪了总没有好下场。”

【狍鸮】清代《禽虫典》

传说狍鸮和凶兽饕餮性情有相似的地方。龙九子中，第五子就是饕餮，它十分贪吃，把能吃的都吃掉以后，竟然把自己的身体也吃了。狍鸮也是这种贪婪暴虐的性格，经常有狍鸮因此丢掉了性命。

在古代君王中，也有两位类似饕餮的人——夏桀和商纣。夏桀是一个饮酒无度的暴君。他挖出的酒池，大到可以在上面划船。商汤灭了夏朝后建立了商朝，为了记住夏桀的教训，就把饕餮的形象铸造在了青铜鼎上。可是，商汤没有想到，他的后人纣也是个不知节制的帝王，他不仅造出了酒池，更搭建了肉林，供自己享用。

【饕餮】明代《三才图会》

【饕餮纹青铜鼎】

【狍鸮】明代蒋应镐图本

【狍鸮】唐代《山海百灵》图卷

北嚣山

◎ 原文

又北三百里，曰北嚣之山，无石，其阳多碧，其阴多玉。有兽焉，其状如虎，而白身犬首，马尾彘鬣，名曰独狢（yù）。有鸟焉，其状如乌，人面，名曰鷩鶓（bān mào），宵飞而昼伏，食之已暍（yē）[①]。涔水出焉，而东流注于邛泽。

◎ 注释

①暍：中热，中暑。

◎ 译文

再向北三百里是北嚣山，山中没有石头，南面盛产碧玉，北面盛产玉石。这座山中有种模样与老虎相似的野兽，长着白色身子和狗的脑袋，有马的尾巴，脖子上生有鬃毛，名字叫独狢。另外此山中还有一种类似乌鸦的禽鸟，生有一副人的面孔，名叫鷩鶓，白天潜伏休息，夜晚飞行活动，人吃了这种鸟的肉能不中暑。涔水就发源于此，继而向东流入邛泽。

䳢鵑

——解暑鸟

这种鸟类似乌鸦，褐色的羽毛上有点点斑纹，尾巴颜色更深，爪子锋利，是它们捕食的工具。这种鸟很好对付，炎热夏季，需要务农的人很喜欢捉这种鸟，因为吃了它就不会中暑了。

传说中这种鸟很喜欢啄食婴儿的灵魂，因此，在古代新生儿的父母会格外小心。母亲喂奶的时候会把婴儿遮挡起来；婴儿的衣服也会小心晾晒，不被它发现；夜里更会将自己的宝宝看好，提防它到来。

【䳢鵑】明代蒋应镐图本

独狢

——狗头虎

“这兽体形很大，腾空跳起的时候像一片乌云一样，它们数量也很少，除了偶尔进食，几乎都在山中休息。”

北嚣山上有一种长着狗头的大型白虎。这异兽能力不详，单凭样子被人记住了。在我国西北地区曾经生活过一种巨鬣狗，它虽然叫狗，其实是一种猫科动物，背脊上有很厚的鬃毛，体形能到棕熊那么大，以捕食大型的食草动物为生。我国研究人员曾在犀牛化石上发现了捕食者的齿印，和巨鬣狗相吻合。这种动物虽然凶猛，但存在的时间并不长，人们推断，是它捕食的物种发生了很大的变化，才导致它慢慢灭绝了。

现存的鬣狗体形已经很小，一般情况下，以群体中的成年雌性为首领，它们分布在各个大洲上，不能算一种异兽了。

【独狢】明代蒋应镐图本

【独𤞼】清代《禽虫典》

【鬣狗】

梁渠山

◎ 原文

又北三百五十里，曰梁渠之山，无草木，多金玉。脩水出焉，而东流注于雁门。其兽多居暨（jì），其状如彙（huì）而赤毛，其音如豚。有鸟焉，其状如夸父[①]，四翼、一目、犬尾，名曰嚣，其音如鹊，食之已腹痛，可以止衕（dòng）[②]。

◎ 注释

①夸父：《西山经》中崇吾山上的“举父”。

②衕：通“洞”，腹泻，拉肚子。

◎ 译文

再往北三百五十里是梁渠山，山上不生长草木，蕴藏着大量金属矿物和玉石，脩水就从这座山发源，继而向东流，注入雁门水。山中的野兽大多都是居暨兽，形貌类似刺猬，全身长满红色毛发，声音如同小猪叫。另外这座山中还有一种形似夸父的禽鸟，生就四只翅膀、一只眼睛，还有狗的尾巴，名字叫作嚣，它的叫声与喜鹊的鸣叫声十分相似，人吃了这种鸟的肉能够治疗肚子痛，还能治愈腹泻。

【刺猬】

居暨

——红毛刺猬

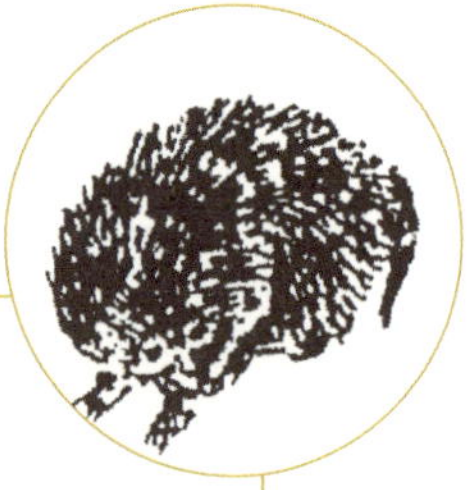

“山中这种兽最多，常常和嚣待在一起，让鸟来保护它。”

居暨这种动物的防身能力和毛发是一种矛盾的存在。它的体形只有刺猬大小，没什么防身能力，却长着醒目的红色毛发，极容易被捕获。它唯一的防身方法，大概就是野猪一样的声音了，期望一些不熟悉它的人在见到它弱小的身躯前，先被它的声音吓退。

【居暨】明代蒋应镐图本

【居暨】清代《禽虫典》

嚣

——健腹鸟

“下次山神聚会的时候，我可以带着它去会会举父，兴许它们会聊得很开心呢！”

这鸟和崇吾山上的举父样貌类似，一鸟一兽分别居住在大河的东面和南面，虽不在一个山中，但都和夸父有一定的联系。夸父族是大神后土的子嗣，原本生活在北方旷野上，生性淳朴善良，在支持蚩尤的战争中败下阵之后，其中一些夸父族人四处流浪，神力越来越小，慢慢地退化成野兽和异鸟了。嚣这种鸟对人的肠胃很有好处。

【嚣】明代蒋应镐图本

【嚣】清代吴任臣图本

·北次三经·

山脉览

◎ 原文

凡北次三山之首，自太行之山以至于无逢之山，凡四十六山，万二千三百五十里。其神状皆马身而人面者廿（niàn）神。其十四神状皆彘身而载玉。其十神状皆彘身而八足蛇尾。此皆不火食。

◎ 译文

北方第三列山系，从太行山到无逢山，一共四十六座山，长达一万二千三百五十里。二十座山的山神都长着马的身体和人的脸。另外十四座山的山神都长着猪的身体，佩戴着玉制饰品。另外十座山的山神的形貌是猪的身体，长着八只脚和蛇一样的尾巴。此处的居民都不吃熟食。

【北山神】马身人面

【北山神】猪身载玉

【北山神】猪身八足蛇尾

山神说

“我们北方第三列山系，自太行山起到毋逢山止，一共有四十六座山，长达一万二千三百五十里。我山系中的居民都吃生食。山中多产美玉、颜料矿石，如果做玉石、画廊生意，不妨到我山脉中多走一走。山脉中异兽很多，最著名的当属发鸠山上的精卫鸟，如果来访，一定不要错过。若说危险，不要吃历虢水里的师鱼，有毒。”

归山

◎ 原文

北次三山之首，曰太行之山。其首曰归山，其上有金玉，其下有碧。有兽焉，其状如麢（líng）羊而四角，马尾而有距，其名曰驒（hún），善还（xuán）[①]，其鸣自訆。有鸟焉，其状如鹊，白身、赤尾、六足，其名曰鷶（bēn），是善惊，其鸣自詨（jiào）[②]。

◎ 注释

①还：旋，旋转跳舞。

②詨：通“叫”。

◎ 译文

北方第三列山系的首座山叫太行山，太行山的首座山叫归山，归山上盛产金属矿物和玉石，山下盛产碧玉。山中有一种形状像普通的羚羊却有四只角的野兽，它长着马的尾巴和鸡一样的爪子，名字叫作驒，叫声就是它名字的读音，擅长旋转。另外山中还有一种样子很像喜鹊的禽鸟，它长着白身子、红尾巴、六只脚，名字叫作鷾，警惕性很高，非常容易被惊动，叫声与它名字的读音相同。

【羚羊】

【喜鹊】

驒

——善舞兽

“这兽很善于奔跑，无论山路多么崎岖，它都有本事快速登顶。如果想看日出，可以骑着它上去，比自己攀爬快多了。”

扭阳山上有爱唱歌的鹿蜀，归山上有爱旋转跳舞的驒，两种异兽的样子都和马有一定的关系。马奔跑起来本身就有节奏感，配合上拉弦、鼓等乐器，很容易就会形成一种热血、紧张的环境氛围。

【驒】明代蒋应镐图本

马和音乐结合最紧密的活动，就是盛装舞步了，骑手根据自己马的特性改编出主题分明的舞曲，人和马互相配合，展示出人的精湛骑术的同时，也能展现人和动物相处的智慧与美。

鷾

——易惊鸟

“风来了也起飞，雨来了也起飞，我看它一天比一天瘦了……”

这种鸟数量稀少，由于生性警觉，见人就飞，所以很少有人认识它。汉武帝时期，有人给汉武帝献上一只很奇怪的鸟，白色的身子、红色的尾巴，还有六只脚。汉武帝觉得很新奇，问东方朔这是什么鸟。东方朔一看就知道，说这在《山海经》里有记载，叫作鷾，又把这只鸟应当吃什么，有什么习性都说了一遍。汉武帝赶紧叫人试了一下，果然没错。

【东方朔】

【鷾】明代蒋应镐图本

马成山

◎ 原文

又东北二百里，曰马成之山，其上多文石，其阴多金玉。有兽焉，其状如白犬而黑头，见人则飞，其名曰天马，其鸣自訆。有鸟焉，其状如乌，首白而身青、足黄，是名曰鶌鶋（qū jū），其名自詨，食之不饥，可以已寓[①]。

◎ 注释

①寓：健忘症。

◎ 译文

（龙候山）再往东北二百里，有座马成山，山上出产大量有着漂亮纹理的石头，山的北面蕴藏着丰富的金属矿物和玉石。这座山中有一种形貌类似普通的白狗，却长着黑脑袋的野兽，它一看见人就会腾空飞走，名字叫作天马，叫声与名字相同。另外，这座山里还有一种与**乌鸦**形状很像的禽鸟，长着白色脑袋和青色身子，爪子是黄色的，名叫鶌鶋，叫声与它的名字相同，人吃了它的肉就不会感到饥饿，还能治疗健忘症。

【乌鸦】

天马

——天马行空

“勿怪天马不喜欢人，实在是有的人太狡猾了。”

天马是神马勾陈的后嗣，勾陈是鹿头龙身，在天上叫作飞虡，在地上叫天马。地上的天马是狗的模样，它很怕人，担心被人捉到，所以见到人就会马上飞起来，高呼“天呐”。

【天马】明代胡文焕图本

【天马】明代蒋应镐图本

【天马】日本图本

【天马】

西汉时期有个捉马的故事。南阳新野有一个人叫暴利长，被流放到敦煌。他在敦煌月牙泉边发现了一群野马，其中有一匹长得神异非凡，常到这里来饮水。暴利长用泥土塑了一个假人，让它手持马笼头和缰绳站在水旁。久而久之，野马对这个假人习以为常，便失去了警惕性。有一天，暴利长便代替假人，同样站于水旁，趁马不备将其套住，献给了汉武帝。汉武帝十分爱马，立刻重赏了他。

鶌鶋

——金乌神魂

“十个太阳凌空而立，实在不像话。羿大神因为杀死作恶的神裔，无法返回天庭，更让人唏嘘。”

尧的时期，天上曾同时出现了十个太阳，它们炙烤着大地，导致土壤开裂，庄稼颗粒无收，很多人都没有饭吃。直到羿拿着自己的神弓，一口气射下九个，才结束了这场灾难。太阳别名金乌，是神的后代，有复生的能力。死去的金乌中，有一只落在了马成山上，复生成了鶌鶋。金乌虽死，神力犹存，把这鸟吃下去，人就不会觉得饥饿了。

【鶌鶋】清代《禽虫典》

【鶌鶋】明代蒋应镐图本

【羿】

天池山

◎ 原文

又东北二百里，曰天池之山，其上无草木，多文石。有兽焉，其状如兔而鼠首，以其背飞，其名曰飞鼠。渑（miǎn）水出焉，潜于其下，其中多黄垩。

◎ 译文

（咸山）再往东北二百里，是天池山，山上不生花草树木，遍布着大量带有精美花纹的石头。山中有一种形貌类似兔子，却长着老鼠头的野兽，它能借助背上的毛来飞行，名字叫作飞鼠。渑水从这座山发源，继而潜流到山下，水中蕴藏着大量的黄色垩土。

【蹄兔】

【鼠兔】

飞鼠

——滑翔鼠

“飞鼠飞不高,小飞鼠学飞行的时候,有时还会摔在石头上,看着挺疼。”

飞鼠叫鼠，其实有兔子那么大，想飞的时候，就把自己背后的毛竖起来，低空飞翔。这种飞鼠很像现在的鼯鼠，鼯鼠的前后肢间有宽而多毛的飞膜，这种飞膜可以帮助鼯鼠在树中间快速地滑行。但由于没有像鸟类那样的翅膀，因此鼯鼠只能在树和地面中间滑翔。

明朝曾有人见过一种有肉翅的老鼠，它们没有脚，脑袋像兔子那么大，毛发黄中带黑，尾巴很蓬松，能够飞起来偷吃没有收割的粮食。它们行为可恨，样子却有点可爱，也算是飞鼠的一种吧。

【飞鼠】明代胡文焕图本

【鼯鼠】

【飞鼠】日本图本

【耳鼠（鼯鼠）】明代蒋应镐图本

【飞鼠】明代蒋应镐图本

阳山

◎ 原文

又东三百里，曰阳山，其上多玉，其下多金铜。有兽焉，其状如牛而赤尾，其颈腎（shèn）①，其状如句瞿（gōu qú）②，其名曰领胡，其鸣自詨，食之已狂。有鸟焉，其状如雌雉，而五采以文，是自为牝牡，名曰象蛇，其名自詨。留水出焉，而南流注于河。其中有䱗（xiàn）父之鱼，其状如鲋鱼，鱼首而彘身，食之已呕。

◎ 注释

①腎：脖子上隆起的肉。

②句瞿：斗。

◎ 译文

再往东三百里，有座阳山，山上盛产玉石，山下盛产黄金和铜。这座山中有一种长着红色尾巴，形貌似牛的野兽，它脖子上长有肉瘤，像斗的形状，这种野兽的名字叫领胡，叫声和它的名字一样，人吃了这种野兽的肉，能治愈癫狂症。另外，这座山中还有种形状像雌性野鸡的禽鸟，羽毛上有五彩斑斓的花纹，这种鸟雌雄同体，能够自行交配繁殖，名字叫象蛇，叫声和它名字相同。留水就从这座山发源，继而向南流，最终注入大河。附近水域中生长着许多䱻父鱼，样子与普通鲫鱼很像，但长着鱼的头却生就猪的身子，人吃了它的肉能治呕吐。

【雌雄野鸡】

领胡

——红尾瘤牛

“领胡性格沉稳，不爱动，是我们山里的吉祥物呢。”

【领胡】清代《禽虫典》

领胡这种异兽样子还算常见，是长着红尾巴的瘤牛样子。和驼峰类似，瘤牛脖子上的瘤里存放的也是脂肪一类的营养物质，有的可达体重的百分之八左右，在食物匮乏的时候，可以用它来维持机体运转。瘤牛抗病能力强，很多地区都喜欢引进瘤牛来增强当地黄牛的抗病能力。

【瘤牛】

【领胡】明代蒋应镐图本

象蛇

——彩纹野鸡

“象蛇一只鸟身兼两种职责，日子过得很忙碌，听说南山也有这样的异兽呢，同样能治疗妒忌的毛病。”

象蛇是雌性野鸡和雄性野鸡的结合体。它的羽毛是雌性野鸡的灰褐色，上面的五彩纹路又有雄性野鸡的感觉，这种鸟身兼两职，能够自体繁殖。在动物界，外表比较艳丽的鸟多半是雄性，这是由鸟类雄性和雌性分工不同决定的。雄性毛色醒目，可以吸引异性，增加繁衍的可能性，还能吸引天敌的注意；雌性毛色暗淡，比较容易在环境中隐藏自己和后代，减少暴露在猎食者视线中的危险。

【象蛇】明代蒋应镐图本

【象蛇】清代《禽虫典》

鮨父

——小猪鱼

“我们这里的猪鱼也很美味，不信可以来尝尝。”

这怪兽长着鱼的头，猪的身体，经常在水里行走，如果有晕船的人从留水去大河，可以捞一条来吃，以治疗呕吐。

鱼头猪身的鱼，我们现在见不到，但在我国西南山区江河的支流里有一种猪嘴鱼，是鱼的身体，猪的嘴，不仅样子可爱，而且味道鲜美。这种鱼饲养起来很难成活，一般需要野生捕捞，是难得的地方美食。

【猪嘴鱼】

【鮨父】清代《禽虫典》

【鮨父】明代蒋应镐图本

景山

◎ 原文

又南三百里，曰景山，南望盐贩之泽，北望少泽，其上多草、薯藇（shǔ yù），其草多秦椒[1]，其阴多赭，其阳多玉。有鸟焉，其状如蛇，而四翼、六目、三足，名曰酸与，其鸣自詨，见则其邑有恐。

◎ 注释

①秦椒：一种花椒类的草，果实红，有辣味。

◎ 译文

（教山）再往南三百里有座景山，在这座山上向南观望，可以看见盐贩泽，向北观望能够看见少泽。这座山上生长着茂密的丛草和薯蓣，山中草类以秦椒最多，山北面盛产赭石，山南面盛产玉石。这座山中有一种形貌像蛇的禽鸟，长有四只翅膀、六只眼睛、三只脚，名字叫作酸与，它的叫声与自己名字的读音相同。酸与出现在哪里，哪里就会发生令人感到恐怖的事情。

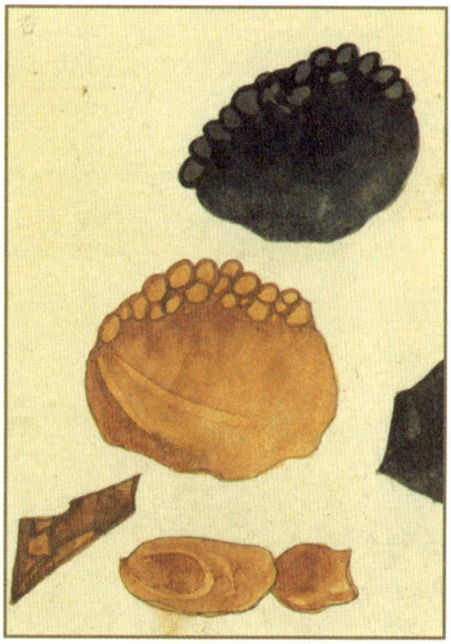

【代赭】

【乌蛇】

薯蓣

——山药

“薯蓣配秦椒，是一种很特别的吃法，绵香中有丝丝的麻，回味无穷。”

【秦椒】

【山药】

山药在汉朝时的名字很复杂，后来就改称薯蓣；唐代宗时，避讳皇帝名字（唐代宗名李豫），改称“薯药”；到了宋英宗时，又为了同样的理由（宋英宗名赵曙），改称“山药”。小小植物名称几变，也是一种历史印证。

酸与

——如蛇鸟

“千杯不醉也不是什么好事，酒终归是喝进了肚子里，对身体的伤害一点都不会少。”

酸与鸟的脖子长而曲折，头比较尖，看起来像蛇一样。这鸟如同两只鸟共生，却缺了一条腿和一只眼睛，怪异恐怖，传说吃了它能够千杯不醉。

现在有一种吃鱼的长脖子鸟，胸腔以上就像蛇一样细长灵活，这种鸟能在水面浮游，猛地一看，还有点像天鹅的样子。

【酸与】清代吴任臣图本

【蛇鸟】

轩辕山

◎ 原文

又东北二百里，曰轩辕之山，其上多铜，其下多竹。有鸟焉，其状如枭而白首，其名曰黄鸟，其鸣自詨，食之不妒。

◎ 译文

（泰头山）再往东北二百里有座轩辕山，山上盛产铜，山下生长着大量的竹子。这座山中有一种形状很像猫头鹰，却长着白脑袋的禽鸟，名字叫作黄鸟，它的叫声与它自身名字的读音相同，人吃了这种鸟的肉就不会心生嫉妒。

【竹子】

【猫头鹰】

轩辕山

——黄帝故土

“轩辕山附近还有轩辕丘，住在这附近的人绝不朝着那个方向射箭，不仅是畏惧天帝威严，更是对天帝的敬仰。”

【黄帝】

黄帝是一位充满传奇色彩的人物，《山海经》中有很多关于他的传说，有他和蚩尤的战争，他和刑天的决斗，他让位给颛顼这种关乎天下归属的大事，也有他为属下送玉浆，丢了宝珠这种小事。

轩辕山是黄帝的属地，相传他的母亲见到闪电环绕北斗星，然后在轩辕山这里生下了他，他娶妻、建都也在这里。黄帝为华夏大地带来了秩序，他引导人们耕种、制造工具，从那以后数千年，无论顺境、逆境，这片土地上的人们一直勤劳努力地生活着。

黄鸟

——唤帝鸟

“不仅要物品陪葬，还要人来陪葬，太贪心了。”

【黄鸟】

在黄帝的故乡里，有一只叫声是“黄”的鸟，它长得像白头的猫头鹰一样，它的叫声好似声声呼唤着天上的帝王，所以黄鸟也用来比喻忠心追随君主的臣子们。春秋时期，秦穆公下葬之时，有一百七十余位臣子随葬，其中就有秦国的“三良”——奄息、仲行、针虎三兄弟。人们哀叹人才的悲壮之举，为他们写了《黄鸟》一文，纪念他们的同时，也批判了殉葬制度。

发鸠山

◎ 原文

又北二百里，曰发鸠之山，其上多柘木。有鸟焉，其状如乌，文首、白喙、赤足，名曰精卫，其鸣自詨。是炎帝之少女名曰女娃，女娃游于东海，溺而不返，故为精卫，常衔西山之木石，以堙（yīn）①于东海。漳水出焉，东流注于河。

◎ 注释

①堙：填埋。

◎ 译文

（神囷山）再往北二百里，有座发鸠山，山上遍布着茂密柘树。这座山中有一种形貌类似乌鸦的禽鸟，脑袋上有花纹，白嘴巴、红脚爪，它的名字叫精卫，叫声和它的名字一样。精卫鸟原本是炎帝的小女儿，名字叫女娃。女娃到东海游玩时不幸溺水，淹死在东海里，于是变成了精卫鸟，经常衔着西山的树枝和石子来填塞东海。漳水就发源于此山，之后向东流，注入大河。

【柘树】

【乌鸦雪松】

精卫

——不屈女娃

“精卫鸟日夜来往于东西之间，后来有了小伙伴陪伴——东海旁的海燕。两种鸟相伴而飞，从西到东，偶尔回山上休息。”

《山海经》中提到了炎帝的三个女儿，命运都比较坎坷。女娃是在东海游玩的时候淹死的。东海海神禺虢（hào）是黄帝的儿子，女娃的死，极有可能也是黄帝和炎帝战争的延续。女娃死后复活成鸟，仍记得自己生前的仇恨，她不愿为父亲添麻烦，只带着一腔愤恨，往返西山和东海之间，凭一己之力填海。相传炎帝得知这个消息后，伤心而且愤怒，但他也没有挽救女儿生命的办法，更无从为女娃复仇，只能沿着大陆填出一个半岛来，供不愿落在海上的精卫休息。

精卫鸟是抵抗和不屈的代表，是追求理想的化身。女娃是一位悲情的女英雄。

【精卫】明代胡文焕图本

【精卫】明代蒋应镐图本

【精卫】日本图本

【海燕】

泰戏山

◎ 原文

又北三百里，曰泰戏之山，无草木，多金玉。有兽焉，其状如羊，一角一目，目在耳后，其名曰䍶（dòng）䍶，其名自訆。虖沱之水出焉，而东流注于溇（lóu）水。液女之水出于其阳，南流注于沁水。

◎ 译文

（空桑山）再往北三百里是泰戏山，山上没有花草树木，到处都遍布着金属矿物及玉石。这座山中有一种形状像羊，却只长着一只眼睛的野兽，它的眼睛生长在耳朵的后面，名字叫作䍶䍶，叫声与它名字的读音相同。虖沱水就发源于这座山，向东流入溇水。液女水发源于这座山的南面，之后向南注入沁水。

【皋陶和獬豸】

䍶䍶

——独目羊

“这羊叫声‘咚咚咚’，和敲鼓一样，听说人间的升堂鼓敲起来也是这个声音呢。”

这种像羊的怪兽只有一只眼睛，长在耳朵后面，头顶的角是它的武器。相传这种异兽和獬豸（xiè zhì）有一定的联系。獬豸也是独角羊，能够辨明善恶。上古尧舜禹时期的贤臣皋陶（gāo yáo）就养了一头獬豸，在判案的时候，如果有疑虑，皋陶便把獬豸牵出来。如果那人有罪，獬豸就会用角顶他；无罪则不会去顶。因此，獬豸成了勇猛、公正的代表，也是司法“清平公正”的象征。

【䍶䍶】明代蒋应镐图本

【辣辣】日本图本

【辣辣】唐代《山海百灵》图卷

【獅豸】明代《三才图会》

乾山

◎ 原文

又北四百里，曰乾（gān）山，无草木，其阳有金玉，其阴有铁而无水。有兽焉，其状如牛而三足，其名曰獂（huán），其鸣自詨。

◎ 译文

（饶山）再往北四百里有座乾山，山上不生长花草树木，山南面盛产金属矿物及玉石，山北面盛产铁，但这座山没有水。山中有种形貌很像牛，却长着三只脚的野兽，名字叫作獂，它发出的叫声与自身名字的读音相同。

【铁粉】

铁

——百炼成钢

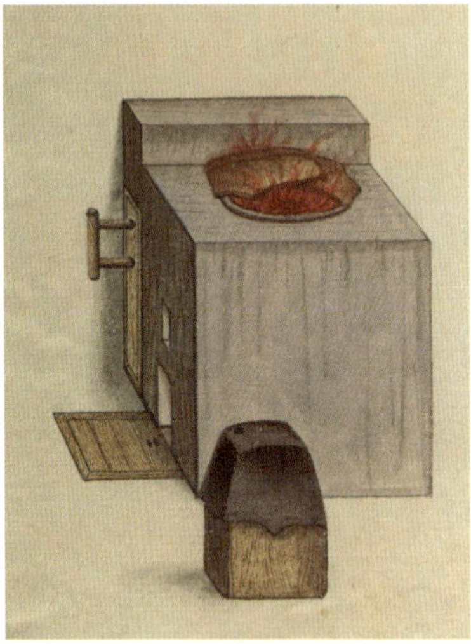

【炼铁炉】

【铁】

人最早是从陨铁中发现铁的，这种天外来物含铁量很高，稍加冶炼就能制成强兵利器。但陨铁毕竟太少了，人们开始学着用磁石来寻找含铁量高的铁矿石。在这个过程中，冶炼技术也在稳步发展，人们学会了建造熔炉，在粗沙中寻找铁颗粒，然后一遍一遍地淬炼提纯。过纯的铁质地软，人们又要不断地在炭火中捶打铁片，让碳元素渗透进去，增强它的硬度，令它变成更适用的钢。

豲

——三足牛

“我觉得，你们人类还是将自己的事情做好，不要找些奇怪的理由来为自己开脱了。如果总做坏事，就算找了一千个好兆头，也是徒劳。”

这种三足牛，在历史上曾经出现过。唐朝女皇帝武则天六十七岁登基为帝，在位第十一年的时候谣言四起，查明之后，她处死了几个孙辈的亲人，心情很差，觉得不是什么好兆头。这时候，有人向她献上了一头三足牛，当时的宰相苏味道（苏东坡的祖先）溜须拍马，说这是祥瑞，要庆祝一下。但这时突然跳出一个御史王求礼来扫兴，说凡是世间万物，反常必是凶兆。这头牛三足，说明朝廷三公（宰相）不得其人，三光（日、月、星）、三才（天、地、人）不得其正，绝不是祥瑞。武则天想了想，便没有举行庆祝仪式。

【武则天】

【豲】明代蒋应镐图本

伦山

◎ 原文

又北五百里，曰伦山。伦水出焉，而东流注于河。有兽焉，其状如麋，其川[①]在尾上，其名曰罴（pí）[②]。

◎ 注释

①川：疑为“州”，即窍，指肛门。

②罴：疑为“罴九”，经文少了个字。

◎ 译文

再往北五百里是伦山，伦山是伦水的发源地，伦水向东流入大河。这座山中有一种样貌类似麋鹿的野兽，肛门长在尾巴上面，名字叫罴九。

罴九

——洞尾兽

“罴九这种做法很聪明，把自己的弱点藏起来，就不怕那些从身后攻击的恶犬了。”

【麋鹿】

罴九很有趣，它类似麋鹿，肛门没有长在身上，而是隐藏在尾巴上。动物的尾巴有很多种不同用处，鸭嘴兽的尾巴能储藏脂肪，鸟的尾巴能保持平衡，而罴九只要将尾巴卷起来，就可以防范来自身后的攻击。

麋鹿在我国是保护动物，在汉朝时期它们的数量就已经很少了，在气候变化和捕猎等行为的影响下，到清朝时，只有皇家园林中圈养了一些，数量不过几百只。晚清时期，天灾人祸并行，麋鹿在我国消失了，有一些被带到了国外。麋鹿在国外的繁殖并不理想，二十世纪八十年代，陆续有麋鹿被送回国内饲养。现在我国已经有了属于麋鹿的自然保护区，数量也超过了千头。

【罴】清代吴任臣图本

· 北山逸闻 ·

犬封国

——盘瓠后嗣

【盘瓠】人形狗头的侍卫

【盘瓠】犬状

犬封国也叫犬戎国，那里的男人个个长得像狗，身穿长袍，像人一般坐在地上，而女子都长得很美，长发披肩，穿着短衣短裤。她们都要跪在地上捧着酒食进献给自己的丈夫，而且低眉顺目，不敢抬头仰视。

这国家的人都是盘瓠的后代，而盘瓠是一种古代的神犬，来历传奇。传说帝喾（高辛氏）在位的时候，王室里有个老妇人耳朵不舒服，后来她从耳朵中挑出来了一种异物，是个茧子大小的东西。她将这茧子盛在瓠中，用盘子盖上，那茧子忽然化成了狗，身上有五色花纹，名字就叫盘瓠。

【犬戎国】明代蒋应镐图本

【犬戎国】明代蒋应镐图本

帝喾时，有房氏作乱，他对属下说："谁能杀死房氏，就赏赐一千金，还有美貌的妻妾。"他说完这话，当天盘瓠就不见了。过了几天后，盘瓠叼着房氏的头颅回来了，帝喾大喜，赏赐了它很多吃的。盘瓠不吃，一副闷闷不乐的样子。帝喾见它如此，忽然想到自己的许诺，忙封它为会稽候，还为它办了亲事。盘瓠的后代三男六女，女孩子都非常漂亮，男孩子人形但是长着狗尾巴。它们的后代众多，被称为犬戎人。

冰 夷
——邪恶河伯

【河伯】明代蒋应镐图本

从极之渊有三百仞深，是冰夷神常常乘龙出游的地方。冰夷神人面鱼身，经常乘着两条龙，巡游在江河之间。冰夷又叫冯夷、无夷，传说中他在河中溺亡，然后成了河伯。这种生前的遭遇让他变得喜怒无常，性情乖戾。他有一个美丽的妻子叫宓（fú）妃，是洛水的女神。但他仍不满意，依然要求人们每年给他进献一位美女，这样他才能保证来年不发大水。

【禹射河伯】清代《天问图》

他还化成白龙在岸旁游动，祸害百姓的庄稼，还淹死了几个人。因杀死九个太阳而滞留人间的羿见河伯如此，一箭射瞎了他的一只眼。河伯上告天庭，要求处死羿。天帝不让羿返回天界，已是心中愧疚，于是对河伯说："你如果是个神的样子，他怎么会冒犯你？你化成兽的样子，他射杀你又有什么问题？"冰夷知道无法让天帝给自己撑腰，愤恨地返回了深渊中，就此作罢。

大蟹

——千里蟹

【大蟹】明代蒋应镐图本

【蝤蛑】巨型梭子蟹（绝迹）

在北海里有一种非常大的螃蟹，它的蟹钳有一座山那么大，身体浮在水中，像一座巨大的岛。传说有海商在海里航行的时候碰见了一个岛，岛上树木茂盛。几个人上岸野炊，饭做到一半，忽然林子就不见了，他们也在不断下沉，几个人连忙割断了缆绳，慌乱登船。等几人走远，细细眺望，才发现原来那个岛是只巨大的螃蟹。

有特别大的螃蟹也有特别小的螃蟹。豆蟹又叫小豆，只有一两厘米长，生活在浅滩的水窝里。它们常寄生在贝壳里，如果遇到危险，就把自己完全缩进去，让寄主来保护它。

【拜日蟹】小型螃蟹（其三）

【鬼面蟹】小型螃蟹（其一）

【交蟹】小型螃蟹（其二）

九凤

——九头凤凰

【九凤】清代吴任臣图本

大荒中，有座山名叫北极天柜（kuì）。山上住着一位神，名曰九凤。九凤人面鸟身，长着九个脑袋。九凤最早源于楚国的九凤神鸟，是楚国最崇贵的神，能为楚国带来祥瑞。但随着时间推移，九凤渐渐地有了会带来厄运的含义。传说它曾降落在皇宫中，当年那位皇帝就驾崩了。

在这种不祥的语境中，九凤又叫九头鸟，还叫“鬼车”，长有十个脖子、九个头。据说它的第十个头是被周公旦命令猎师射掉的，那个没有头的脖子会吸走小孩子的魂魄。还有传说它掉的

【九凤】明代蒋应镐图本

【九凤】清代成或因图本

头是被哮天犬吃掉了，断头处流出的血，滴在谁家，那人家就会厄运降临。所以它路过的时候，就要把灯熄灭，还要让自己家里的狗保持安静，好让它快点离开。

明朝的刘伯温曾借九头鸟来做比喻。有一种鸟，长着一个身子、九个头，一个头得到食物后，其他八个头就去抢，“呀呀”叫着相互争啄，即使吃到嘴里也不能咽下去，因而九个头都受了伤。有其他鸟路过，就笑话它：“你想一想，九个嘴吃下的食物还不是都归到一个肚子里去了吗？为什么还要这样拼命地争呢？”

【鬼车】明代《三才图会》

趣读山海经

中山经

竹马书坊 编著

古吴轩出版社

中国·苏州

图书在版编目（CIP）数据

趣读山海经．中山经 / 竹马书坊编著．-- 苏州 ：
古吴轩出版社，2020.1
ISBN 978-7-5546-1492-1

Ⅰ．①趣… Ⅱ．①竹… Ⅲ．①历史地理－中国－古代
－少儿读物 Ⅳ．①K928.626-49

中国版本图书馆CIP数据核字（2019）第285020号

责任编辑：蒋丽华
见习编辑：闫毓燕
策　　划：村　上　高　超
封面设计：尛　玖

书　　名：趣读山海经·中山经
编 著 者：竹马书坊
出版发行：古吴轩出版社
地址：苏州市十梓街458号　　邮编：215006
电话：0512-65233679　　传真：0512-65220750
出 版 人：钱经纬
印　　刷：唐山富达印务有限公司
开　　本：710×1000　1/16
印　　张：11
版　　次：2020年1月第1版　第1次印刷
书　　号：ISBN 978-7-5546-1492-1
定　　价：235.00元（全六册）

前言

《山海经》是一本百科全书性质的先秦奇书，包含了历史、神话、传说、民俗、地理、动物、植物、矿产、医药等多方面内容，一度被当成一套权威的地理书籍。现存的《山海经》全书十八卷，其中“山经”五卷，“海经”八卷，“大荒经”四卷，“海内经”一卷，共约三万一千字。本书以“山经”“海经”为线索，分六本来解读《山海经》的故事。

图文并茂是《山海经》的重要特征。因古图遗失，现存图片多为明、清时代画师绘制。本书涉及的古籍主要有如下多种：

明代胡文焕《新刻山海经附新刻山海经图》，简称明代胡文焕图本；明代蒋应镐《山海经（图绘全像）》，简称明代蒋应镐图本；明代郭璞注、蒋应镐绘图的《山海经》（十八卷），简称明代《山海经》（十八卷）；清代吴任臣《增补绘像山海经广注》，简称清代吴任臣图本；清代汪绂《山海经存》，简称清代汪绂图本；清代毕沅《山海经新校正》图注原本，简称清代毕沅图本；清代郝懿行《山海经笺疏》，简称清代郝懿行图本；来自日本的图画，简称为日本图本；来自欧洲的图片，简称为欧洲图本；清代吴任臣注，四川成或因绘图的《山海经绘图广注》，简称清代成或因图本；上海锦章图书局于民国八年（1919）出版的《山海经图说》，简称上海锦章图本；清代《钦定古今图书集成·博物汇编·禽虫典》中的异禽、异兽图，简称清代《禽虫典》。

笔者能力有限，如有错漏之处，欢迎广大读者批评指正。

目　录

中山经·

中次薄山

中次济山、洞庭山

中次荆山

· 中次薄山 ·

山脉览

◎ 原文

凡薄山之首，自甘枣之山至于鼓镫之山，凡十五山，六千六百七十里。历儿，冢也。

凡薄山之首，自荀林之山至于阳虚之山，凡十六山，二千九百八十二里。升山，冢也。

◎ 译文

薄山山系，从甘枣山到鼓镫山，一共十五座山，长达六千六百七十里。历儿山是各山的宗主。

薄山山系，从荀林山到阳虚山，一共十六座山，长达二千九百八十二里。升山是各山的宗主。

【中山神】人面龙身

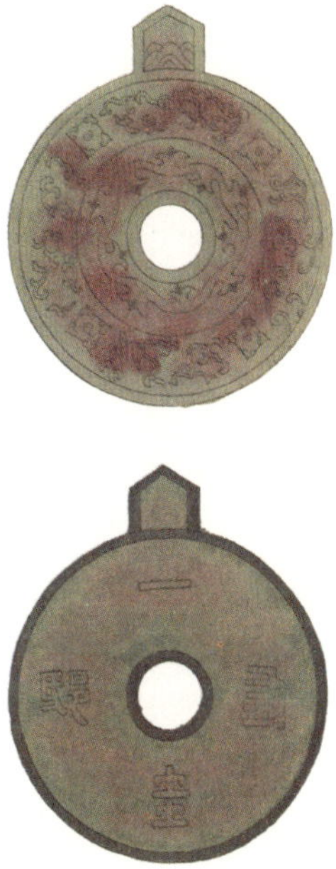

【一圭有邸】山神祭品

山神说

“我们薄山一理两支。甘枣支线离西山很近，先向西，然后向北。山中异草、奇鱼很多，少异兽，其中甘枣山最值得去看一看。荀林支线大体从西向东，山中多美玉、矿石，首山是打造武器的工匠最向往的地方。进了中山，神少有涉足，人和寻常野兽就多起来了，烟火气也要重些。”

甘枣山

◎ 原文

中山薄山之首，曰甘枣之山。共（gōng）水出焉，而西流注于河。其上多杻木。其下有草焉，葵本而杏叶。黄华而荚实，名曰箨（tuò），可以已瞢（méng）[1]。有兽焉，其状如䖘（huǐ）鼠而文题，其名曰𪕰（nài），食之已瘿。

◎ 注释

①瞢：眼睛看不清。

◎ 译文

中央薄山山系的首山名叫甘枣山。这座山是共水的发源地，继而向西流入大河。山上生长着茂盛的杻树。山下生长着一种草，这种草的根像葵菜一样，叶子长得与杏树的叶子很相似，开黄色的花，结带荚的果，这种草的名字叫作箨，人吃了这种草能够治愈眼花。这座山中还有种形貌类似猷鼠的野兽，额头上长着花纹，名字叫𪕒，人吃了它能治疗脖子上的赘瘤。

【杏树】

箨

——明目草

“共工死后，他的氏族还是住在这附近，每年大河涨潮时，都会为共工举行祭祀，希望他能够起死回生，重回部族。”

甘枣山是薄山一系的第一座山，共水从这里发源，共工的力量也来自这里。共工是炎帝后裔，战神祝融的后代，也是力量强大的水神。他从共水中汲取神力，而共水离大河很近，所以共工也可祸弄大河。他自视很高，又爱动怒，几乎每次发怒都会改变天下的局势。

共工性情暴烈，对自己部族却很照顾，在他神域内常有些珍贵的异草。例如箨，吃了可明目，治疗白内障、青光眼等一系列高发眼部疾病。我国古代有金针拔障的治疗方式，这种方式能让病人重新感光，但也面临感染、视力下降等风险。如果吃了这种草就能治疗这种病，那真的是太好了。

【箨】

【四凶服罪】

䶄

——纹额鼠

“䶄要冬眠的，如果想来看它，挑个春末夏初的时候，带点蜂蜜来，站在树下面等它下来就可以了。”

【䶄】清代《禽虫典》

甘枣山上还有一种类似松鼠的小动物，它额头有花纹，吃了它能治脖子上的肿瘤。还有一种说法，䶄是一只熊的模样，大小或许和马来熊差不多，体形不大，憨态可掬。马来熊喜欢住在树上吃蜂蜜、打盹，如果䶄和它一样的话，也是非常有可能的。

【五道眉】松鼠的一种

【马来熊】

脱扈山

◎ 原文

又东七十里，曰脱扈之山。有草焉，其状如葵叶而赤华，荚实，实如棕荚，名曰植楮，可以已癙（shǔ），食之不眯。

◎ 译文

（涹山）再往东七十里是脱扈山。这座山中有一种形状类似葵菜叶子、开着红花、结着带荚果实的草。这种果实的荚类似棕树果荚，名字叫作植楮，能够治疗鼠疮，服食它可以让人不做噩梦。

植楮

——清疮果

“生病了就要去看大夫，无论是身体的病，还是心病，讳疾忌医可是非常可怕、要不得的事情。”

薄山一系中多奇草，治疗的多半是常见又几乎治不了的病症。在祖山历儿山上有种开着黄色花朵，还长着毛刺的草，果实手指头大小，上头有点黏液，这草吃了就能治疗健忘症。

在脱扈山上，也有一种奇草，能治瘟这种疾病。这病一种说法是鼠疮，因为忧愁上火，积累在脖子、腋下的瘤，有点类似一种淋巴系统的疾病；还有一种说法是忧郁症，精神上的郁郁寡欢，最终导致身体机能下降，器官受损。综合看来，这病是从精神状况变坏开始的。

脱扈山旁边还有座金星山，上面长了很多天婴，天婴如同龙骨一般，品质很棒，能够治疗痘、痤疮，也是古代青少年和爱美人士的首选药材呢。

【植楮】

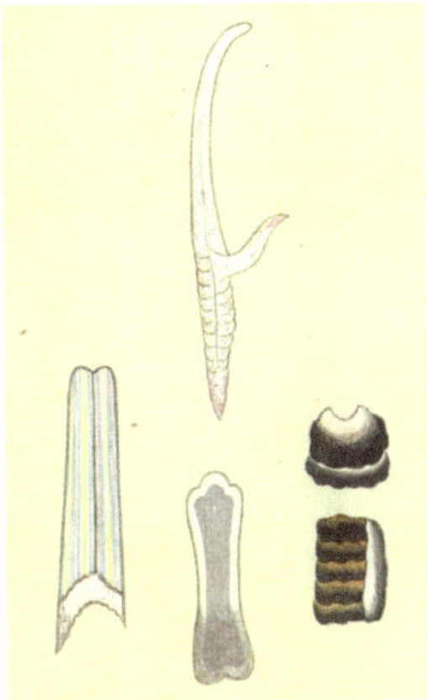

【龙骨】

牛首山

◎ 原文

又北三十里，曰牛首之山。有草焉，名曰鬼草。其叶如葵而赤茎，其秀如禾，服之不忧。劳水出焉，而西流注于潏（jué）水。是多飞鱼，其状如鲋鱼，食之已痔衕（dòng）。

◎ 译文

（吴林山）再往北三十里有座牛首山。山中有一种草，叫鬼草。这种草的叶子与葵菜叶类似，长着红色的茎干，开的花与禾苗吐穗时的花十分相似，人们吃了它能够无忧无虑。劳水就发源于这座山，继而向西流入潏水，附近水域中生长着很多飞鱼，形貌与鲫鱼类似，人们吃了这种鱼的肉能治愈痔疮一类的疾病。

鬼草

——无忧苗

“这草有点甜，还有点辣，或许不适合很小的娃娃吃。总要是那些入了学堂，受得了辣的孩子才吃得。”

牛首山形状独特，像双角牛头一样对着西面。它是这条山系向北的第一座山，从这里向西看去，能见到云山雾罩的西山山脉，望见人力几乎不可攀登的天堑。山中有清甜涝水，滋养其中生物，令人忘却忧伤的鬼草就生长在这山上。鬼草又叫鬼目，开的花和禾苗有相似的地方。鬼草名鬼，并不是贬义，而是夸赞它有灵气的意思，有些灵力不太充足的山神也会被称为山鬼。

【山鬼】

飞鱼

——身健可飞

“它们总结伴飞行，我倒是觉得不需要钓鱼，可以像捕蝴蝶一样，将它们困在网兜里，抓得又快又多。”

飞鱼头大尾巴小，翅膀像鸟一样，肌肉很多，而且比鱼鳍大得多。它们常常集体飞翔，从水中一跃而起，像一片小乌云一样飞过去，又轻巧地落回水里。如果想把这种鱼钓起来，要用水藻做诱饵。钓上来后，红烧或清蒸，吃了之后就能治好痔疮，无须忍受不能长时间坐凳子的痛苦了。

在騩山附近也有一种飞鱼，它的样子像猪，吃了它的肉既能够不怕雷击，又能够抵御兵器伤害，似乎比牛首山的飞鱼要厉害一些呢。

【飞鱼】明代胡文焕图本

【水藻】飞鱼诱饵

【飞鱼】欧洲图本

【飞鱼】明代蒋应镐图本

【飞鱼（騩山）】明代蒋应镐图本

霍山

◎ 原文

又北四十里，曰霍山，其木多榖。有兽焉，其状如狸，而白尾有鬣（liè），名曰朏（fěi）朏，养之可以已忧。

◎ 译文

再往北四十里是霍山，这座山中生长着大量构树。山中有一种形状与野猫相似的野兽，长着白尾巴和白鬃毛，名字叫作朏朏，人们饲养它能够消除忧愁。

【狸猫】

【构树】

朏朏

——白尾狸猫

“养猫、养狗、养其他一些宠物，总是能令人心情愉快，或许并非朏朏不可呢。”

霍山名字响亮，有多处山都以此为名，有的是人间帝王的祭山，有的是星宿的家，鸟兽都不敢栖息，薄山系中的霍山这样一比较就平凡许多了。这里出产一种白尾的狸猫，鬃毛丰厚，很是可爱，养在家里能让人心情开朗。

狸猫在我国多以野兽形式出现。在日本传说中，狸猫是一种狡猾的小妖怪，它们变成人形混迹在人群里，也爱用障眼法，用树叶伪装成钱来消费。它们法术不高，维持不了多久，一旦被人发现，就会极快地逃跑。

【朏朏】明代蒋应镐图本

【朏朏】欧洲图本

【朏朏】清代《禽虫典》

【狸猫（青衣）】可幻化人形

首山

◎ 原文

东三百里，曰首山，其阴多榖、柞，其草多茉（zhú）、芫（yuán），其阳多㻬琈之玉，木多槐。其阴有谷，曰机谷，多䳅（dì）鸟，其状如枭而三目，有耳，其音如録[1]，食之已垫[2]。

◎ 注释

①録：是鹿的假借。

②垫：湿气病。

◎ 译文

（苟床山）向东三百里有座首山，山的北面长着茂密的构树和柞树，这里的草类以苿草、芫华居多。山的南面盛产㻬琈玉，树木多为槐树。这座山的北面有一名字叫作机谷的峡谷，峡谷中有许多䖪鸟，这种鸟的形貌类似猫头鹰，长着三只眼睛，有耳朵，发出的声音如同鹿叫声，人吃了它的肉能治愈湿气病。

【芫华】

【大蓟】苿草的一种

轩辕剑

——金玉所成

“传闻中，轩辕剑出炉后，剩余的材料在炉鼎内自己成形，化成一柄有灵识的宝刀，叫鸿鸣刀。黄帝拿走轩辕剑后，担心鸿鸣刀为祸人间，想用剑将它斩断。这刀见事态不好，马上化成一尾红鹊飞走了。”

【轩辕剑】

首山赤铜天下闻名，人们都以此地的铜为最佳。黄帝与蚩尤大战时期，连败七十一战，战况并不乐观。这主要因为蚩尤主兵，善于用铜制造兵器，本身又是铜头铁额，寻常的兵器根本伤不了他。为了对付蚩尤，黄帝决定炼剑。

他在首山槐树坡造了一只炉鼎，然后选了首山的赤铜、昆仑的玉石以及弱水深处的铁。黄帝的做法上达天庭，于是有天上玄女为他捧来银炭，更有上神为他送来灵符。炼剑的材料本不融合，黄帝将自己的精血和神力灌注在上面，才使得金玉融合，轩辕剑破炉而出。靠着这柄神剑，黄帝打败了蚩尤。

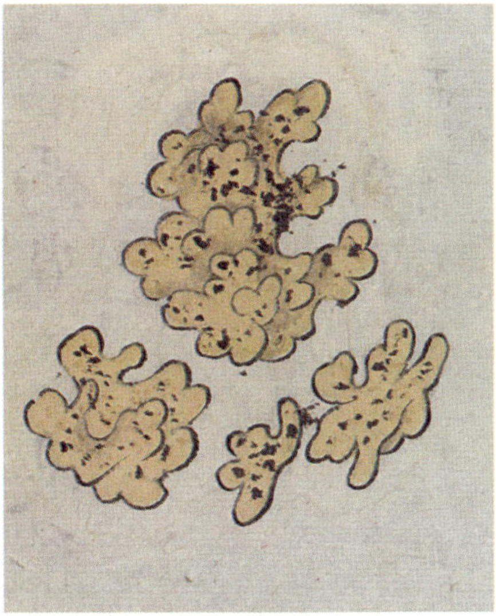

【铜矿石】

【赤铜屑】

䳋鸟

——三目枭

“它尾巴短，翅膀大，张开像一片乌云一样，不止吃肉，有时候也吃点果子什么的。春天槐树开花的时候，它还会站在树上吃小花。”

【䳋鸟】清代吴任臣图本

首山旁边的山谷中住着三只眼睛的大型猫头鹰，它爪子锋利，几乎什么动物都吃，除了老鼠、兔子、松鼠这种小动物，如果能猎到苍鹰、雕等猛禽，它也照吃不误。它夜间行动，生猛冷酷，但叫声像鹿一样，低微细小，与形象反差很大。

这鸟的肉能治湿气病。中医的湿气多半指身体疲累，机能下降带来的盗汗、湿疹等皮肤症状，吃凶猛的鸟治体虚的病，或许也是传统“吃什么补什么”的另一种表现。

【槐树花】

【䖪鸟】明代蒋应镐图本

尸山

◎ 原文

又东十里，曰尸山，多苍玉，其兽多麖(jīng)。尸水出焉，南流注于洛水，其中多美玉。

尸水，合天也，肥牲祠之，用一黑犬于上，用一雌鸡于下，刉(jī)一牝羊，献血。婴用吉玉。采之，飨之。

◎ 译文

再往东十里有座尸山，山上遍布苍玉，这座山的野兽大多数是麖。尸水发源于这座山，继而向南流入洛水，水域中出产大量优质玉石。

尸水能通到天上，祭祀时要用肥美的牲畜做祭品。方法是用一只黑狗做祭品，供在上面；用一只母鸡做祭品，供在下面；杀一只母羊，将血作为祭品献上。祭祀的玉器要用上等的吉玉，并用彩色丝帛包裹起来，请求神明享用。

麖

——马鹿

麖是黑色的大鹿，性格很机敏，善于跑跳，雄性有角，是名贵的中药材。另有说法，它的尾巴是牛尾巴，只有一只角，常在山林间奔跑。

【黑鹿】

【马鹿】

尸水

——通天水路

“我虽是山神，但很少住在山上，都在河畔待着。我在这见过不少大神仙，有几次还见过天帝，人间越来越繁华，他们渐渐地也就不需要来了。”

【黑犬】

【母鸡】

传说中，天地间曾有八根天柱，共工撞坏的不周山是人类唯一能攀爬的那根，那之后人和神就不再往来了。古代人一直相信，天和地之间有很多通道，都能供神仙往来，若想让神仙来人间走动，为人排忧解难，少降灾，就要用最大的诚心来供奉神仙。这也是祭祀在古代的最大意义。

祭祀有多种规格，祭祀神灵和皇帝的时候，多用太牢，猪、牛、羊三种牲口都要有；除了太牢还有少牢，猪和羊，少牛，一般神仙和诸侯可以享用。尸水是人间和天界的通道，各种神灵小仙都会从这里经过，所以祭祀礼仪也和别的地方不同。

【太牢】祭祀的准备

·中次济山、洞庭山·

山脉览

◎ 原文

凡济（jǐ）山之首，自辉诸之山至于蔓渠之山，凡九山，一千六百七十里。其神皆人面而鸟身。

凡洞庭山之首，自篇遇之山至于荣余之山，凡十五山，二千八百里。其神状皆鸟身而龙首。

◎ 译文

济山山系，从辉诸山到蔓渠山，一共九座山，长达一千六百七十里。那里的神都长着人的脸和鸟的身体。

洞庭山山系，从篇遇山到荣余山，一共十五座山，长达二千八百里。那里的神都长着鸟的身体和龙的头。

【中山神】 鸟身龙首

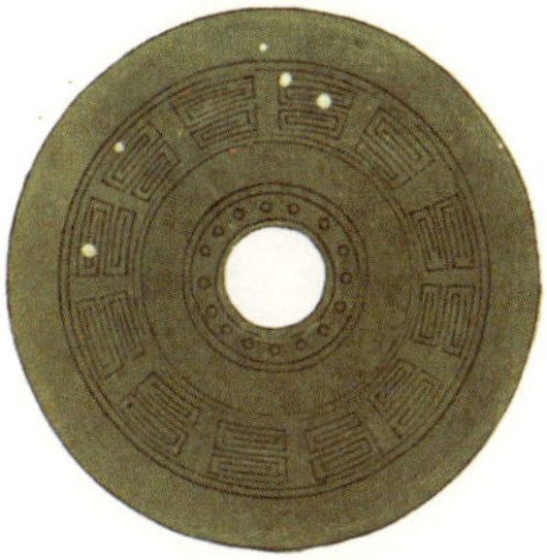

【璧】 山神祭品

【公猪】 山神祭品

山神说

“济山山系和我们洞庭湖山系相去不远，两个山系中的异兽都不多，但草木茂密，矿产丰富。洞庭山定要前去看看，或许能见到帝女泣江的奇景。若说不要去的山，那就是蔓渠山了，传说中吃人的老虎就住在那座山上。”

鲜山

◎ 原文

又西三百里，曰鲜（xiǎn）山，多金玉，无草木。鲜水出焉，而北流注于伊水。其中多鸣蛇，其状如蛇而四翼，其音如磬，见则其邑大旱。

◎ 译文

（豪山）再往西三百里是鲜山，山里盛产金属矿物和玉石，不生长花草树木。这座山还是鲜水的发源地，继而向北流入伊水。这座山中还生长了许多鸣蛇，这种蛇的形貌与普通蛇类似，但长着四只翅膀，叫声就像敲磬发出的声音，只要它出现在哪里，哪里就会有大旱灾发生。

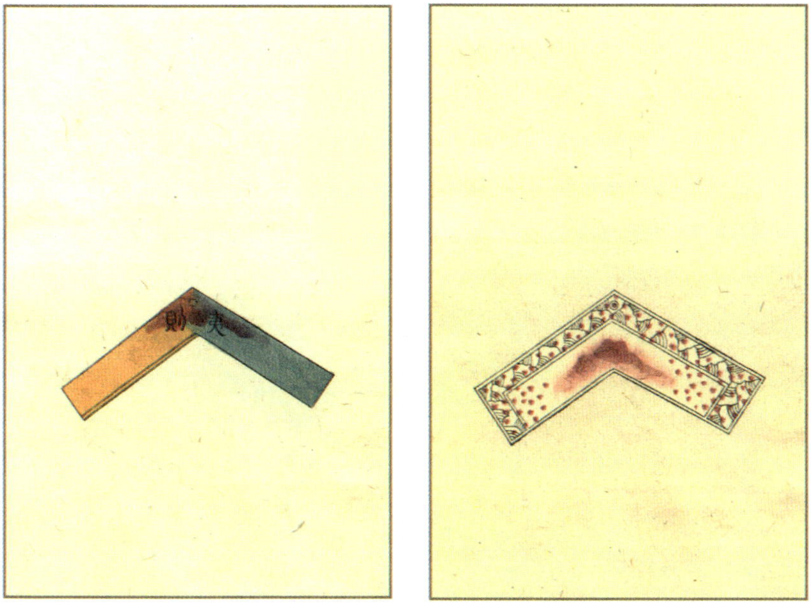

【磬】二种

鸣蛇

——磬音警旱

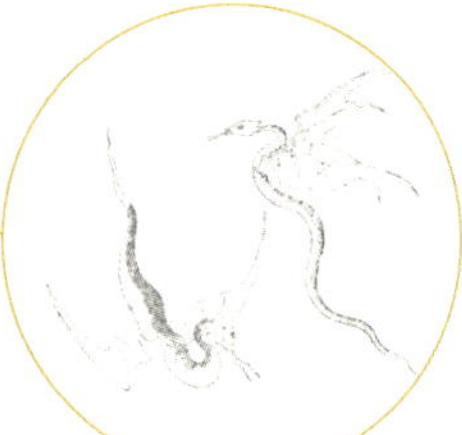

“这两个种类的蛇很少一起行动，如果一起离山，那么就说明下界又有大的天灾了。天灾人祸常常一起发生，只盼着无论什么灾祸都快点结束吧！”

在鲜山、阳山一带生活着一种响尾蛇，它们大体是蛇的样子，又有一点分别。在鲜山上的蛇，声音清脆，如敲击磬的声音，出现在人间，会有旱灾发生；在阳山上的蛇，名叫化蛇，人脸，有豺狼一样的四肢和身体，吱吱哇哇地叫唤，如果出现的话，会有洪灾。

【鸣蛇】清代吴任臣图本

【化蛇】清代吴任臣图本

这两种蛇如果一起到人间的话，就形成了一个地方旱灾，另一个地方水涝的情况。这种情况和厄尔尼诺现象有相似的地方。厄尔尼诺现象四到五年发生一次，是一种持续几个月的气候异常状况，以台风和异常干旱为鲜明特征，常为人类带来不可估量的损失。

【鸣蛇和化蛇】明代蒋应镐图本

昆吾山

◎ 原文

又西二百里，曰昆吾之山，其上多赤铜。有兽焉，其状如彘而有角，其音如号，名曰蠪蚔（lóng chí），食之不眯。

◎ 译文

（阳山）再往西二百里有座昆吾山，山上蕴藏着丰富的赤铜。这座山中有一种形貌类似猪，却长着角，能发出人类号啕大哭声音的野兽，名字叫作蠪蚔，人吃了它的肉就不会做噩梦。

赤铜

——昆吾之剑

“昆吾山离人间很近，总有为了造宝剑，上山采铜的人。我有时会劝说，却也没多少人肯听我的。打打杀杀，意气用事都不是什么值得吹嘘的事情，有时候把拳头和兵刃放下，人才是真长大了。”

前面说首山的铜造了轩辕剑，昆吾山上的赤铜也非常出名，这里的铜掺杂了稀有金属，颜色赤红如同熊熊烈火，它做成的昆吾剑，切玉如同切泥一样。前面讲到周穆王治国才能显著，就连西王母都很赏识他。相传，边陲西戎部落为表示敬意，就将这把昆吾宝剑献给了他。

还有干将和莫邪的传说，炼剑人取昆吾赤铜为暴虐的楚国国君制剑，三年也没有做出来，他担忧剑成之日就是自己丧命之时，所以将雌剑献给国君，将雄剑藏在松树下，用以防备。正如他所料，国君以只有一把剑为借口，将他杀死了。十几年后，他的儿子眉间尺长大了，取走了父亲藏在松树下的宝剑，为父亲报了仇，而他自己也在搏斗中失去了性命。

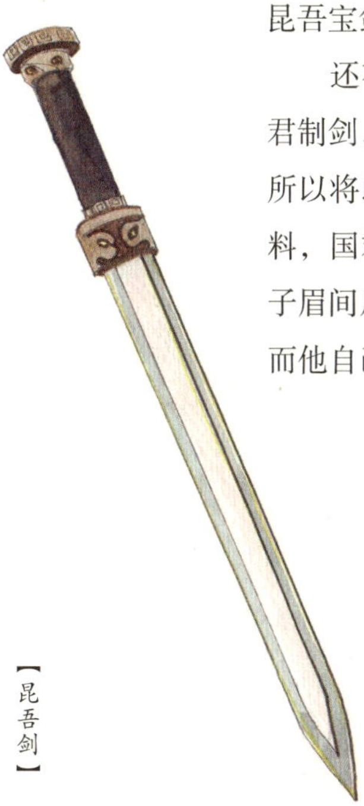

【昆吾剑】

【铜矿石】

蚉蚔

——嚎兽止魇

“有时候真希望那些怀着怨恨来采铜的人是来抓它的……很多耿耿于怀的问题并不需要用武力解决，尝试温和一些的手段吧。”

昆吾山除了上等赤铜，还有一种如同人嚎哭的异兽。它和猪差不多，有角，吃了它的话可以不做噩梦。在我国古代，还有梦貘的传说。它们在人的梦境里行走，靠吞食人的梦来生存。或许蚉蚔和这种异兽也有一定的关系，它们将噩梦吃掉，人自然就不会再做噩梦了。

【蚉蚔】明代蒋应镐图本

【貘】唐代《山海百灵》图卷

【貘】黑白貘

蔓渠山

◎ 原文

又西二百里，曰蔓渠之山，其上多金玉，其下多竹箭。伊水出焉，而东流注于洛。有兽焉，其名曰马腹，其状如人而虎身，其音如婴儿，是食人。

◎ 译文

（独苏山）再往西二百里是蔓渠山，山上盛产金属矿物和玉石，山下到处都是低矮的小竹丛。伊水就发源于此，继而向东流入洛水。这座山中有一种名字叫作马腹的野兽，这种野兽长着人的面孔和老虎的身子，能发出类似婴儿啼哭的声音，能吃人。

【竹】

【老虎】

马腹

——食人虎

“没想到山中排不上名号的马腹，在人间居然这么有名气！”

这种怪兽，很多人小时候都听过，一般在“如果不听话”这种句式里出没，最喜欢吃小孩儿，河南的“老猫”、福建的“虎姑婆”都是这种怪兽的演变。在满族传说中有个“虎妈子”，就是“马腹”这名字来的。在满语里，“马腹”的读音和“怪物”很相近。“虎妈子”长了老虎的样，其实是个怪兽呢！

【马腹】清代吴任臣图本

【马腹】欧洲图本

相传在隋朝有个叫麻祜（hù）的将领，因为吃人而恶名昭著。百姓苦不堪言，每天晚上都把小孩锁起来。百姓不敢直接骂麻祜，由于麻祜与马腹谐音，就用马腹指代麻祜。每当小孩子哭闹的时候，大人就说一句：“马腹来了！”小孩子马上不敢哭了。后来这件事情被隋炀帝知道了，就派大将把麻祜抓起来，审判之后把他腰斩了。

【马腹】明代蒋应镐图本

夫夫山

◎ 原文

又东一百五十里，曰夫夫之山，其上多黄金，其下多青、雄黄，其木多桑、楮，其草多竹、鸡鼓。神于儿居之，其状人身而手操两蛇，常游于江渊，出入有光。

◎ 译文

（风伯山）向东一百五十里，有座夫夫山，山上盛产黄金，山下盛产石青和雄黄，山中的树木以桑树和楮树居多，山中的草多是竹、鸡鼓。神仙于儿住在这座山上，他是人的样子，手里拿着两条蛇。他常在大江的深渊中游走，出入水面的时候带着光芒。

鸡鼓

——荣草

【芋头】和鸡鼓类似的植物

鸡鼓又叫荣草，叶子像柳叶，根如同鸡蛋，像芋头的样子。这种草常和金属矿生长在一起，吃了它的话可以治疗中风。

于儿

——江渊之光

“于儿住在洞庭水附近，有时会带荣草给人间的病人吃，见形补形，久而久之，下界就有了鸡蛋能治中风的说法。”

山神于儿喜欢在江中深处游荡，也喜欢听两岸居民疾苦。传说愚公因为太行、王屋二山挡路，发誓要世世代代矢志不渝地挖平太行山、王屋山。于儿知道后，就将这件事禀告给天帝。天帝大为感动，就派了两位神仙背走了那两座大山，一座山放在朔东，一座山放在雍南。

【于儿】明代《三才图会》

也有人认为于儿就是俞儿，兼任登山山神。相传，春秋时期齐国国君齐桓公北伐孤竹国时，看到一个身高一尺左右、穿戴整齐、脱去右边衣袖的小人，飞驰而过。齐桓公非常奇怪，就问大臣管仲。管仲回答说：应该是登山山神俞儿，只有君王治理好国家的时候，才会显现。这位神人喜欢为人指路，他如果脱去衣袖，就表示前面有水，而脱去右边衣袖，则表明从右边涉水比较安全。齐桓公到了卑耳溪时，右边果然可以蹚过去。

【于儿】明代蒋应镐图本

洞庭山

◎ 原文

又东南一百二十里，曰洞庭之山，其上多黄金，其下多银铁，其木多柤(zhā)、梨(lí)、橘、櫾(yòu)，其草多葌(jiān)、蘪芜、芍药、芎(xiōng)䓖。帝之二女居之，是常游于江渊。澧(lǐ)沅(yuán)之风，交潇湘之渊，是在九江之间，出入必以飘风暴雨。是多怪神，状如人而载(zài)蛇，左右手操蛇。多怪鸟。

◎ 译文

再向东南一百二十里，有座洞庭山，这座山上盛产黄金，山下出产大量的银和铁，山中生长的树木以柤树、梨树、橘子树、柚子树居多，草类以兰草、蘪芜、芍药、芎䓖类香草居多。天帝的两个女儿就在这座山中居住，她们经常在大江水的深渊中畅游。从澧水和沅水吹来的风，在幽清的湘水渊潭上交汇，这里就是九条江水汇合的中心。这两位神女出入的时候，都伴随着疾风骤雨。洞庭山中还居住着很多怪神，形貌类人，身上缠绕着蛇，两只手中也各握着蛇。这座山中还栖息着许多怪鸟。

【梨花】

【柚子】

娥皇女英

——湘江泪

洞庭山四面悬崖峭壁，人无法攀登，山中金子很多，远远看去，仿佛是黄铜的颜色。在洞庭这里显神通的两位神女，是尧的两个女儿，娥皇和女英。尧晚年时，长子丹朱不堪重任，便属意舜为他的接班人。丹朱争夺皇位身死以后，舜正式成为了尧的接班人，娥皇和女英作为他的妻子，常伴左右。

舜是位细心仁德的皇帝，善于任用贤能人士，把国家治理得很好。晚年的时候，他经常去各地巡游。最后一次去了南方，结果不幸死在了苍梧（见《南山逸闻·苍梧山》）。噩耗很快传遍全国，人们都很伤心。舜的两个妻子娥皇和女英知道了，肝肠寸断，马上坐船到南方奔丧去了。

【神二女】清代汪绂图本

娥皇和女英在奔丧路上，一直不停流泪，眼泪洒在生长在南方的一种竹子上面，竹子就挂满了星星点点的泪痕，后来被人们叫作“湘妃竹”。两人在过湘江的时候，不幸遇到风浪，淹死在湘江里，变成了湘江的水神。她们心情愉悦的时候，湘江就风平浪静；倘若她们想起从前悲伤的事情，湘江就会狂风怒号，与神女同伤。

【帝二女】明代蒋应镐图本

【斑竹】

“洞庭山中因有神女在，果木极多，香草丛生。神女未能抵达苍梧之丘，滞留在洞庭湖，所以另有混着神族血统的怪人侍奉她们。这山里还有一些怪鸟，有的兴许是丹朱灵魂碎片所化，会在神女伤心时‘桀桀’怪笑。”

即公山

◎ 原文

又东南二百里，曰即公之山，其上多黄金，其下多㻬琈之玉，其木多柳、杻、檀、桑。有兽焉，其状如龟，而白身赤首，名曰蛫（guǐ），是可以御火。

◎ 译文

（暴山）再向东南二百里， 有座即公山，这座山上蕴藏着丰富的黄金，山下盛产㻬琈玉，山中树木以柳树、杻树、檀树、桑树居多。这座山中有一种形状类似乌龟的野兽，长着白色的身体，红色的脑袋，名字叫作蛫，人将它饲养在身边可以躲避火灾。

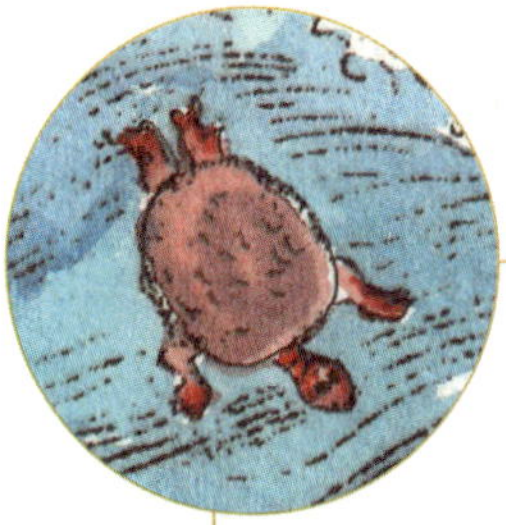

蛫

——白龟避火

“白龟生水中，能辟火并不奇怪。人类当真有趣，有的动物要抓住吃掉，而有些觉得吉祥的，就不吃了，单养在身边就可以。”

蛫这种异兽是一种白色的乌龟，是基因变异的一种，在我国古代是吉祥、预兆未来的代表。相传东晋时，豫州刺史手下有名士兵在武昌见到有人卖一只白龟。那龟手掌大小，洁白可爱，他便将它买回去养起来。龟长得快，七天就有一尺那么长。士兵觉得它神奇，很怜惜它，就让它放回了江里，看着它消失。后来城被攻破，刺史毛宝弃走豫州，带领将士试图涉江而过。大江附近，水流湍急，暗流涌动，很多将士都在江里淹死了。那养龟人见到这样情景，仍视死如归，将铠甲穿好，拿着刀也走进江水里。忽然他觉得好像掉在了石头上，原本没顶的水才到他腰而已。一会儿他过了江，回头一看，正是他当时放走的白龟，已经有六七尺那么长了。它探出头看着养龟人，一直到他安全了，才沉入江中。

【蛫】清代《禽虫典》

· 中次萯山、岷山 ·

山脉览

◎ 原文

凡萯（bèi）山之首，自敖岸之山至于和山，凡五山，四百四十里。

凡岷山之首，自女几（jī）山至于贾超之山，凡十六山，三千五百里。其神状皆马身而龙首。

◎ 译文

萯山山系，从敖岸山到和山，一共五座山，长达四百四十里。

岷山山系，从女几山到贾超山，一共十六座山，长达三千五百里。这些山的山神都长着马的身子、龙的头。

【中山神】马身龙首

【黍】山神祭品

【雄鸡】山神祭品

山神说

“我们两个山系在大江北，大河南，临近西山，山中物产丰富，野兽种类繁多，更有多处神仙居所。如果来山中游览，熊山上的洞穴值得一看，青要山也是好去处。”

敖岸山

◎ 原文

中次三经萯山之首，曰敖岸之山，其阳多㻬琈之玉，其阴多赭、黄金。神熏池居之。是常出美玉。北望河林，其状如茜（qiàn）如举。有兽焉，其状如白鹿而四角，名曰夫诸，见则其邑大水。

◎ 译文

中央第三列山系萯山山系的首座山叫敖岸山，这座山的南面盛产㻬琈玉，山北面盛产赭石、黄金。有位叫作熏池的神在这里居住。这座山中经常能够发现美玉。从这座山向北望，能够看见大河与大片葱郁的丛林，它们的形状类似于茜草和榉柳。山中有一种像白鹿，却长着四只角的野兽，名字叫作夫诸，它出现在哪里，哪里就会发生大的水灾。

熏池

——隐神掌玉

“听闻峚山的玉膏喝了便可成仙，天帝会用它来褒奖人间的德才之士，偶尔听说人间有的人会百日飞升，想来那人的品德和才华已经是万里无一了。”

【黄玉宝相朝带】古玉饰品（其一）

熏池不喜欢露出相貌，所以留下的图像并不多，只知道在他周围常有美玉出产。常言道，君子如玉。熏池的品行总是很好的。《山海经》中记载了很多种玉石，以白玉和碧玉居多，有祭祀、佩戴、服用等多种使用方式。玉石对黄帝部族来说是非常重要的资源。黄帝不仅以玉膏为食，在没有掌握用铜来炼制兵器的方法之前，他还用玉石来制造兵器。熏池能够促成美玉的出产，所以是黄帝手下非常重要的将领。

【雕纹佩瑀】古玉饰品（其二）

【连环宝铃鬼工全佩】古玉饰品（其三）

夫诸

——四角白鹿

“夫诸挺不喜欢自己头上的四只角的，它总觉得如果它只有两只角，兴许就能像只神鹿一样，帮上人的忙，而不是为人间添麻烦。”

夫诸住在熏池的领地里，像白色的鹿，但有四只角。白鹿作为古代常见的图腾之一，是北方游牧精神的代表。白鹿象征着和平、丰盛和敏捷，为人们带来幸福。它幻化成人的时候，常是温柔的仙女形象，掌控着水源和食物。夫诸这种和白鹿相似的异兽，也掌握了水源这项神力，只是控制力稍微差些，不仅会带来水，有时甚至可能引发水灾。

【夫诸】明代蒋应镐图本

【白鹿】日本图本

【夫诸】清代《禽虫典》

青要山

◎ 原文

又东十里，曰青要（yāo）之山，实惟帝之密都。北望河曲，是多驾（jiā）鸟[①]。南望墠渚（tán zhǔ），禹父之所化。是多仆累、蒲卢。䰠（shēn）[②]武罗司之，其状人面而豹文，小要而白齿，而穿耳以鐻（qú）[③]，其鸣如鸣玉。是山也，宜女子。畛（zhěn）水出焉，而北流注于河。其中有鸟焉，名曰䳏（yǎo），其状如凫，青身而朱目赤尾，食之宜子。有草焉，其状如葌，而方茎、黄华、赤实，其本如藁本，名曰荀草，服之美人色。

◎ 注释

①驾鸟：贺鹅，大野鹅。

②䰠：通“神”。

③鐻：金银制成的首饰。

◎ 译文

再往东十里，有座青要山，这个地方实际上是天帝的密都。从青要山向北望是河曲，这里栖息着许多野鹅。从青要山向南望，可以看见墠渚，墠渚是大禹的父亲鲧化为黄熊的地方，此处有许多的蜗牛、蒲卢。这座山由山神武罗掌管，这位神长着人的面孔，身子上长着豹子一样的斑纹，有着细小的腰身和洁白的牙齿，耳朵上穿挂着金银环，发出的声音就像玉石彼此撞击的声音。这座山非常适合女子居住。畛水就发源于这座山，继而向北流入大河。山中有一种名字叫作䲹的禽鸟，形状与野鸭子类似，身体为青色，长着浅红色的眼睛和深红色的尾巴，人吃了这种鸟的肉可以多生孩子。这座山中还生长着一种形状类似兰草的草，茎干呈四方形，开黄色的花，结红色的果实，根部与藁本的根很像，名字叫作荀草，人吃了它会变得气色很好。

【三足龟】传说中鲧的另一种化身

【蜜蜂】蒲卢所类似

武罗

——女武神

昆仑山是天帝在人间的正式居所，而青要山则是天帝的秘密基地，是他私下喜欢来的地方。鲧当年化成黄熊消失，就是在天帝秘境附近，想来天帝每每见到那个地方，心里也会不是滋味。这座山的守卫者，名为武罗，是位佩戴着耳环的女武神。女武神平时是豹面，但青要山中有石柱留存了她的神像。柱子凌空而立，高十几米，远远望去，宛若亭亭玉立的少女，侧身回首，顾影自怜，仪态端庄，楚楚动人。相传，黄帝杀死蚩尤之后，勇猛剽悍的蚩尤余部退守青要山据险抗争，武罗仙子帮助黄帝将蚩尤余部收服，于是被封为青要山山神，镇守天帝秘都。

【武罗】明代蒋应镐图本

䲹

——多子多孙

“陛下来青要山的时候很少，平时只有我把守在这里。如果想来山中游览，陛下不在的时候都可以。畛水旁等待，我很快就能接大家上山。”

青要山适合女性前来，不仅是因为女武神把守此处，更是因为山中有另外两样奇珍。首先是一种像青色野鸭子的鸟，它眼睛和尾巴是红的，抓回家煮了吃，就可以多生孩子；山中还有一种方茎兰草，结一些红果子，吃了这些果子，还能美容养颜，气色红润。

【䲹】明代胡文焕图本

【荀草】方茎红果

和山

◎ 原文

又东二十里，曰和山，其上无草木而多瑶碧，实惟河之九都。是山也五曲，九水出焉，合而北流注于河，其中多苍玉。吉神泰逢司之，其状如人而虎尾，是好居于萯山之阳，出入有光。泰逢神动天地气也。

◎ 译文

（宜苏山）再往东二十里是和山，这座山上不生长花草树木，盛产瑶、碧一类的美玉，这座山是大河的九条水源汇聚的地方。这座山有五层盘旋回转，有九条水系发源于此，继而汇合起来向北注入大河，附近水域中蕴藏着大量的青玉。掌管这座山的神是吉神泰逢，这位神的形貌类似人，却长着老虎一样的尾巴，喜欢住在萯山南面向着太阳的地方。他出入时都有亮光，能够兴云吐雾。

【老虎】

【碧玉莲叶砚】

泰逢

——吉神

“山中水流湍急，如果来山里游玩的话，一定要小心，乘筏漂流是绝对不可以的。但可以站在岸上瞧瞧水转山弯，感受一下自然的力量。”

和山是九条水流汇合的地方，在水流冲刷下，山上没有树木，山体也弯弯曲曲。吉神泰逢住在这座山上，镇守这九条河流。泰逢走到哪里就会将吉利带到哪里。相传，春秋时期的晋国国君晋平公，就在一次狩猎中见过泰逢。但那时候晋平公不知他是什么神，便急忙召来师旷询问。

【泰逢】清代吴任臣图本

【泰逢】欧洲图本

师旷是当时有名的奇人，他生而无目，博学多才，尤精音乐，善弹琴，辨音力极强。也有人说，他是为了专心学音乐，而特意把眼睛弄瞎的。晋平公把师旷叫过来，第一句话就问：“身体像貉（háo）子，尾巴像狐尾的是什么？”师旷回答：“这就是传说中的吉神泰逢啊，遇到他一定会有喜事的。”果然晋平公之后连遇几件大喜事，军队连连打胜仗，疆土也不断扩大。

【泰逢】明代蒋应镐图本

崌山

◎ 原文

又东一百五十里，曰崌（jū）山。江水出焉，东流注于大江，其中多怪蛇，多鷙（zhì）鱼。其木多楢杻，多梅梓；其兽多夔牛、麢、㚟（chuò）、犀、兕。有鸟焉，状如鸮而赤身白首，其名曰窃脂，可以御火。

◎ 译文

（崃山）再往东一百五十里有座崌山，江水发源于这座山，继而向东注入大江，附近水域中生长着许多怪蛇，还有很多鷙鱼。这座山中的树木大多数是楢树和杻树，还生长着许多梅树与梓树；野兽以夔牛、羚羊、㚟、犀牛、兕居多。这座山中有一种禽鸟，形状类似猫头鹰，身体是红色的，脑袋是白色的，名字叫作窃脂，将它饲养在身旁，可以躲避火灾。

【梅树】

【犀牛】

窃脂

——贪油小鸟

“还有种叫桑扈的鸟，喜欢偷年轻妇人的胭脂膏，它也叫窃脂。这种小鸟瞧着可怜巴巴的，也很受人们喜爱。”

【窃脂】明代胡文焕图本

崌山在大江边上，山脚下水源丰富，蛇和鱼很多，山上树木茂盛，野兽也多。这种热热闹闹的环境里，生活着一种小心思很多的鸟，名叫窃脂。它生性好动又胆小多疑。在树林间翻腾的时候，见到人影就马上逃了。它的叫声优美动听，而且非常洪亮，传闻极远。

【窃脂】明代蒋应镐图本

【卖油】

窃脂喜欢吃麻籽、葵花籽等油料作物的种子。在《山海经》成书的时候，植物油是很珍贵的东西，非常少见。养了这种鸟在家里，它就会将油看得紧紧的，寻常人家怕是连点灯的机会都少有，也从侧面减少了火灾的发生。

【窃脂鸟】

蛇山

◎ 原文

又东四百里，曰蛇山，其上多黄金，其下多垩，其木多栒，多豫章，其草多嘉荣、少辛。有兽焉，其状如狐，而白尾长耳，名狏（shì）狼，见则国内有兵。

◎ 译文

（高粱山）再向东四百里，有座蛇山，这座山上多出产黄金，山下盛产垩土，山中树木以栒树居多，还生长着许多豫章树，花草以嘉荣、细辛最多。这座山中有一种形貌类似狐狸，却长着白尾巴和长耳朵的野兽，名字叫作狏狼，它出现在哪个国家，哪个国家就会发生战争。

【细辛】

狏狼

——祸起萧墙

“它很狡猾，常常在山里捣乱，幸好山里动物少，我又不爱听它的谗言，不然这山里怕是没有安宁的日子了。”

【狏狼】清代《禽虫典》

蛇山多黄金，历来是冒险者的喜爱之处。在蛇山上有一种长耳朵的狡猾动物，它如果出现的话，说明国内就要有战争了。

祸起萧墙这个成语来自孔子时期的一个典故。季氏将要攻打附庸国颛臾，冉有和孔子针对这件事进行了辩论。冉有说："颛臾，城墙坚固，而且离季孙的采邑费地很近。现在不把它占领，日后一定会给子孙留下祸害。" 孔子说："冉求！君子讨厌那种避而不说自己贪心却一定另找借口的态度。如今仲由和冉求两人辅佐季孙，远方的人不归服，却不能用文治教化招致（他们）；国家支离破碎，却不能保全（它）；反而想在国境以内使用武力。我恐怕季孙的忧愁不在颛臾，却在萧墙里面。"

【獙狼】明代蒋应镐图本

【狐狸】

熊山

◎ 原文

又东一百五十里，曰熊山。有穴焉，熊之穴，恒出入神人。夏启而冬闭，是穴也，冬启乃必有兵。其上多白玉，其下多白金，其木多樗柳，其草多寇脱。

◎ 译文

（玉山）再向东一百五十里是熊山。这座山中有一个洞穴，这个洞穴是熊的巢穴，经常有神人出入。这个洞穴通常在夏季开启，冬季关闭。如果这个洞穴在冬季开启，一定就会有战争发生。这座山上多盛产白色玉石，山下多出产白银。山中树木以臭椿树和柳树居多，草类多是寇脱草。

【柳树】

【寇脱草】

熊山穴

——启兵之兆

“不周山折了以后，远古时期留下的神界通道就只有这窄窄的一条缝隙了。这地方的存在是公开的秘密，但少有神仙使用，近乎废弃。只有兴兵时，神才会稍稍推开天门，洞穴开启，有风经过，得到消息的人们就知道该做什么了。”

熊山是岷山山系的帝王之山，是这山系中最重要的一座。在祭祀这座山的时候要格外隆重，不仅猪、牛、羊三牲俱全，美玉供奉，还要有酒和舞蹈。舞蹈不仅要有手持盾牌的战舞，还要有礼仪之舞。熊山之所以如此重要，是因为山中有一个洞穴，是天界和人间的一个秘密通道，常有神仙出没。这洞穴有冬歇的习惯，如果它冬天开启，穴中有风，就说明有战事要兴起了，平常百姓要早做打算。

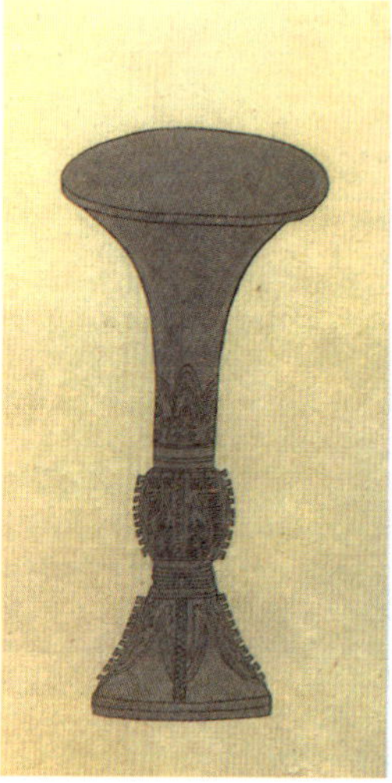

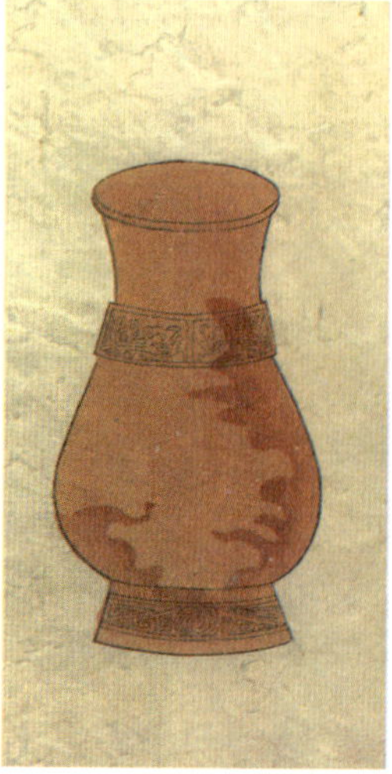

【祭祀酒器】

【祭祀山王】

·中次缟羝山、苦山·

山脉览

◎ 原文

凡缟（gǎo）羝山之首，自平逢之山至于阳华（huà）之山，凡十四山，七百九十里。岳在其中，以六月祭之，如诸岳之祠法，则天下安宁。

凡苦山之首，自休与之山至于大騩（guī）之山，凡十有九山，千一百八十四里。其十六神者，皆豕（shǐ）身而人面。苦山、少室、太室，皆冢也。其神状皆人面而三首。

◎ 译文

缟羝山系，从平逢山到阳华山，一共十四座山，长达七百九十里。缟羝山系中有重要山岳，要在每年的六月祭祀它，如果祭祀的礼仪和祭祀其他山岳的相同，祭祀过后就会天下安宁。

苦山山系，从休与山起到大騩山，一共十九座山，长达一千一百八十四里。苦山山系中有十六座山的山神的形貌都是猪的身体和人的脸。苦山、少室山、太室山都是诸山的宗主。这三座山山神的形貌都是长着人脸而有三个头。

【中山神】猪身人面

【中山神】人面三首

山神说

“缟羝山系和我们苦山系，山与山的距离很短。上古神裔多在山中行动，所以留下了很多传说。山中异兽较少，异草很多。来游览的话，首推夸父山，山脚百里桃林，里面有很多白马，非常美丽。泰室山也值得一去，看看后启出生的地方。”

平逢山

◎ 原文

中次六山缟羝山之首，曰平逢之山，南望伊、洛，东望穀城之山，无草木，无水，多沙石。有神焉，其状如人而二首，名曰骄虫，是为螫（shì）虫，实惟蜂蜜之庐。

◎ 译文

中央第六山系缟羝山系，第一座山叫平逢山，从这座山向南望，可以看见伊水和洛水，向东望，可以看见谷城山，这座山不生长草木，没有水，遍布着沙子和石头。这座山中有一位神，形貌类似人，长着两个脑袋，名字叫作骄虫。这位神是所有螫虫的首领，这山也是蜜蜂等昆虫聚集的地方。

【蜂房】

骄虫

——昆虫之神

“鸡喜欢吃昆虫，是虫子的敌人之一，用鸡来祭祀骄虫，确实是个很恰当的办法。但是呢，很多采蜂人都喜欢来我们这里，每人带一只活公鸡，从那时候起，我再也没有错过早上的第一缕阳光。”

相传，当年大禹治水时，途经平逢山。山上群蜂遮天，连绵不断，竟然寻不到一个缺口。蜂群无边无际，灭不胜灭，众人都被螫得鼻青脸肿，叫苦连天。大禹犯愁的时候，一直跟着他治水的旋龟对他说：“我族里有人曾住在这座山旁边，这座山的山神名叫骄虫，是个双头怪神，专管世间昆虫，所以才会有这么多蜜蜂。”大禹又问：“可以叫他过来谈一谈吗？”旋龟回答：“他除了昆虫的鸣叫和神语，听不懂我们的话。”

【骄虫】清代吴任臣图本

【骄虫】欧洲图本

【骄虫】清代汪绂图本

大禹想去寻个神仙帮忙，正好西王母的使者青鸟路过此处，于是大禹就请青鸟去洽谈。骄虫听到大禹的诉求后，将蜂群撤去了，还给他留了能召唤自己的办法。只要简单的祭祀，和骄虫沟通一下，就可以安然通过这座山了。

【骄虫】明代蒋应镐图本

廆山

◎ 原文

又西十里，曰廆（guī）山，山的北面多瑶琈之玉。其西有谷焉，名曰雚谷，其木多柳楮。其中有鸟焉，状如山鸡而长尾，赤如丹火而青喙，名曰鸰鹦（yāo），其鸣自呼，服之不眯。交觞之水出于其阳，而南流注于洛；俞随之水出于其阴，而北流注于谷水。

◎ 译文

（缟羝山）再向西十里，有座廆山，山的北面盛产瑶琈玉。这座山的西面有一道名叫雚谷的峡谷，此处的树木多是柳树、构树。山中有一种形状类似野鸡的禽鸟，拖着一条长长的尾巴，身上长着像火一样红的羽毛，嘴巴是青色的，名字叫鸰鹦，它的叫声就是它自身名字的读音，人吃了这种鸟的肉，可以远离梦魇。交觞水就发源于这座山的南麓，继而向南流入洛水。俞随水从这座山的北麓发源，继而向北注入谷水。

【野鸡】

鸰䴊
——红身绿嘴鸟

“我们山中的鸟是全红色的，只有嘴是绿的，体形可比光明鸟大多了，飞在天上，像一小朵红色的祥云一样美丽。”

这种鸟红身绿嘴，吃了能治噩梦。古代的时候，梦境被认为是阴阳交接的混沌世界，梦里面发生的事或者被归类为鬼神之说，或者被认为是未来的预兆。这使得做噩梦的人心理负担很重却没有地方诉说。在我国古代，有这样一位皇帝，就是被噩梦活活吓死的。

【鸰䴊】清代《禽虫典》

后秦皇帝姚苌曾是前秦皇帝苻坚手下的将军，他将苻坚杀死后，自己做了皇帝。那时候是乱世，他政事繁忙，睡得很晚，慢慢地就开始不停地做噩梦，梦见苻坚来找

【光明鸟】

他报仇。因为噩梦，他不敢睡觉，而睡得太少，又导致睡着了就做噩梦。这样的恶性循环，更让他坚信是苻坚作乱。如此他的精神终于崩溃了，最后发疯发狂，在惊惧中被宫人不慎刺伤，后伤势过重而死。

红羽毛的长尾鸟很多，绿嘴巴的就很少了。现存的有一种光明鸟，体长 55 厘米以上，鸟喙是翠绿的，眼周赤红色，尾巴长，非常漂亮。

【鸰鷎】明代蒋应镐图本

橐山

◎ 原文

又西五十里，曰橐（tuó）山，其木多樗（chū），多構（bèi），其阳多金玉，其阴多铁，多萧①。橐水出焉，而北流注于河。其中多脩（xiū）辟之鱼，状如黾（měng）②而白喙，其音如鸱（chī），食之已白癣（xuǎn）。

◎ 注释

①萧：蒿草。

②黾：蛙的一种。

◎ 译文

（傅山）再往西五十里是橐山，这座山中生长着大量的臭椿树，樠树也很多，山南蕴藏着丰富的金属矿物和玉石，山北盛产铁，还生长着茂密的萧草。橐水就发源于这座山，继而向北流入大河。附近水域中有很多脩辟鱼，这种鱼形貌类似蛙，长着白色的嘴巴，能发出如同猫头鹰般的鸣叫声，人吃了这种鱼的肉能治愈白癣病。

【萧草】

脩辟

——白嘴吉蛙

“嫦娥并不是时刻都是蟾蜍的形象，还是能变回仙女的。听闻吴刚伐树的时候，嫦娥就在树下面听他劈木头的声音。吴刚不爱说话，嫦娥心伤也不怎么说话，难怪大家都说月宫冷冰冰的。”

这鱼像青蛙，嘴是白色的，这叫起来像猫头鹰一样的鱼能够治疗白癣病。白癣病是一种基因导致的角质层增厚脱落的慢性疾病，现在也几乎没有彻底治愈的可能，更不要说医术落后的古代了。

在我国古代将白色的青蛙称为冰蟾，也用它来指代月亮。嫦娥独自吃了仙药飞升月宫，留下羿一个人。她以为躲在月宫就没什么问题了，仍然做自己的仙女，结果在她安顿下来不久，她的身体就发生了变化：她的眼睛越来越大，越来越凸，长

【脩辟】清代《禽虫典》

【嫦娥奔月】

【蟾蜍】

长的睫毛也没有了；樱桃小口向耳根裂去，舌头也越变越长；她的四肢变短，肚子却越来越大，张开嘴只有“呱”的一声。

她变成了一只蟾蜍，而她居住的月亮，也就叫“蟾宫”。嫦娥虽然变成了癞蛤蟆，但她的神力仍在，月圆时拜月，就有可能得到她送出的财运。

夸父山

◎ 原文

又西九十里，曰夸父之山，其木多棕枏，多竹箭，其兽多㸲牛、羬羊，其鸟多赤鷩，其阳多玉，其阴多铁。其北有林焉，名曰桃林，是广员三百里，其中多马。湖水出焉，而北流注于河，其中多珚玉。

◎ 译文

（常烝山）再向西九十里是夸父山，山中树木以棕树和楠树居多，还生长着许多低矮的小竹丛。山中的野兽大多数是㸲牛、羬羊，禽鸟类以鷩鸟居多。山的南面盛产玉石，山的北面蕴藏大量的铁。这座山的北面有一片叫作桃林的树林，方圆三百里，林子里栖息着许多的马。湖水就发源于这座山，继而向北流入大河，附近水域中盛产珚玉。

【夸父逐日】清代成或因图本

夸父

——逐日巨人

北方的荒野中，有座巍峨雄伟、高耸入云的高山，叫作成都载天，其中生活着一群力大无比的巨人，善舞蛇，是大神后土的子孙，名字叫作夸父。夸父族人身强力壮，高大魁梧，性情温厚纯良，勤劳勇敢。他们身材极其高大，是常人两倍有余。他们参与过黄帝和蚩尤的旷世之战，之后又各奔四野。夸父一族用脚丈量大地，走遍天南海北。

在夸父山这里，有夸父追日，力竭而亡的传说。有一天，一位夸父族人想要追赶太阳，于是他提起长腿，迈开大步，如风一般疾驰开来，向着西斜的太阳追去。他穿过一座座大山，跨过一条条河流，大地都被他的脚步震得轰轰作响。他将鞋里的土抖落在地上，就形成了大土山。饿的时候，他用五块石头架锅煮饭。这五块石头，就成了五座高山，这就是五岳。

【夸父】明代蒋应镐图本

这位夸父族人追着太阳跑，一直追到了禺谷。这时他又累又渴，便伏下身子来，去喝黄河、渭河里的水。这两条河里的水都被他喝干了，但他仍很口渴。于是，他又向北方跑去，想去喝大泽里的水。那大泽叫作瀚海，在雁门的北边，是鸟雀繁衍后代和更换毛羽的地方，纵横千里，非常宽广。可是他还没有到达大泽，就在途中渴死了。他像一座山似的轰隆倒下来，大地和山河都发出了巨响。这个族人死后，他手里的桃木杖生根发芽，变成一片枝叶茂密、鲜果累累的桃林，这个地方就叫作邓林。

【夸父追日】明代蒋应镐图本

“我山中也有桃林，承袭夸父精神而化，清香怡人，但不是邓林所在。他身死在这里，将自己的手杖扔回了自己家乡博父国附近，让那手杖代替他回归故土，化成一片浪漫景色。”

休与山

◎ 原文

中次七山苦山之首，曰休与之山。其上有石焉，名曰帝台之棋，五色而文，其状如鹑卵，帝台之石，所以祷百神者也，服之不蛊。有草焉，其状如蓍（shī），赤叶而本丛生，名曰夙（sù）条，可以为簳。

◎ 译文

中央第七列山系，苦山山系的第一座山叫作休与山。这座山上产一种石子，是神仙帝台的棋。它们有五种颜色，还带有斑纹，形状与鹌鹑蛋类似。神仙帝台的石子是用来向百神祈祷的，人佩戴了这种石子可以避免邪毒之气的侵袭。这座山上还生有一种形状类似蓍草的草类。这种草有着红色的叶子，根茎联结丛生在一起，名字叫作夙条，可以用来做箭杆。

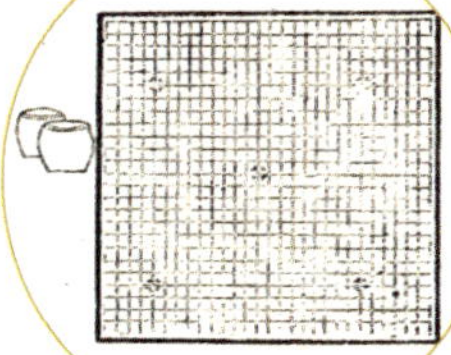

帝台

——中山善神

“山上有蓍草，平时柔柔弱弱，迎风摇摆。摘下来晒干之后，就会变得坚硬而有韧性，可以做成箭杆，轻盈有准头，是帝台给人们的便捷武器呢！”

帝台是生活在苦山附近的神仙，没什么具体的样貌，却在《山海经》中有三处记载。在休与山上，有帝台下棋用的石子，鹌鹑蛋一样洁白圆润，是向众多神仙祈祷的上等贡品，人戴着这石头还能清神明智。休与山旁边的鼓钟山，是帝台宴请神仙的地方，上头还有开黄花的焉酸，能解百毒。在更远点的高前山上，还有帝台神力照拂的水源，叫帝台之浆，喝了以后可以解除心痛的困扰。

有人说帝台是战败的炎帝一系，共工的后代，虽然活动的范围有限，但努力为人们带来更好的生活；也有人说帝台是帝禹的别称，大禹治水时，在很多地方都建造了帝台，所以人们就用帝台来称呼他。无论是哪种来历，帝台总归是一位慷慨且热爱人间的神仙，代表了一种朴素的善意。

【夙条】

【泉水】

姑媱山

◎ 原文

又东二百里，曰姑媱之山。帝女死焉，其名曰女尸，化为䔄（yáo）草，其叶胥[①]成，其华黄，其实如菟丘，服之媚于人。

◎ 注释

①胥：密集，聚集。

◎ 译文

（鼓钟山）再往东二百里有座姑媱山，天帝的一个女儿就死在这座山中。她的名字叫女尸，死后变成了䔄草，叶子密集地长在一起，开黄色的花，果实类似于菟丝子的果实。女子吃了这种草的果实，就能变得讨人喜欢。

女尸草

——帝女花

“炎帝的子孙后代大都像他一样宽厚，与世无争，共工那种暴烈脾气的神，并不多见。传说帝女生前活泼浪漫，是在去往东方海域的途中忽然去世的，竟不知那时发生了什么。”

女尸草

姑媱山是座神逝山，炎帝的一个女儿死在这里，可能是死的时候还没有成年，所以没有封号，只称为女尸。神都有复生成其他生物的能力，她死后就变成了一种草，人吃了，就会讨人喜欢。这草也被称为怀梦草，将它放在怀里，梦里就能见到自己想见的人。相传汉武帝在李夫人去世后，为了能再见她一面，就带着这种草入眠。

女尸在花一样的年纪里夭折，炎帝伤心不已。在后来的传说中，她有了名字叫作瑶姬，被封为巫山女神，时而化成朝云，时而化成黄昏细雨，诉说着自己未能成年的忧伤。

苦山

◎ 原文

又东二十里，曰苦山。有兽焉，名曰山膏，其状如豚（tún），赤若丹火，善詈（lì）①。其上有木焉，名曰黄棘，黄华而员叶，其实如兰，服之不字②。有草焉，员叶而无茎，赤华而不实，名曰无条，服之不瘿。

◎ 注释

①詈：骂人。

②字：怀孕，生育。

◎ 译文

再往东二十里有座苦山，这座山中有一种名字叫作山膏的野兽，其形貌类似小猪，身上红得像一团火，爱骂人。这座山上有一种名字叫作黄棘的树木，开黄色的花，叶子是圆的，结的果实与兰草的果实类似，女人吃了这种果实就不能生育孩子。这座山中还有一种长着圆圆的叶子，而没有茎干的草。这种草开着红色的花，却不结果实，名字叫作无条，人吃了这种草的果实，脖子上就不生长肉瘤。

【黄棘和无条】

山膏

——骂人火猪

“我告诉过它很多次了，骂人是不能解决问题的，还可能会招来祸害。有什么诉求就好好说，你说不爱当宠物，帝喾也不会硬生生抓你回去呀！”

正如温和的炎帝有共工那样暴烈的子孙一样，风轻云淡的苦山系也有山膏这种脾气火爆的异兽。这兽没什么爱好，只爱骂人，即便山里见不到什么人，它嘴里也常骂骂咧咧，很生气的样子。

相传帝喾出游到了苦山，就遇到一头山膏。山膏虽然嘴上不积德，但样貌很是可爱，又爱干净，肥嘟嘟的火红一团。帝喾心里喜欢，打算带回去当宠物，结果山膏久不见人，偶尔逮着一个，开口就骂，花样百出。帝喾不仅不喜欢它了，还觉得它有点讨厌，当即就把盘瓠放了出来，让它以后再也不能骂人了。

【山膏】清代《禽虫典》

【野猪】

【盘瓠】

【帝喾】

放皋山

◎ 原文

又东五十二里，曰放皋之山。明水出焉，南流注于伊水，其中多苍玉。有木焉，其叶如槐，黄华而不实，其名曰蒙木，服之不惑。有兽焉，其状如蜂，枝尾而反舌，善呼，其名曰文文。

◎ 译文

（堵山）再向东五十二里是放皋山。明水发源于此，向南流入伊水，附近水域中有许多青玉。这座山中生长着一种叶子与槐树叶相似的树木。这种树开黄色的花，不结果实，名字叫作蒙木，人吃了它，头脑清醒不糊涂。这座山中还有一种形状像蜜蜂的野兽，它长着类似于树枝一样的分叉的尾巴和反着生长的舌头，喜欢鸣叫。这种野兽的名字叫作文文。

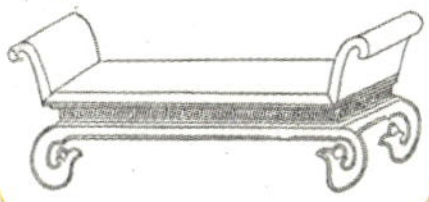

蒙木

——聪明树

“听闻人间的皇子们统一六岁开蒙，但早在那之前，该会的诗词就已经背得很好了。不知道他们是不是都吃过蒙树的叶子，不然怎么学得那么快。”

【蒙木】

在这山里有一棵让人变聪明坚定的树，叫蒙树。这树的花吃了就能不受迷惑，古人给孩子开蒙的时候，如果能用这个做礼物，孩子学起东西来也会少走弯路。

开蒙是古时候的小孩子特有的一种启智仪式，年纪三岁到六岁不等。从开蒙那天起，小孩就要识字懂道理，学着成为一个懂事理的人。开蒙一般是在私塾或者家中书屋内，先生会为孩子准备纸、笔还有几本开蒙的书。孩子们要高声朗诵书籍，不可读错，不然不吉利。一些只有乳名的孩子也会在这一天获得学名，标志着这个孩子开始学习了，以后可以考功名，为国效力。

文文

——如蜂兽

“我们山上的文文虽然尾巴分叉，但不会做这么坏的事情，它可是从来不会害人的，最爱的事情只有一件，那就是唱歌。”

文文这种动物舌头向里面长，能很轻易地发出人卷舌才能发出的声音。它的尾巴像树枝一样分叉，很有意思。普通的哺乳动物只有一条脊椎，也就只有一条尾巴，如果有哺乳动物有两条以上的尾巴，就是俗称的“成精”。日本有“猫又”的传说，“猫又”也被称作猫妖，一只猫如果活了十年以上，又长出第二条尾巴来，就是猫妖了。这种妖怪喜欢在家宅里作乱，有些残忍的猫妖还会吃人，然后假扮成这个人的样子生活。

【文文】清代《禽虫典》

【猫又】日本图本

【独孤陀】

隋朝有一个名为独孤陀的人对皇后用了猫的巫术，被驱逐了。

泰室山

◎ 原文

又东三十里，曰泰室之山。其上有木焉，叶状如梨而赤理，其名曰栯(yù)木，服者不妒。有草焉，其状如术（zhú），白华黑实，泽如蘡薁（yīng yù）[①]，其名曰蒿草，服之不昧。上多美石。

◎ 注释

①蘡薁：落叶藤本植物，俗称野葡萄。

◎ 译文

（少室山）再向东三十里，有座泰室山。这座山上长着一种叶子形状像梨树叶，却有红色纹理的树木，这种树的名字叫栯木，人吃了它就没有了嫉妒心。这座山中还有一种形状像苍术或白术的草，开白色的花，结黑色的果实，果实的色泽与野葡萄很像，名字叫作䔄草，人吃了它就不会头晕眼花。这座山上还盛产美丽的石头。

【葡萄】

楠木

——缓解嫉妒

【楠木】

苦山系中很多异草，苦山、少室山、泰室山还有太山都以草木居多，样貌也有相似之处。楠木的叶子像梨树叶一样，但是是红色的纹理，香气扑鼻，吃了能开阔心胸，一大家子其乐融融；在太山上有种梨草，花是红的，吃了能治毒疮。

【红梨花】

䓘草

——定睛草

泰室山上还有种䓘草，长着苍术的样子，果子像山葡萄一样，黑紫色还带着白霜，吃了这草就不会头晕迷糊了。少陉山上也有一种像山葡萄一样的草，红茎白花，吃了就不会头晕迷糊，可以变聪明。

【䓘草】

【苍术】

美石

——启的诞生

《南山经》里说，三十多岁还没成家的禹碰见了九尾狐，所以娶了涂山氏做妻子。大禹治水很忙，涂山氏一直跟着禹四处治水，对自己的丈夫了解并不多。在她心里禹是个能干的凡人，和神仙或许有点关系，和动物却是没什么关系的。禹这天照常去治水，让涂山氏中午听见鼓声再来送饭，涂山氏答应了。那时治水到轩辕山，山体坚硬不好开凿，禹一时不耐烦，就化成了一只巨熊，埋头刨山。巨大的熊掌拍在山体上，像打鼓一样，涂山氏听到后赶快来送饭，可治水现场有龙、熊、乌龟和鸟，人群里也没有她丈夫的身影。她开口喊了禹一声，发现回头的是一只大汗淋漓的熊，她有点害怕还有点尴尬，所以扭头逃了。

【启】明代蒋应镐图本

大禹在后头一直追她，发出熊的嚎叫，脸皮很薄的涂山氏不回头一直跑，一直跑到泰室山脚下。她很累，大禹又快追上来了，她左想右想，就地变成一块大石头，死活不搭理大禹。大禹又气又觉得好笑，拍了拍那块石头，轻声对她说："儿子还（huán）来。"那石头裂了个缝，吐出个小孩来，就是启。

【涂山氏与启】

"禹真是我见过的最没有架子的神仙了，如果说帝台是他的话，也很容易理解吧！"

大騩山

◎ 原文

又东三十里，曰大騩之山，其阴多铁、美玉、青垩。有草焉，其状如蓍而毛，青华而白实，其名曰蒗（hěn），服之不夭，可以为腹病。

◎ 译文

（敏山）再往东三十里有座大騩山，山的北面蕴藏着丰富的铁、优质玉石、青色垩土。这座山中有一种形状像蓍草却长着绒毛的草，这种草开青色的花，结白色的果实，名字叫作蒗，人吃了它可以避免夭折，还能治疗各种腹部的疾病。

【小叶桔梗】与蓍草类似的植物

【蓍草】

青垩

——涂料

这种涂料又称白土，俗称的大白，一般用来翻新屋子。古代家中有亲人去世的时候，也会将房子刷白，然后守孝。

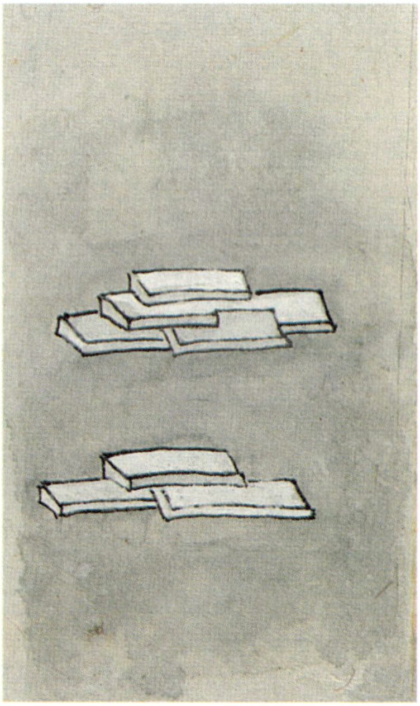

【青垩】

【粉刷墙壁】

蒗

——保幼草

“幼儿是这天下的希望，希望每个孩子都能健康快乐地成长，见到人世美好，也让这世间更绚烂多彩。”

【蒗】

【戴『狗圈儿』的幼儿】

苦山系最后一座山上长着长寿草，这草不见得能让人活得很长，但可以保证人不早夭。在我国古代，儿童的夭折率很高，人们期盼着这种草的存在，正如人们希望自己的孩子个个能平安成年一样。

在古代，为了让孩子能安稳成年，家中长辈有很多祈福的方式。有的地区的家长会为孩子取个“贱名儿”，这种名字的取法一般会和猪狗这种好养活的家畜，石头、泥土这种难破坏的东西，还有破、捡这种略贬损的词语联系起来，“狗蛋儿”“猪娃”“小石头”“捡崽”都是这种例子。还有的地区，会将已故的长寿老人的衣服剪成条状，缝在孩子衣服的衣领处，以此来保佑孩子健康成长。

· 中次荆山 ·

山脉览

◎ 原文

凡荆山之首，自景山至琴鼓之山，凡二十三山，二千八百九十里。其神状皆鸟身而人面。骄山，冢也。

凡荆山之首，自翼望之山至于几山，凡四十八山，三千七百三十二里。其神状皆彘身人首。禾山，帝也。

◎ 译文

荆山山系，从景山到琴鼓山，一共二十三座山，长达两千八百九十里。这些山的山神的形貌都是鸟的身体和人的脸。骄山是诸山的宗主。

荆山山系，从翼望山到几山，一共四十八座山，长达三千七百三十二里。这些山的山神的形貌都是猪的身体和人的头。禾山是诸山的首领。

【中山神】鸟身人面

【粱】山神祭品

【麦】山神祭品

山神说

“荆山山系有两条分支。景山一脉除神仙居所外，多野兽、树木，与人间自然相近；我们翼望山一脉山与山挨得近，山中多异兽，也有一些神仙出没。若是想看些野兽、飞鸟，找矿，伐树，那么就要去景山支系；如果是想看看异兽，那么就来翼望分支。若说推荐的话，宣山和依轱山值得一看。”

女几山

◎ 原文

又东北百二十里，曰女几之山，其上多玉，其下多黄金，其兽多豹虎，多闾、麋、麖、麂，其鸟多白鷮（jiāo），多翟，多鸩。

◎ 译文

（骄山）再向东北一百二十里，有座女几山。这座山上盛产玉石，山下出产大量黄金。山中的野兽以豹子和老虎居多，还有很多山驴、麋鹿、麖、麂等野兽。这座山的禽鸟以白鷮最多，还有很多的长尾巴野鸡和鸩鸟。

鸩

——毒翅鸟

“鸩在我们山上有自己独有的区域，其他猛兽都不敢靠近那里。它用金子将自己的领地围了起来，如果来采金的话，要避着走才好。”

【鸩】明代蒋应镐图本

女儿山上野禽众多，其中有一种叫鸩。鸩是一种传说中的猛禽，比鹰大，鸣叫声大而凄厉，其羽毛有剧毒。据说鸩鸟喜欢把巢筑在毒栗子树下，鸩的羽屑及污垢落下来，在毒栗子树下数十步内寸草不长，它洗过澡的山泉也会带有剧毒，人喝了就会死。传说中，用这种羽毛划过的酒也会变成剧毒，鸩毒无色无味，毒性能够尽数溶解于酒。人要是喝下鸩酒，就会白眼朝天，身发寒颤，昏昏沉沉地就像喝醉了一样，心里清醒但是说不出话来，一直被折磨到死亡。

光山

◎ 原文

又东百三十里，曰光山，其上多碧，其下多水。神计蒙处之，其状人身而龙首，恒游于漳渊，出入必有飘风暴雨。

◎ 译文

（陆郈山）再向东一百三十里是光山，山上遍布碧玉，山下到处都是水流。名字叫作计蒙的神就居住在这座山里，形貌是人身龙头，经常在漳水的深渊里畅游。这位神出入时，一定伴有疾风骤雨。

【计蒙】明代蒋应镐图本

计蒙

——中原雨神

“骄山山神鼍围也喜欢在漳水里行走，有时会和计蒙大神遇上，一起出来。骄山山神出入有光，计蒙大神出入带雨，两个人走在一起，就像晴天下雨一样，清新怡人。”

计蒙是风雨之神，常在水里行走，露面就会有狂风骤雨。在神话传说中，雨神常是一种文职，负责计算地区的降水量和时间，然后交给地区的主管龙王来执行。《西游记》中讲到过泾水龙王被处斩的故事，就是因为他为了和别人斗气，没有按照神的指示来按时按量下雨。

有一个很著名的雨神，名为玄冥，曾是蚩尤的下属，跟随蚩尤与黄帝争夺天下，有他在，蚩尤曾经胜过黄帝几次。蚩尤战败后，玄冥归顺了黄帝，仍然做司雨的神仙。

【计蒙】清代吴任臣图本

【蠱围】清代吴任臣图本

【蠱围】明代蒋应镐图本

【雨师】清代《天问图》

丰山

◎ 原文

又东南三百里，曰丰山。有兽焉，其状如蝯（yuán）[1]，赤目，赤喙，黄身，名曰雍和，见则国有大恐。神耕父处之，常游清泠（líng）之渊，出入有光，见则其国为败。有九钟焉，是和（hè）[2]霜鸣。其上多金，其下多榖、柞、杻、橿。

◎ 注释

①蝯：猿。

②和：另有本作“知”。

◎ 译文

（前山）再向东南三百里，有座丰山。这座山中有一种形状像猿猴，却长着红眼睛、红嘴巴、黄色的身子的野兽。这种野兽的名字叫雍和，它出现在哪个国家，哪个国家就会发生大恐慌。神耕父就居住在这座山里，他经常在清泠渊畅游，出入时都有光亮。他出现在哪个国家，哪个国家就要衰败。这座山中还有九口钟，它们都会随着霜降而鸣响。这座山上蕴藏着丰富的金，山下生长着茂盛的构树、柞树、杻树、橿树。

【耕父】明代蒋应镐图本

雍和

——黄猿警恐

“雍和算是耕父养的宠物，常跟在耕父身后。国家衰败，自然就会有惶恐，它喜爱那种惊恐的氛围，却碍着耕父，不敢表现出来。”

《山海经》中很多种和猿猴相似的异兽，都各有神通，雍和像黄色猕猴，它能引起国家范围内的恐慌。这种大范围的恐慌常常和政权更迭联系在一起，又和谣言相伴。大家比较熟悉的陈胜吴广起义的故事，就是利用了谣言造成的恐慌来树立合理性的。陈胜、吴广先派人写了“陈胜王”的布条塞进鱼肚子里，然后再让人把鱼买回来宰杀，戍卒们震惊了一次；然后晚上的时候，陈胜又令人仿照狐狸的声音在军队外围喊“大楚兴，陈胜王”，又让戍卒们震惊不已。

【雍和】清代《禽虫典》

九钟

——物晓自然

“九钟平常隐在山间云雾中，只有降霜的时候才能听到，运气足够好才能见到一次。”

《山海经》中有很多能感知自然并随之变化的东西。视山有井，夏天有水，冬天枯竭；和它相反的，超山有口井，冬天有水，夏天枯竭。还有前面讲过的熊穴，也都是随着季节而变化的。

传说帝喾带着女儿在丰山附近游玩，听见了钟鸣，女儿问帝喾：“那是什么声音？”帝喾对她说：“外面霜降了，所以九钟就响起来了，有时候物品也能了解自然。”帝喾的女儿很好奇，问：“能带我去看看吗？”帝喾回答：“那是很神秘的东西，平常时候是瞧不见的。”第二天两人满山寻找，果然什么都没有见到。

【九钟】

堇理山

◎ 原文

又西北一百里，曰堇(qín)理之山，其上多松柏，多美梓，其阴多丹雘，多金，其兽多豹虎。有鸟焉，其状如鹊，青身白喙，白目白尾，名曰青耕，可以御疫，其鸣自叫。

◎ 译文

（袟簡山）再向西北一百里，有座堇理山。这座山中生长着大量的松树和柏树，还有许多优良的梓树。这座山的北面盛产青雘，还有储量很丰富的黄金，山中的野兽以豹子和老虎居多。这座山中还有一种形貌类似喜鹊的禽鸟，长着青色的身子，白色的嘴巴，白色的眼睛，白色的尾巴。这种禽鸟的名字叫作青耕，人将这种禽鸟饲养在身边，可以躲避瘟疫，它的叫声与它自身名字的读音相同。

【梓树】

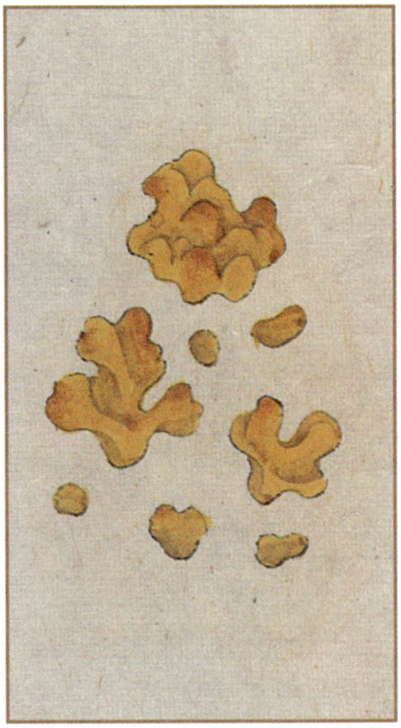

【黄金】

青耕

——御疠鸟

“青耕就是我们山上的喜鹊，样子清爽，声音清脆，看到它就觉得心情愉悦。有时候我出门，也爱带着它一起去。”

【青耕】明代胡文焕图本

青耕是一种吉祥的鸟，养在家里能够防止疫病。这鸟最神奇的地方在于，它的眼睛是白色的，没有黑眼珠。如果不是在《山海经》的世界里，它可能就是一只盲鸟了。青耕鸟是只吉鸟，和它所类似的喜鹊一样。除了牛郎织女的故事，《太平广记》中还有个和喜鹊有关的温情传说。

【喜鹊】

贞观末年，空青山有个叫黎景逸的书生，他家旁边树上长住着一只喜鹊，他常喂饭给它吃。后来他家附近失窃了，景逸被冤入狱，一个多月也不肯承认罪状。景逸要被用刑之前，喜鹊来了，叽叽喳喳地叫了几声又飞走了。第二天就传说有赦免令来，狱官对他说："是个白领黑衣裳的人说的。"三日后果然有赦令了，黎景逸这才回了家。他回家见了喜鹊，忽然想到，那人其实就是喜鹊变的啊！

依轱山

◎ 原文

又东南三十里，曰依轱（gū）之山，其上多杻橿，多苴（jū）[1]。有兽焉，其状如犬，虎爪有甲，其名曰獜（lín），善駚犁（yāng fèn）[2]，食者不风。

◎ 注释

①苴：通“柤”。

②駚犁：跳跃，动物扑食。

◎ 译文

再向东南三十里有座依轱山，这座山上生长着茂密的杻树和橿树，柤树也有很多。山中有一种形貌像狗的野兽，这种野兽长着老虎一样的爪子，身上披着鳞甲，名字叫作獜，擅长跳跃腾挪，人吃了这种野兽的肉，就不会得风痹病。

【狗】

獜

——麟甲抵风

“我觉得它还是更像狗一些，每天上蹿下跳，没有休息的时候。不过谁知道呢，或许传说是真的吧！毕竟天崩地裂，人神分居都是那么突然，谁知道都有哪些血脉留在人间了呢！”

传说中，獜是麒麟的后裔，所以身上长有如意麟片，可以跑得很快。麒麟是中国传统神话里有名的祥瑞之兽，长着狮头、鹿角、虎眼、麋身、龙鳞，而獜只有狗身、虎爪、龙鳞。相传麒麟每出现一次，世间就降临一个圣人。儒家圣人孔子出生和去世之前都出现了麒麟。他出生时，有麒麟在他家的院子里“口吐玉书”，书上写道“水精之子，系衰周而素王”；哀公十四年（公元前481）春天，有人西狩获麟，孔子见了一下，落泪表示“吾道穷矣”，不久之后，孔子就去世了。

【獜】清代《禽虫典》

【麒麟】

【麒麟】欧洲图本

【日本麒麟】类似长颈鹿

日本画册中对麒麟也有自己的想象，更关注麒麟身上鹿的形象，所以它身上没什么鳞片，脖子倒是很长，像长颈鹿一样。

乐马山

◎ 原文

又东南二十里，曰乐马之山。有兽焉，其状如彙（wèi）[①]，赤如丹火，其名曰𤟤（lì），见则其国大疫。

◎ 注释

①彙：通“猬”，刺猬。

◎ 译文

（毕山）再向东南二十里，有座乐马山。这座山中有种形貌类似刺猬的野兽。这种野兽全身赤红如火，名字叫作𤟤，它出现在哪个国家，哪个国家就会爆发大瘟疫。

㹫

——火刺猬

“它住在我们山上，轻易是不敢出去的。因为它带来的疫病会被人们所痛恨，而且它样子醒目，血红一团，一眼就能被看见。”

颛顼当年和共工大战的时候，有三个神鬼帮了他很大的忙，这三个神鬼都是他手下的得力干将。颛顼作为天帝，手下有掌管刑法的神鬼也是常理之中，但这三个神鬼并不总是遵循颛顼的话来行事，常在人间捣乱。其中之一就是疫鬼，又叫虐鬼，专门负责给人间散布疟疾。古代的人们对于这种凶神没有什么办法，只能试图用巫术祝祷来赶走它们。

㹫就是疫鬼的一个追随者。疫鬼需要它的时候，它就马上赶往他身边；疫鬼忙正事的时候，它就在山里呆着。

【㹫】清代《禽虫典》

倚帝山

◎ 原文

又东三十里，曰倚帝之山，其上多玉，其下多金。有兽焉，状如鼣（fèi）鼠，白耳白喙，名曰狙如，见则其国有大兵。

◎ 译文

（皋山）再向东三十里是倚帝山，这座山上蕴藏着丰富的玉石，山下盛产黄金。这座山中有一种形状类似鼣鼠的野兽。这种野兽长着白色的耳朵和嘴巴，名字叫狙如，它出现在哪个国家，哪个国家就会有大的战争爆发。

【出征图】

狙如

——嗅兵鼠

“听人的祝祷多了，发现人的担忧都很具体：担忧生不容易治的病，担忧大的自然灾害，担忧打仗。这些善良的人们要求从来都不高，希望他们的愿望都能得到满足。”

这异兽如同老鼠一样，嗅觉灵敏，能够在很远的地方就闻到军队行进的尘土味道和兵刃的冷铁味道。在两师对垒时，它就会很高兴地跑过去，观看战乱。距离倚帝山不远的历石山上也有一种野兽，名字叫梁渠，形状像野猫，却长着白色的脑袋、老虎一样的爪子，它出现也是兵乱的预兆。

【狙如】明代蒋应镐图本

【云豹】

这两种生活在中山的异兽，都有同样的爱好，常常结伴出行，慌乱之中的人们还以为是云豹来了。云豹虽然叫豹，但体形不大，只比猫大一点，全身淡灰褐色，身体两侧约有六个云状的暗色斑纹，猛地一看，和它们确实有些相似，所以古时候又有云豹惹祸的说法。

【梁渠】明代胡文焕图本

【梁渠】明代蒋应镐图本

宣山

◎ 原文

又东五十五里，曰宣山。沦水出焉，东南流注于视水，其中多蛟(jiāo)。其上有桑焉，大五十尺，其枝四衢（qú）[①]，其叶大尺余，赤理黄华青柎，名曰帝女之桑。

◎ 注释

①衢：树枝缠绕在一起，向四面八方展开。

◎ 译文

（雅山）再向东五十五里，有座宣山。沦水就发源于这座山，继而向东南流入视水，附近水域中栖息着许多的蛟龙。这座山有一种树干合抱有五十尺粗细的桑树。这种桑树的树枝交错着伸向四方，树叶有一尺多，红色的纹理、黄色的花朵、青色的花萼，名字叫作帝女桑。

【桑树】

【桑叶】

帝女桑

——坚韧不拔

“炎帝的女儿果然是英雄，连烈火的考验都经受得住。但是……她心念如此坚定，我觉得炎帝不要那么心急，不用烈火，她将来也会成仙，有一番大作为的。”

【帝女桑】

《山海经》中记载了几个炎帝的女儿，命运都不怎么好。姑媱山时讲到，有一个女儿出游路上莫名夭折了。所以炎帝对自己其他女儿看得就很紧，不许她们出门，在家里待着才是最好。但是孩子大了，有了自己的理想，怎么都是关不住的。帝女桑生来就有神力，对修道非常感兴趣，立志要做个顶尖的仙人。

【桑】

【白鹊】

有一年除夕，帝女桑从家里搬了出去，化成一只白鸟，住在宣山的桑树上。从正月初一开始筑巢，她花了十五天的时间给自己搭了一个新窝。炎帝一直看在眼里急在心上，他劝了帝女桑很多次，她都表示，不修成仙，绝不回家。炎帝想起自己夭折的女儿，狠下心来用烈火焚烧帝女桑居住的桑树，想逼她回家。帝女桑修仙的心坚定，烈火焚身也不放弃。在烈火中获得新生的她回到了炎帝身边，成了一个仙人，而她留下的桑树，也沾染了她坚定而纯粹的意志，长成了一棵非同一般的大桑树。

蛟

——小型龙

蛟可以操控水，和龙相比，体形更小些。古代对龙这种动物非常崇拜，还曾经将它们分类：有鳞片的叫蛟龙，有翅膀的叫应龙，有角的叫虬龙，没有角的叫螭龙。《东山经》里讲过的应龙，《西游记》中的白龙马，都是我们熟悉的龙的形象。传说中的上古凶兽梼杌（táo wù），就是被龙收服的。

【蛟龙】有鳞的龙

【螭龙】

【梼杌】龙打败的凶兽

龙象征着力量和安定，能打败凶兽，安定秩序，是保护神的代表，是祥瑞的象征。在封建社会，龙还是皇权的代表，只有皇族才能使用龙纹和穿戴带有龙图案的服饰。

“龙生九子，各有不同。无论外表如何，能抵御凶恶的，就值得被称为龙子。”

丑阳山

◎ 原文

又东二百里，曰丑阳之山，其上多椆椐（chóu jū）。有鸟焉，其状如乌而赤足，名曰䳢鵌（zhǐ tú），可以御火。

◎ 译文

（求山）再向东二百里有座丑阳山，这座山中生长着茂密的椆树和椐树。山中有一种形貌类似乌鸦，却长着红色爪子的禽鸟，名字叫作䳢鵌，人饲养这种鸟可以躲避火灾。

【火灾】

鴂鵌

——御火鸟

“听闻有商羊舞，舞姿很优美，下次去人间的时候，一定要看看。是的，不止你们想来我们山中看看，我有时候也很想去你们那里看看。”

这鸟能御火，和传说中的神鸟商羊类似。据说每次久旱过后，下雨之前，都会有一群美丽的鸟在天上出现，跳着优美的舞蹈，这就是商羊鸟。多次之后，人们见商羊鸟出现，就知道要下雨了，于是家家户户挖沟开渠、疏通水路，为灌溉良田做好准备。

在春秋时期，齐国的国君正在上朝时，突然飞来一只鸟，在大殿上跳舞，久久不离去。齐国的国君非常奇怪，就问大臣们这是什么鸟，但是没人知道。齐国的国君派人去问孔子，孔子问清楚这只鸟长什么样之后，就对使者说：“这就是传说中的吉鸟商羊，它知道什么时候有雨。”

【鴂鵌】明代胡文焕图本

【风、雷、雨三神】

【䳅鵌】清代《禽虫典》

几山

◎ 原文

又东三百五十里，曰几山，其木多楢、檀、杻，其草多香。有兽焉，其状如彘，黄身、白头、白尾，名曰闻𬎆（lín），见则天下大风。

◎ 译文

（杳山）再向东三百五十里，有座几山，山中生长的树木以楢树、檀树、杻树居多，草类主要是各种香草。这座山中有一种形貌类似猪，却长着黄色身子、白色脑袋、白色尾巴的野兽。这种野兽的名字叫作闻𬎆，它一出现，天下就会刮起大风。

【风灾】

闻豨

——风灾兽

“无论风多大，都吹不走我们山上的大黄猪。它喜爱大风，并想试一试，到底多大的风才能将它吹起来，体会一下飞翔的感觉。”

这兽是猪的样子，出现就会有大风过境。想象一下，狂风中，一只黄身白头的猪眯着眼睛走，如果没有人受灾的话，那场面还是挺有意思的。实际上，风灾还是很恶劣的。我国风灾常见于沿海地区，飓风多携带冰雹和骤雨，对沿海人民造成很大的伤害。

【闻豨】明代胡文焕图本

【出海】

我国元朝时，风灾发作频繁，两三年就发作一次，损伤无数，因此留下了一个有关风灾的凄凉传说。相传古时有一个姓石的女子，嫁给了一个姓尤的商人。丈夫海外经商不归，后来因飓风死在了近海的地方。时间长了，石氏终于思念成疾，临死时，她对家中人叹息说："我死后要变成大风，为天下的妇人阻挡她们的丈夫远行经商。"后来，海上商船遇到逆风，就将它称为"石尤风"，这种叫法既能缓解遇风的焦虑，也能表达商旅对家乡的惦念。

趣读山海经

东山经

竹马书坊 编著

古吴轩出版社
中国·苏州

图书在版编目（CIP）数据

趣读山海经．东山经 / 竹马书坊编著．-- 苏州 ：古吴轩出版社，2020.1

ISBN 978-7-5546-1492-1

Ⅰ．①趣… Ⅱ．①竹… Ⅲ．①历史地理－中国－古代－少儿读物 Ⅳ．① K928.626-49

中国版本图书馆 CIP 数据核字（2019）第 285018 号

责任编辑：蒋丽华
见习编辑：闫毓燕
策　　划：村　上　高　超
封面设计：尛　玖

书　　名：**趣读山海经 · 东山经**
编 著 者：竹马书坊
出版发行：古吴轩出版社
地址：苏州市十梓街 458 号　　邮编：215006
电话：0512-65233679　　传真：0512-65220750
出 版 人：钱经纬
印　　刷：唐山富达印务有限公司
开　　本：710 × 1000　1/16
印　　张：7
版　　次：2020 年 1 月第 1 版　第 1 次印刷
书　　号：ISBN 978-7-5546-1492-1
定　　价：235.00 元（全六册）

前言

《山海经》是一本百科全书性质的先秦奇书，包含了历史、神话、传说、民俗、地理、动物、植物、矿产、医药等多方面内容，一度被当成一套权威的地理书籍。现存的《山海经》全书十八卷，其中“山经”五卷，“海经”八卷，“大荒经”四卷，“海内经”一卷，共约三万一千字。本书以“山经”“海经”为线索，分六本来解读《山海经》的故事。

图文并茂是《山海经》的重要特征。因古图遗失，现存图片多为明、清时代画师绘制。本书涉及的古籍主要有如下多种：

明代胡文焕《新刻山海经附新刻山海经图》，简称明代胡文焕图本；明代蒋应镐《山海经（图绘全像）》，简称明代蒋应镐图本；明代郭璞注、蒋应镐绘图的《山海经》（十八卷），简称明代《山海经》（十八卷）；清代吴任臣《增补绘像山海经广注》，简称清代吴任臣图本；清代汪绂《山海经存》，简称清代汪绂图本；清代毕沅《山海经新校正》图注原本，简称清代毕沅图本；清代郝懿行《山海经笺疏》，简称清代郝懿行图本；来自日本的图画，简称为日本图本；来自欧洲的图片，简称为欧洲图本；清代吴任臣注，四川成或因绘图的《山海经绘图广注》，简称清代成或因图本；上海锦章图书局于民国八年（1919）出版的《山海经图说》，简称上海锦章图本；清代《钦定古今图书集成·博物汇编·禽虫典》中的异禽、异兽图，简称清代《禽虫典》。

笔者能力有限，如有错漏之处，欢迎广大读者批评指正。

目 录

东山经

东次一经

东次二经

礐山

东次三、四经

尸胡山

跂踵山

踇隅山

北号山

东始山

女烝山

钦山

剡山

太山

东山逸闻

·东次一经·

山脉览

◎ 原文

凡东山之首，自樕螽（sù zhū）之山以至于竹山，凡十二山，三千六百里。其神状皆人身龙首。

◎ 译文

东方第一列山系，从樕螽山到竹山，一共十二座山，长达三千六百里。这些山神都长着人的身体和龙头。

【东山神】人身龙首

【狗】山神祭品

【鱼】山神祭品

山神说

“我们东方第一列山系较为窄小，因靠近东海，所以水源充足。山中矿物多为玉、金，有美玉、水晶出产。山中危险的地方不多，推荐去泰山，其为五岳之首，是非常值得游览的地方。”

一 樕螽山 一

◎ 原文

东山之首，曰樕螽之山，北临乾昧。食水出焉，而东北流注于海。其中多鳙（yōng）鳙之鱼，其状如犁牛，其音如彘鸣。

◎ 译文

东方第一列山系的首座山是樕螽山，这座山北面与乾昧山相邻。食水就发源于这座山，继而向东北流，最终注入大海。附近水域中有很多形貌很像犁牛的鳙鳙鱼，发出的声音如同猪叫声一样。

【高山犁牛】

鳙鳙

——如牛鱼

“鳙鳙鱼体形很大，大多数鱼都很怕它。听闻海中有一种叫偐艮（gèn）的动物，也有一点像牛，体形也很大，或许鳙鳙鱼能和它交个朋友呢。”

鳙鳙鱼因为体形像牛，所以也被称作牛鱼。这种鱼的体形较大，比现在的鳙鱼（花鲢、包头鱼）要大得多。食水直流入海，传说中，还有一部分鳙鳙鱼生活在东海中，皮毛能够预测潮起潮落。将它的皮剥下后悬挂起来，当要涨潮时，皮上的毛就会竖起来；潮水要退去时，皮上的毛就会伏下去。鳙鳙鱼还特别喜欢睡觉，而且受惊吓后发出的声音很大，甚至千米以外都能听见。

【鳙鳙】清代《禽虫典》

【鳙鳙】明代蒋应镐图本

【耕牛】

【儒艮】

犁牛有两种说法：一种是耕地的牛，另一种是一种体形巨大的高山牛。犁牛的样子和颜色都很像牦牛，但比牦牛更大，有的重量超过一千斤，这种牛很稀有，曾被当成贡品进奉给唐朝的皇帝。

栒状山

◎ 原文

又南三百里，曰栒状之山，其上多金玉，其下多青碧石。有兽焉，其状如犬，六足，其名曰从从，其鸣自詨。有鸟焉，其状如鸡而鼠毛，其名曰蚩（zī）鼠，见则其邑大旱。沢（zhǐ）水出焉，而北流注于湖水。其中多箴（zhēn）鱼，其状如儵（tiáo），其喙如箴，食之无疫疾。

◎ 译文

［藟（lěi）山］再往南三百里是栒状山，山上蕴藏着丰富的金属矿物及玉石，山下有储藏量丰富的青石和碧玉。这座山中有一种形状类似狗的野兽，长着六只脚，名字叫作从从，它发出的叫声和它名字的读音相同。山中还有一种样子像鸡却长着老鼠毛的禽鸟，名字叫作蚩鼠，它出现在哪里，那个地方就会发生大旱灾。沢水就发源于这座山，继而向北，流入湖水。附近水域中有很多形状像儵鱼、嘴巴像长针的箴鱼，人吃这种鱼就不会染上瘟疫。

【箴鱼】

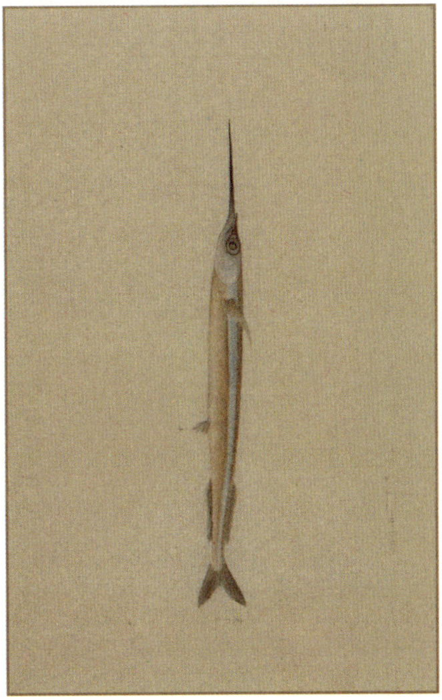

【箴鱼】

从从

——六足犬

“从从身体细长，奔跑速度很快，又比寻常的狗样子威武一些，所以常有人来山中捉它回去放羊。我去看过它一次，见它和人在一起很快乐，我就放心地离开了。”

从从像狗，但有六只脚，它的尾巴比一般的狗长，可作为武器使用，也被认为是天上神犬的一种。狗是人类早期驯养的动物之一，无论是人间还是天庭都有狗的踪迹，其中最著名的狗就是二郎神的哮天犬了。《搜山图》表现的是二郎神在山中擒拿妖怪的故事，威风凛凛的哮天犬也被记录在图中。

【从从】清代吴任臣图本

【从从】清代《禽虫典》

【从从】明代蒋应镐图本

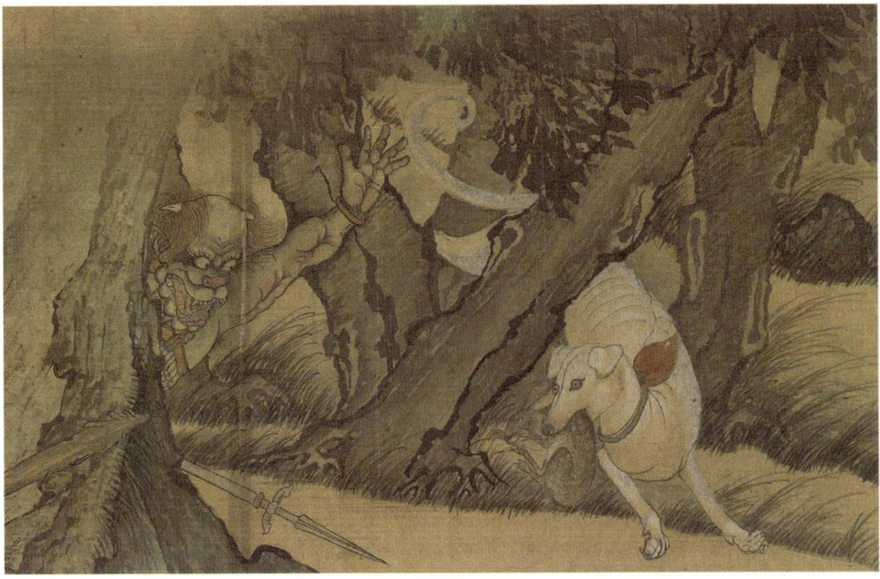

【哮天犬】二郎搜山图

蚩鼠

——鼠毛鸡

“我们山中善于奔跑的动物可真是不少，连鸟都不飞，只爱跑。”

【蚩鼠】清代吴任臣图本

这种鸟大致上还是鸡的样子，不过它身披着老鼠毛，不善于飞，跑起来像背着一只老鼠一样。现在也有一种看起来像长着老鼠毛的动物，名字叫几维鸟。它们的外形非常独特，羽毛细如发丝，主要呈黄褐色，带有深灰色和淡色的横斑。这种鸟翅膀已经退化，无法飞行，但很善于奔跑，跑起来时还会发出尖锐的叫声，听起来很像“几——维——”，所以它有了现在的名字。

【蚩鼠】日本图本

【蚩鼠】明代蒋应镐图本

独山

◎ 原文

又南三百里，曰独山，其上多金玉，其下多美石。末涂之水出焉，而东南流注于沔（miǎn），其中多偹蟰（tiáo róng），其状如黄蛇，鱼翼，出入有光，见则其邑大旱。

◎ 译文

［犲（chái）山］再往南三百里，有座独山，山上盛产金属矿物及玉石，山下有许多漂亮的石头。末涂水就从这座山发源，继而向东南注入沔水，附近水域中有许多形状类似黄蛇的偹蟰，长着鱼一样的鳍，出入水中时闪闪发光，它出现在哪里，哪里就会有大旱灾发生。

絛蟰

——飞蛇警旱

“听说在东海中的流波山上也有兽在出入水面的时候会带着光芒，它和絛蟰兴许都是从水神那里得到的馈赠呢。”

独山下有很多絛蟰，它们的翅膀像鱼鳍，传说中，出入河流时它们会扇动翅膀，然后就会有光芒出现，但这种光芒持续的时间不长，波浪袭来光芒就消失了。这种异兽如果出现的话，会有大旱灾发生，或许还会伴随着火灾。它和鲜山（见《中山经》）上的鸣蛇有相似的地方，两种怪兽都是蛇的样子，长着翅膀，会带来旱灾。

【絛蟰】清代吴任臣图本

【倏蛹】明代蒋应镐图本

【黄蛇】

【青鹭火】

日本传说中有一种青鹭火。传闻中，只要青鹭活到一定年纪，夜晚飞行的时候翅膀就会闪闪发亮，或许倏蛹也是如此。

鳎鱼

——飞鱼警旱

【鳎鱼】明代胡文焕图本

在东南角的子桐山上也有一种预兆旱灾的鱼，叫鳎（huá）鱼。它的叫声和鸳鸯的叫声一样，出入水中的时候也伴随着光芒，它的身体和鱼一样，但长着鸟的翅膀。

【鳎鱼】明代蒋应镐图本

泰山

◎ 原文

又南三百里，曰泰山，其上多玉，其下多金。有兽焉，其状如豚而有珠，名曰狪（tōng）狪，其鸣自訆。环水出焉，东流注于汶（wèn），其中多水玉。

◎ 译文

再往南三百里是泰山，山上蕴藏着大量玉石，山下盛产黄金。这座山中有一种形貌与猪类似，身体中有珠子的野兽，名字叫狪狪，它发出的叫声和它名字的读音一样。环水即发源于此，继而向东流入汶水，水中盛产水晶。

水玉

——水晶

【紫石英】

【雨神赤松子】

泰山中盛产大量玉石、黄金，山下水系中有大量的水晶。“其莹如冰，其硬如玉”，人们相信水晶能够辟邪、防腐，还认为它能够治病。古时候的高品质水晶比玉还要珍贵一些，甚至还有传言，圣人孔子是水晶所化。这个传闻或许夸张了些，但也体现了人们对水晶的重视。相传，赤松子就是吃下水晶后飞升成仙，得到了雨神的封号，随着风雨往来人间。

狪狪

——孕珠兽

“泰山可是天下第一山，只有在这里举行过祭天仪式的帝王才是真的受命于天。如此祥瑞的地方，自然会有一些奇特的动物啦。”

用身体孕育珍珠的蚌类很多，鱼类也有一些，但孕育珠子的兽就很少见了。相传狪狪孕育的并不是普通的珠子，而是能增加人魅力的珠子。当体内的珠子过多，坠得慌的时候，狪狪就会高声叫起来，然后从山上跑下来，将珠子吐到附近水域里。珠子沉底之后，它就轻快地跑开了。因为狪狪会吐珠这个特性，常有人将它当成丰收的象征和神兽当康并列在一起。

【狪狪】清代《禽虫典》

【狪狪】明代蒋应镐图本

【封禅】

·东次二经·

山脉览

◎ 原文

凡东次二山之首，自空桑之山至于䃌（zhēn）山，凡十七山，六千六百四十里。其神状皆兽身人面载觡（gé）。

◎ 译文

东方第二列山系，从空桑山起到䃌山，一共十七座山，长达六千六百四十里。这些山神都长着野兽的身体和人的面孔，头上长着麋鹿的角。

【东山神】人面兽首

【鸡】山神祭品

【璧玉】山神祭品

山神说

“我们山系中的山比较稀疏，山中草木也不茂盛，但金属矿产丰富，有很多会为人间带来灾祸的凶兽。若游览，推荐耿山，有飞不起来的插翅狐，还有神奇稀少的绿水晶；山中游览要避开凫丽山，上面有吃人的凶兽。”

空桑山

◎ 原文

东次二山之首，曰空桑之山，北临食水，东望沮吴，南望沙陵，西望湣（mǐn）泽。有兽焉，其状如牛而虎文，其音如钦（yín）[①]，其名曰軨（líng）軨，其鸣自叫，见则天下大水。

◎ 注释

①钦：通“吟”。

◎ 译文

东方第二列山系的首座山叫空桑山，这座山的北面临近食水，站在山上向东望可以看见沮吴，向南望可以看见沙陵，向西望可以看见湣泽。这座山中有种形貌类似牛却长着老虎斑纹的野兽，能发出人低吟般的声音，名字軨軨，叫声与它名字的读音相同，只要它一出现，天下就会发生大水灾。

軨軨

——虎纹牛

“大家谈论共工，很多人都觉得他不该死，但是洪水淹没我属地的时候，我山上的动物受他拖累，供奉我的山民死伤无数，在我看来，共工该死极了。”

【軨軨】明代蒋应镐图本

大禹治水的时候，共工作乱，掀起滔天洪水，一直淹没到空桑山这个地方，之后共工和相柳就被忍无可忍的大禹和他的属下杀死了。虽然共工和相柳被杀，但是空桑山上一种叫声如撞铃的动物，还是被共工的神力所侵染，成了洪水的预兆。

葛山

◎ 原文

又南三百八十里，曰葛山之首，无草木。澧（lǐ）水出焉，东流注于余泽。其中多珠蟞（biē）鱼，其状如肺而四目、六足有珠，其味酸甘，食之无疠（lì）。

◎ 译文

（葛山的末端）再往南三百八十里是葛山的首端，这里没有草木。澧水就发源于此，继而向东流入余泽。附近水域中有许多样貌类似动物肺器官的珠蟞鱼，这种鱼生有四只眼睛、六只脚，能够吐出珠子，鱼肉味道酸中带甜，人吃了它的肉就不会染上瘟疫。

珠蟞鱼

——如肺鱼

“最后的这点倒还不用担心。我们葛山离别的山都远，水路五百里，再走沙漠三百里才能到珠蟞住的地方，如果真有人为了它千里迢迢赶来，那么就捉走几条吧。”

【珠蟞鱼】清代《禽虫典》

这鱼长得像肺一样，能产珍珠，煮熟了来吃，自带酸甜口味，是名气响当当的奇物。有关它的零散记载有很多。有人说它那六只脚像袋子一样，珠子都装在里面，存不下的时候会吐出来；还有人说舜当皇帝的时候，贯匈国的人还为他献上过这种动物；还有担心它生存状况的，这鱼好吃、会产珠而且吃了还治病，没有防身的能力，可要如何是好。

余峨山

◎ 原文

又南三百八十里，曰余峨之山，其上多梓、枏（nán），其下多荆、芑（qǐ）。杂余之水出焉，东流注于黄水。有兽焉，其状如菟（tù）[①]而鸟喙，鸱（chī）目蛇尾，见人则眠，名曰犰狳（qiú yú），其鸣自訆，见则虫蝗为败[②]。

◎ 注释

①菟：兔子。

②败：败坏庄稼。

◎ 译文

（葛山）再往南三百八十里是余峨山，山上覆盖着茂密的梓树和楠树，山下多是牡荆树和枸杞树。杂余水就从这里发源，继而向东流入黄水。这座山中有种形貌类似兔子，却长着鸟嘴的野兽，它有着鸱鹰的眼睛和蛇的尾巴，一看见人就躺在地上装死。这种野兽的名字叫犰狳，叫声和它自身名字的读音相同。它一出现，天下就会蝗虫成灾，危害庄稼。

【牡荆树】

【兔子】

狁狳

——蝗虫之兆

“有喜欢人的动物，就有讨厌人的动物。可是讨厌归讨厌，祸害别人的食物，让别人没东西吃就有些不应该了。”

狁狳身上有好几种动物的特征，眼睛瞪得和鹞鹰一样大，见到人就会装死。它不喜欢人，还会带来灾害——它如果出现的话，蝗虫就会出现，地里就产不出什么东西了。古有言，“旱极则蝗”，蝗灾多数情况下还是由旱灾引起的。这是因为蝗虫喜热喜干，旱灾为它们提供了极好的繁殖条件。如果是潮湿阴冷的环境，蝗虫就很难繁殖，也就不会发生虫灾了。

【狁狳】清代《禽虫典》

【犰狳】明代蒋应镐图本

【蝗虫】又名蚂蚱

耿山

◎ 原文

又南三百里，曰耿山，无草木，多水碧，多大蛇。有兽焉，其状如狐而鱼翼，其名曰朱獳（rú），其鸣自訆，见则其国有恐。

◎ 译文

（杜父山）再往南三百里，有座耿山，山上没有花草树木，盛产水晶石，山里有很多大蛇。这座山中有种形貌类似狐狸却长着鱼鳍的野兽，名字叫作朱獳，发出的叫声与它名字的读音一样，它出现在哪个国家，哪个国家就会发生恐怖的事情。

水碧

——绿水晶

耿山不生草木，有很多绿水晶，附近有像牛一样吼叫的大蛇看管着。在我国水域中，天然的绿水晶是很罕见的，古时候也称青碧，被形容为“月下白”，以此来凸显它的灵气飘逸。

国外也很重视绿水晶，中世纪的人认为，绿水晶知道很多地狱的秘密，能够压制邪恶力量，是正直、前进的象征。

【长蛇】明代蒋应镐图本

朱獳

——降恐狐

“它背后那个鱼鳍时刻立着，好像一直处于受惊状态一样。我猜，或许真的有什么恐怖的事情发生在它脑海中了吧。”

《山海经》中还有几种见了会引起恐慌的动物，朱獳是其中不太起眼的一种。它体形较小，类似幼狐大小，还生着鱼鳍，如果不细看的话，还以为是背上的毛立起来了。它有狐狸狡猾的一面，悄悄潜入人间，恐怖的事情发生了，人们或许还不知道是为什么。

【朱獳】明代胡文焕图本

【朱獳】明代蒋应镐图本

【朱獳】

【朱獳】日本图本

卢其山

◎ 原文

又南三百里，曰卢其之山，无草木，多沙石。沙水出焉，南流注于涔（cén）水。其中多鵹鹕（lí hú），其状如鸳鸯而人足，其鸣自訆，见则其国多土功。

◎ 译文

再向南三百里，有座卢其山，山上不生长草木，遍布着沙子和石头。沙水就发源于这座山，继而向南流注入涔水，附近的水中有很多形貌类似鸳鸯却长着人脚的鵹鹕，发出的叫声和它名字的读音相同，它出现在哪个国家，哪个国家就会有大兴土木的工程劳役。

鵹鹕

——人足鹈鹕

“听说柜山的狸力也因为这个原因被杀掉了很多，对没有防身能力的异兽来说，人间还是挺危险的。”

【鵹鹕】明代蒋应镐图本

这种鸟说像鸳鸯，更像是长着彩色羽毛和人脚的肥鹈鹕（tí hú）。鹈鹕每日为渔民捕鱼，自己吃的鱼却很有限。长了人脚的鹈鹕则象征着辛苦劳作，收获却很少的穷苦人。

传说秦始皇在统一六国的过程中，很喜欢这六个国家的宫殿，每当灭掉一个国家后，他都让人将这个国家的宫殿画下来，然后在咸阳照样仿造。等全国统一了，他还想造一个更大的苑囿，西起雍、陈仓，东面延伸到函谷关。这么大的土木工程令贫苦百姓疲惫不堪，由此产生愤怒情绪，他们见到鵹鹕就将它杀掉，以此来泄愤。

姑逢山

◎ 原文

又南三百里，曰姑逢之山，无草木，多金玉。有兽焉，其状如狐而有翼，其音如鸿雁，其名曰獙（bì）獙，见则天下大旱。

◎ 译文

（缑氏山）再往南三百里是姑逢山，山上没有花草树木，盛产金属矿物和玉石。这座山中有一种形貌类似狐狸，却长着翅膀的野兽，发出的声音就像大雁的鸣叫声，它的名字叫作獙獙，它一出现天下就会有大旱灾发生。

【狐狸】

【大雁】

獙獙

——雁鸣狐

“姑逢山上没有草木，没有鸟类，只有它自己守着一堆金玉，偶尔有采矿的人来，听见雁鸣，如果抬头看天的话，就会被它扔石块攻击。”

獙獙有翅膀，但是并不会飞，叫声如同大雁一样。传说中它很嫉妒鸟类，不仅模仿鸟的声音，如果捕获了落地的飞禽，就要把它的翅膀扯下来，安在自己身上。可惜的是，即便它这样做，依然没有飞翔的能力。这种怪兽性格极端，它所到之处，一滴雨都没有，整个地区都是干旱的。

【獙獙】清代《禽虫典》

【獙獙】明代胡文焕图本

【獙獙】明代蒋应镐图本

凫丽山

◎ 原文

又南五百里，曰凫丽之山，其上多金玉，其下多箴石[①]。有兽焉，其状如狐，而九尾、九首、虎爪，名曰蠪蛭（lóng zhì），其音如婴儿，是食人。

◎ 注释

①箴石：磨石，纹路深，可做石针。

◎ 译文

再往南五百里有座凫丽山，山上蕴藏着丰富的金属和玉石，山下盛产箴石。这座山中有一种野兽，形貌类似普通的狐狸，却生有九条尾巴、九个脑袋，长着老虎一样的爪子。这种野兽的名字叫作蛊蛭，声音如同婴儿啼哭，能吃人。

【箴石】

蛩蛭

——九尾逞凶

“山上金玉奇多，常有胆子大的采矿人前来，但多半是有来无回。”

这兽和青丘山上的九尾狐有相似的地方，两种怪兽都是九尾、声音像婴儿啼哭声、吃人，但这种怪兽形象更为骇然，头也有九个，爪子还如同老虎一样锋利。它只有九尾坏的一面，没有它象征吉祥的一面，凶兽无疑。

【蛩蛭】明代胡文焕图本

【蛩蛭】明代蒋应镐图本

【蛩蛭】日本图本

【蛩蛭】清代吴任臣图本

硜山

◎ 原文

又南五百里，曰硜山，南临硜水，东望湖泽。有兽焉，其状如马而羊目、四角、牛尾，其音如嗥狗，其名曰峳（yóu）峳，见则其国多狡客[1]。有鸟焉，其状如凫而鼠尾，善登木，其名曰絜（xié）钩，见则其国多疫。

◎ 注释

①狡客：狡猾的人。

◎ 译文

再往南五百里有座硜山，南面临近硜水，从这座山上向东望去，可以看到湖泽。山中有一种形状像马，却长着羊的眼睛的野兽，它有四只角，长着牛尾巴，能发出狗嚎叫的声音。这种野兽的名字叫峳峳，它出现在哪个国家，哪个国家就会聚集一批狡辩奸猾的游士。另外，这座山中还有一种禽鸟，长相很像野鸭子，拖着老鼠一样的尾巴，擅长爬树，名字叫作絜钩，它出现在哪个国家，哪个国家就会频发瘟疫。

【面斥佞臣】

峳峳

——生疑兽

这种怪兽有猪、牛、羊三种牲畜的特征，又长着四只角，说不清究竟是个什么怪物。它出现的地方，就会有进献谗言、搬弄是非的臣子。有一个“口蜜腹剑”的典故，讲的就是这样一个依仗皇帝信任，搬弄是非的奸臣——李林甫。

李林甫很受唐玄宗信任，为了巩固自己的地位，他用各种手段排除异己。李适之拜相后与李林甫争权，但因性格粗疏，常中李林甫的圈套。有一次，李林甫对李适之道：“华山有金矿，开采之后国家就会更兴旺，皇上还不知道呢！”李适之心动了，将这件事奏明唐玄宗。唐玄宗之后又问李林甫这件事。李林甫说：“臣早就知道，但是华山是陛下本命山，是王气所在，不宜开凿，所以臣没有提。”唐玄宗觉得李适之虑事不周，恼怒地对他道：“你以后奏事，先和李林甫商议，不要自行主张。”李适之从此逐渐被疏远，李林甫的地位更稳固了。

【峳峳】清代吴任臣图本

【峳峳】清代《禽虫典》

【峳峳】明代蒋应镐图本

【李林甫】

絜钩

——爬树鸟

“我看着人慢慢成长起来，从最开始只知道求神拜佛，到后来学着自己救治自己，很欣喜啊，相信造出这世间万物的盘古、女娲也会觉得欣慰吧。”

这鸟像长着老鼠尾巴的野鸭子，不爱打洞也不爱游泳，喜欢爬树。它出现的话，国家中会有多种疫情同时爆发，很难控制。流行病的防控很多时候要依靠疫苗，医学还不发达的古代，多依靠经验来寻找可用的疫苗。

【絜钩】明代胡文焕图本

【痘神】

【絜钩】日本图本

天花如今已经很少见了，但在古代是一种常见的、死亡率很高的疫病。在与它斗争的过程中，我们祖先发现染上天花而侥幸存活者可以平安一生，有的甚至能活到一百岁，也就是说，得过天花病的人能够终身免疫。有了这种实践得出的理论，医学家依据“以毒攻毒”的思想，发明了人痘接种术——将得过天花却活下来的人的痘痂接种给健康人，以此达到免疫的效果。古时候的疫苗有“顺”和“凶”的分别：“顺苗”种下去，一般人都不会排斥；“凶苗”种下去，百分之八十的人也能得到免疫效果。

·东次三、四经·

山脉览

◎ 原文

凡东次三山之首，自尸胡之山至于无皋之山，凡九山，六千九百里。其神状皆人身而羊角。是神也，见则风雨水为败。

凡东次四山之首，自北号之山至于太山，凡八山，一千七百二十里。

◎ 译文

东方第三列山系，从尸胡山到无皋山，一共九座山，长达六千九百里。这些山神都长着人的身体，头上长着羊角。他们出现时，都会伴随着大风大雨，会暴发洪水损坏庄稼。

东方第四列山系，从自北号山到太山，一共八座山，长达一千七百二十里。

【东山神】人身羊角

【黍】山神祭品

【公羊】山神祭品

山神说

“我们山系山脉绵长，虽数量不多，但占地面积很广。和东山其他山系一样，山中多金玉，多矿石，我山中有在温泉中生活的异兽，如果感兴趣，要去看看跂踵山。如果已经看厌了异兽奇珍，去最远的无皋山也不错，那里往东能看见扶桑树，方圆百里什么都没有，只有无穷无尽的大风。

“东方第四列山系临近北海和东海，矮小孤立，异兽繁多，遍布整条山脉。推荐东始山，奇树怪鱼都有，还应去钦山，瞧瞧面恶心善的当康兽。若说凶险之地，当属北号山，兽和鸟都吃人，不要前往。”

尸胡山

◎ 原文

东次三山之首，曰尸胡之山，北望殚（xiáng）山，其上多金玉，其下多棘。有兽焉，其状如麋而鱼目，名曰妴（wǎn）胡，其鸣自訆。

◎ 译文

东方第三列山系的首座山叫尸胡山，从这座山上向北望，可以看见殚山，山上蕴藏着丰富的金属和玉石，山下遍布着茂盛的荆棘。这座山中有一种形貌与麋鹿相似，却长着鱼一样眼睛的野兽，它的名字叫妴胡，叫声与它名字的读音相同。

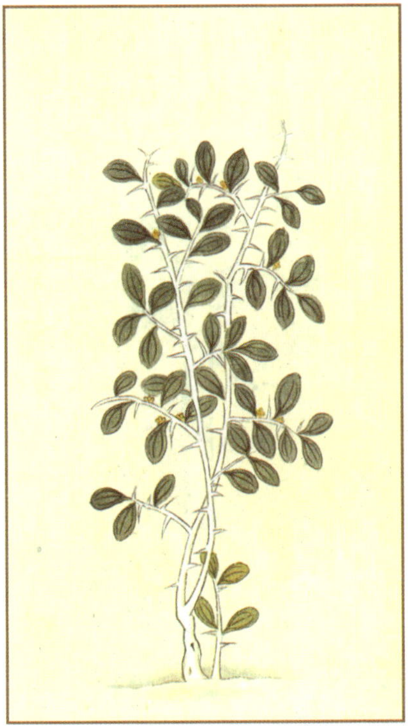

【白棘】

【麋】

峳胡

——鱼目羊

“茂密的灌丛间，一双或者几双鱼眼睛盯着你，其实也有点吓人的。”

这异兽长得像麋鹿，眼睛却和鱼一样，没有眼睑，时刻瞪得大大的，不闭合。相传这种异兽是海鱼所化，虽变成了走兽，住在山里，但仍不忘记自己在海中的生活。这种异兽很像河麂（jǐ）（獐子），毛发为浅棕色到深棕色，个头不是很高，胆子也很小，善于隐藏。

【峳胡】清代《禽虫典》

【娶胡】明代蒋应镐图本

【河麂】

跂踵山

◎ 原文

又南水行五百里，流沙五百里，有山焉，曰跂踵(qǐ zhǒng)之山，广员二百里，无草木，有大蛇，其上多玉。有水焉，广员四十里，皆涌，其名曰深泽，其中多蠵(xī)龟。有鱼焉，其状如鲤，而六足鸟尾，名曰鮯(gé)鮯之鱼，其鸣自訆。

◎ 译文

（孟子山）再向南行五百里水路，穿过五百里流沙，有一座跂踵山，这座山方圆二百里，不生长花草树木，有大蛇，山上蕴藏着丰富的玉石。此处有一个水潭，方圆四十里的水面就像沸腾了一样，这个水潭的名字叫深泽，水潭中生长着许多蠵龟。另外，水中还生长着一种形貌与鲤鱼类似的鱼，这种鱼生有六只脚和鸟一样的尾巴，名字叫作鮯鮯鱼，叫声与它名字的读音相同。

【巨龟】明代《三才图会》

蠵龟

——温泉大龟

“我山和别处离得很远，有了这处温泉，更像世外桃源一样安逸。”

【蠵龟】明代胡文焕图本

跂踵山附近有一个方圆四十里的温泉，深不可测，一直向外冒热水，里面生活着一种大乌龟。它体长能超过一米，体重超过两百公斤，龟壳上有彩色纹路，好像一块浅色琥珀一样。据说它是灵龟的一种，古代的巫师还会选用它的龟壳来卜卦。

【温泉】

鲐鲐鱼

——六足鸟尾鱼

“它们两个生活在温泉里。生命有各种各样的生活环境，也有各种可能，没有定论前，还是不要轻易否定得好。”

和大龟一同生活在这里的，还有一种六个爪子的鱼，它叫起来“咯咯”作响，像在笑一样。温泉富含矿物质，泡温泉自古以来就是一种疗愈身心的方法。泡温泉对人的身体有好处，有些野生动物也很喜欢泡温泉，但能够一直在温泉里生活的，都是些原生生物。达尔文曾提出生命起源于“温暖的小水池”，假设地球上的生物不是起源于海洋，而是起源于温泉这种陆地淡水中。近年有研究人员在澳大利亚发现了三十五亿年前的生命迹象，或许可以证明达尔文的说法是正确的。

【鲐鲐鱼】清代《禽虫典》

【鮯鮯鱼】明代蒋应镐图本

【鮯鮯鱼】欧洲图本

踇隅山

◎ 原文

又南水行九百里，曰踇隅（mǔ yǔ）之山，其上多草木，多金玉，多赭。有兽焉，其状如牛而马尾，名曰精精，其鸣自叫。

◎ 译文

再向南行九百里水路，有座踇隅山，山上生长着茂盛的花草树木，蕴藏着丰富的金属矿物及玉石，还有许多赭石。这座山中有种形貌像牛，却长着马尾巴的野兽，名字叫精精，它发出的叫声与它名字的读音相同。

赭

——赤土

“山中精精像牛，可以用赭来涂角，或许能带它去参加一些比赛呢。”

【赤土】

【炼铁图】

赭是赤铁矿的一种，因暴露在空气中，所以多是氧化铁。它根据纯度不同，颜色从赤红到微青不等，但大多是红色。这种矿物有金属光泽，是一种中药材，也是一种颜料。一般来讲，山上有赭，那么在它下面就会有铁矿。赭在古代常用来涂牛角，和雄黄酒一样，有驱邪避恶的用途。

精精

——马尾牛

“精精几乎没什么特别的地方，不如下次带它出去斗牛，看看是不是比别的牛更强壮一些。”

精精是马尾牛，特性和爱好都不明确，叫声也有点尖细。明朝万历二十五年（1597），在浙江丽水一带发现了一种异兽，长着两只角，身上有鹿的斑纹，马尾牛蹄，有人说这就是精精。

【精精】明代蒋应镐图本

【青牛】欧洲图本

【斗牛】

北号山

◎ 原文

东次西山之首，曰北号之山，临于北海。有木焉，其状如杨，赤华，其实如枣而无核，其味酸甘，食之不疟。食水出焉，而东北流注于海。有兽焉，其状如狼，赤首鼠目，其音如豚，名曰獦狚（gé dàn），是食人。有鸟焉，其状如鸡而白首，鼠足而虎爪，其名曰鬿（qí）雀，亦食人。

◎ 译文

东方第四列山系的首座山叫北号山，这座山屹立在北海之滨。山中有一种形貌与杨树类似的树木，开红色的花朵，果实与枣类似，但没有果核，味道酸中带甜，人吃了后不患疟疾。食水就发源于这座山，继而向东北流注入大海。这座山中有一种形貌与狼类似，却长着红色脑袋和老鼠眼睛的野兽，它能发出小猪一样的叫声，名字叫作獦狚，能吃人。另外，这座山中还有种形貌与鸡类似的禽鸟，这种鸟长着白脑袋，老鼠的脚，老虎的爪子，它的名字叫鬿雀，它也吃人。

【杨树】

【狼】

猲狚

——扮猪吃人

“山中有两种吃人的凶兽，还是请大家绕行吧。”

北号山在北海之上，受烛阴大神管辖，气候多变，环境恶劣。猲狚长得像狼一样，叫声却像猪的叫声，常躲在昏暗的角落里，偷袭来北号山上的人。狼和人有很长的敌对史，在童话和传说中，狼是吃人的凶恶动物，而我们人类也有占据狼的洞穴生存的记录。有趣的是，由狼驯养而来的家犬，却是人类最好的朋友。有研究认为，狗是从那些对人类感兴趣的狼驯养而来的——独自离开群体的狼，在饥饿时候吃了人类的剩饭剩菜，次数多了，它们就自然而然地留在了人类的生活中。

【猲狚】明代蒋应镐图本

【家犬】

鬿雀

——虎爪食人鸟

“这鸟爱吃人，还不许别人吃它，性格很糟糕。”

【鬿雀】清代《禽虫典》

鬿雀爱吃人，但是它的捕食能力不能支撑它这种邪恶的想法。传说崇祯甲戌年间（1634），有数万只恶鸟在凤阳出现，它们长得和鬿雀很像，鸡身、鼠脚，味道很鲜美，可是骨头有毒，有人要是不小心吃到的话，很快就会死掉。

【魭堆焉处】清代《天问图》

【魭雀】明代蒋应镐图本

东始山

◎ 原文

又南三百二十里，曰东始之山，上多苍玉。有木焉，其状如杨而赤理，其汁如血，不实，其名曰芑，可以服马。泚（zī）水出焉，而东北流注于海，其中多美贝，多茈（cí）鱼，其状如鲋，一首而十身，其臭如蘼芜，食之不糒（pì）[①]。

◎ 注释

①糒：即屁，中医指元气下泄的疾病。

◎ 译文

（旄山）再向南三百二十里是东始山，这座山上盛产青玉，山中有一种形貌与杨树很像的树木，生有红色纹理，树干中的液汁与血相似，不结果实，名字叫作芑，将这种树的液汁涂在马身上，会让马变得驯服。泚水就从这座山发源，之后向东北流，最终注入大海，水中生长着许多美丽的贝壳，还有很多茈鱼，这种鱼的样貌类似鲫鱼，但长着一个脑袋十个身子，它的气味与蘼芜类似，人吃了这种鱼就会很少放屁。

【蘼芜】兰草

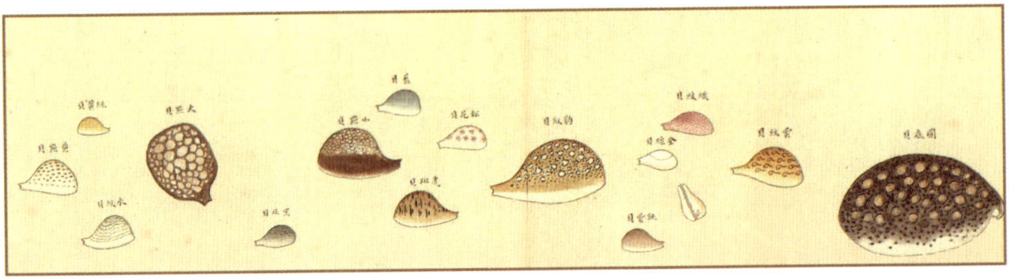

【贝壳】

芑

——驯马树

“这树汁的气味有安抚马的作用，颜色也好看，涂在马的身上，如同花纹一样。”

【芑】

马在古代的作用很多，行军打仗要用到它们，日常出行也会用到它们。传说中黄帝的臣子王亥是第一个驯服野马的人，他之后和应龙训练出了中华民族第一支骑兵，参加了逐鹿之战。

唐朝女皇帝武则天在朝堂上也讲过一个驯马的故事。唐太宗时有一匹叫“狮子骢”的宝马，性格骄纵，无法驯服，唐太宗犯难的时候，她献计道：“臣妾能制服它：用铁鞭子抽打它的身体；如果不服，就用铁锤打它的头；再不服，杀掉算了。”武则天讲完这个故事，和臣子说太宗支持了她的做法。原本不服气的大臣们听到这，吓得浑身是汗，纷纷俯首求生，再也不敢挑战她的权威。

【驯马图】

【王亥】明代《山海经》（十八卷）

【汗血宝马】

茈鱼

——芬芳鱼

“河流湍急，又有泥沙翻滚，这鱼虽有十个身体，却很难捕到。来捉这鱼的话，要用鱼叉瞄准它的头，不然就会扎空。”

这鱼和何罗鱼一样，都是一首十身，但并不是同一种鱼。茈鱼散发着白芷一样的清香，解决的是放屁这种有关礼仪的问题。放屁是一种正常的生理排泄现象，但从古至今都带有粗俗、滑稽的色彩。

【鲫鱼】茈鱼所类似的鱼

【屁合战绘卷（局部）】日本图本

屁的禁忌和它的不可控，也形成了一种讽刺的意味。在国外有一个放屁大战的传说，讲的是两支队伍靠着放屁来作战，他们用屁来相互攻击，用屁将对方战马吹翻，战斗力强的还能穿透敌军的盾牌。故事荒诞可笑，作者似乎也因此隐去了姓名，但对生活的不满和调侃，却表达得淋漓尽致。

女烝山

◎ 原文

又东南三百里，曰女烝（zhēng）之山，其上无草木。石膏水出焉，而西注于鬲（gé）水，其中多薄鱼，其状如鳣（shàn）[①]鱼而一目，其音如欧[②]，见则天下大旱。

◎ 注释

①鳣：通“鳝”，鳝鱼。

②欧：通“呕”，呕吐。

◎ 译文

再往东南三百里是女烝山，山上没有任何花草树木。石膏水就在这里发源，继而向西注入鬲水，附近水域中有很多形貌与鳝鱼类似的薄鱼，长着一只眼睛，能发出类似人呕吐的声音，它一出现，天下就会有大旱灾发生。

【鳝鱼】

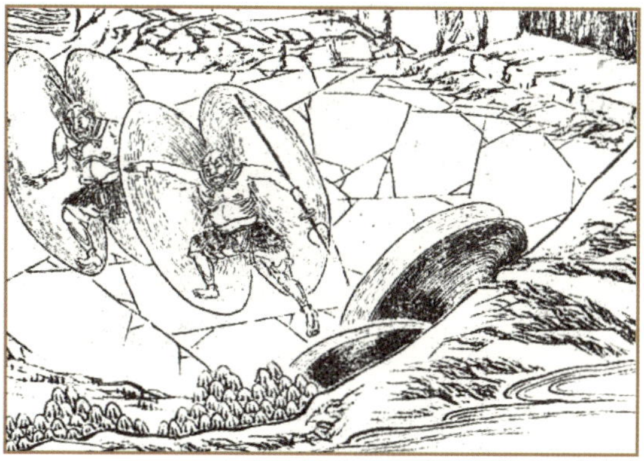

【北海奇观（局部）】

薄鱼

——一目鳝

“有一段时间，我挺担心薄鱼的，它总发出呕吐的声音，我还以为它晕水。后来才知道，它的叫声是模仿那些来北海探险晕了船的人……”

薄鱼是一只眼睛的鳝鱼，体形比普通鳝鱼要大一些。薄鱼出现在人间，会引起大旱灾，旱灾会带来一系列连锁反应，而薄鱼引起的旱灾带来的最大的问题就是政局动荡。传说中只要薄鱼出现，皇帝的政权就不那么稳固了。

【薄鱼】清代吴任臣图本

【薄鱼】清代《禽虫典》

【薄鱼】明代胡文焕图本

钦山

◎ 原文

又东南二百里，曰钦山，多金玉而无石。师水出焉，而北流注于皋泽，其中多鱃（xiū）鱼，多文贝。有兽焉，其状如豚而有牙，其名曰当康，其鸣自叫，见则天下大穰（ráng）。

◎ 译文

再往东南二百里，有座钦山，这座山中蕴藏着大量的金属矿物和玉石，山上没有石头，师水就从这座山发源，继而向北流入皋泽，附近水域中生长着许多鱃鱼和许多色彩斑斓的贝壳。这座山中有一种像小猪，却长着大獠牙的野兽，名字叫作当康，它发出的叫声与它名字的读音类似，只要它一出现，天下就会获得大丰收。

鱃鱼

——大头鲤

“虽然不好吃，但它能治病，还是可以尝试一下的。”

这鱼广泛生活在北海旁边的水系中。它像鲤鱼，但是头很大，吃了能够治千日疮。传说中这鱼不怎么好吃，味道不算上乘，所以有“鱃”的称呼。在唐朝之前，鲤鱼是中国最主要的淡水食用鱼。但由于唐朝的皇帝姓氏为李，出于避讳的原因，不让百姓捕捉鲤鱼，于是民间开始食用草鱼、青鱼、鲢鱼和鳙鱼，后来它们一起成了中国的四大家鱼。

【鱃鱼】明代蒋应镐图本

当康

——长牙无损

“当康面恶心善，在吉兽中也是数得上的，听说人间很喜欢摆放它的雕像呢。”

当康又叫作牙豚，浑身青色，两只大耳，口中伸出四个长牙，如象牙一般，暴露在外面。传说天下即将获得丰收的时候，它就从山中出来发出叫声，告诉人们丰收将至。因此，它虽然样子不太好看，却是一种瑞兽。

当康还被叫作无损兽，根据《神异经》的记载，南方有一种野兽，长得像鹿但是又有猪的头，还有大象一样的牙，有沟通上天的本领，很喜欢听人的话去向上天求五谷粮食。无损兽有一个很特异的本领，就是人类饥饿难耐的时候割取它的肉食用后，它会自己恢复，所以被称为无损兽。

【当康】明代蒋应镐图本

【秋收】

【獠牙野猪】

【当康（当庚）】日本图本

剡山

◎ 原文

又东北二百里，曰剡（shàn）山，多金玉。有兽焉，其状如彘而人面，黄身而赤尾，其名曰合窳(yǔ)，其音如婴儿。是兽也，食人，亦食虫蛇，见则天下大水。

◎ 译文

（子桐山）再往东北二百里有座剡山，山上蕴藏着大量金属矿物和玉石，这座山中有一种形貌类似猪，却长着人脸的野兽，这种野兽有黄色的身子和红色的尾巴，名字叫合窳，能发出如同婴儿啼哭的叫声，以虫和蛇为食，能吃人，它一出现，天下就会有大水灾发生。

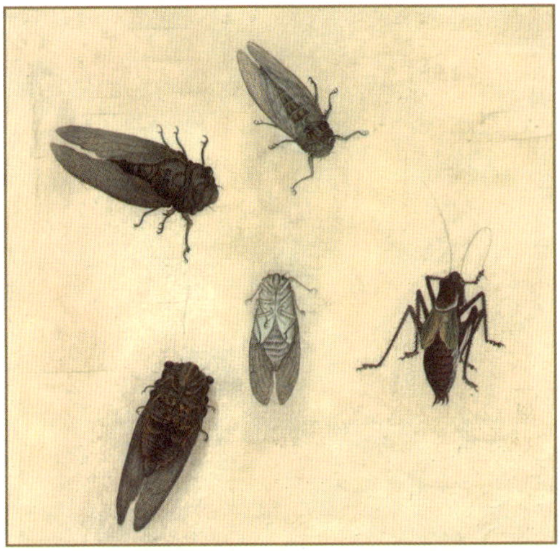

【小虫】

【白花蛇】

合窳

——囫囵凶兽

“合窳凶残至极，或许有水神的几分灵通在，但已经失去了神志，只是一头浑浑噩噩的凶兽罢了。”

【合窳】清代《禽虫典》

这又是一个声音如同婴儿的食人兽。传说中合窳非常凶残，吃东西常一口吞掉，而且它非常贪吃，连虫子、蛇都不放过。合窳是人和猪的形象的结合，体现的是一种原始神的样子。

【合窳】明代蒋应镐图本

【白猪】

《太平广记》中曾有关于大猪的一篇记载。说的是有人为燕相奉上了一头很大的猪，燕相让厨师将这猪宰杀吃掉了。晚上他做了个梦，梦见有神来向他道谢。神对燕相说：“天命造化让我变成了一头猪，还让我以人的剩饭、污秽之物为食，幸好您将猪吃了。因为您高贵的灵魂，我终于能够脱身，从今往后，我将做鲁地的水神。”从这故事里能看到，自古猪和水神的形象就有一定的联系。

太山

◎ 原文

又东二百里，曰太山，上多金玉、桢木。有兽焉，其状如牛而白首，一目而蛇尾，其名曰蜚（fěi），行水则竭，行草则死，见则天下大疫。钩水出焉，而北流注于劳水，其中多鱃鱼。

◎ 译文

再往东二百里是太山，山上盛产金属和玉石，生长着大量的女贞树。这座山中有一种野兽，形貌与牛类似，长着白色的脑袋，生有一只眼睛和蛇一样的尾巴，名字叫作蜚，只要是它路过的地方，水会干涸，草木会枯死，它一出现，天下就会发生严重的瘟疫。钩水即发源于这座山，继而向北注入劳水，水域中有很多鱃鱼。

桢木

——冬青

【冬青】

【女贞】

冬青树四季常青，不畏寒霜，代表着坚韧不拔、始终如一的品格，常和美好女性的形象联系在一起。传说鲁国一个名贞的女子喜爱冬青树，在家中栽种了许多冬青树，所以冬青树又叫女贞树。女贞树上结的果子是一味中药，味道是甜的，可以明目。

蜚

——巨灾兽

“兽浑身毒气，谁见到它都怕，渐渐地，山上就只有它一种动物了。”

这兽和昆仑山上的钦原一样，有剧毒，甚至比钦原更毒，它走过的河水都会枯竭，碰过的草都会枯萎，还会引发大规模的疫情。传说它还会带来兵役，是一种招来无尽灾祸的凶兽。

【蜚】清代吴任臣图本

【蜚】唐代《山海百灵》图卷

【蜚】明代蒋应镐图本

【金鼓驱疫】

·东山逸闻·

| 趣读山海经 | 东山经 |

雷神
——黄帝战鼓

【雷神】清代吴任臣图本

雷泽中住着一位雷神，他长着龙的身子、人的脑袋，时常在雷泽中游戏玩耍。据说他喜欢拍打自己的肚子玩，他一拍肚子，就会发出轰隆隆的雷声，人间就打雷了。

雷神的结局很不好。黄帝跟蚩尤打仗的时候，蚩尤的军队很凶恶，黄帝这边的士气有些低落，黄帝很心焦。后来他想出了一个主意，就是制作一面能够发出巨大响声的军鼓，来振作士气、威慑敌人。

【雷神】明代蒋应镐图本

【夔】明代蒋应镐图本

他首先去了流波山。流波山位于深入东海七千里的地方，山上有一种叫夔的神兽。它身体是青色的，没有犄角，只有一条腿。它出入海水时，一定有大风大雨相伴，能发出类似太阳和月亮的光芒。它吼叫的声音如同打雷。黄帝派人抓住了夔，并用它的皮制作了一面大鼓。

但是这面鼓不是寻常的鼓槌能够敲响的，还需要一根特殊的鼓槌。于是，黄帝把主意打到了雷神的身上。他派了很多人，费尽心思终于抓住了雷神，然后抽出他身体里最大的一根骨头，制成了一根鼓槌。此后，黄帝的军队真的如他所愿，士气大振，所向披靡，最终打败了蚩尤的军队。而雷神少了一根骨头，再也不像之前那样勇猛健壮了。

应龙

——黄帝重臣

【应龙】明代蒋应镐图本

应龙有两种形象：一是龙的样子，二是龙长着翅膀的样子。他是黄帝的忠实属臣，为黄帝一统天下立下了汗马功劳。在取得轩辕剑、制造战鼓之后，黄帝重新和蚩尤对战，应龙呼风唤雨，并亲手斩杀了蚩尤。

黄帝战后成了天帝，而应龙因为杀死了炎帝后裔，无法再返回天庭，只能住在最南端的地方。应龙本主水，但因为天罚，他所在的地方大旱不止，人们无粮可收，只好扮成应龙的样子祈雨。天帝见到这个情形，给那里降下了雨。

应龙感激天帝的恩情，虽然无法返回天上，但仍听黄帝命令行事。之后大禹治水的时候，应龙还跟在他身旁为他扫清河道障碍。

【应龙】欧洲图本

【应龙和大禹】清代《天问图》

【应龙】明代《三才图会》

蚩尤

——最强战神

【角抵】由蚩尤戏演变而来

【蚩尤】清代汪绂图本

相传蚩尤面如牛首，背生双翅，铜头铁额，有八条胳膊，九只脚趾，本领非凡，是九黎族的首领。九黎族信奉巫教，能用铜制造兵器。蚩尤是炎帝后裔，他不满炎帝的退缩，于是联合了风伯、雨师和夸父部族的人，挑战黄帝权威。

两方的战斗持续了很长时间，蚩尤终于不敌，大败而逃。黄帝乘胜追击，追了很远才把蚩尤捉住。他用枷锁把蚩尤锁住，然后命令应龙将他斩首。锁住蚩尤的桎梏化成了一片枫林，而蚩尤的血则将树叶染成红色。

蚩尤死之后，天下仍动乱不堪。黄帝画了很多蚩尤的像，尊蚩尤为“兵主”，称他只是臣服，并没有死去，那些作乱的人才不敢妄动了。蚩尤自此成为战争之神，虽和黄帝为敌，但仍受人敬仰。

古代的冀州还有蚩尤戏，唱戏的人头戴牛角互相抵着舞蹈，以此来纪念蚩尤的神威。这种戏剧如今在我国西南地区仍少量存在着。

趣读山海经

海外经

竹马书坊 编著

古吴轩出版社
中国·苏州

图书在版编目（CIP）数据

趣读山海经. 海外经 / 竹马书坊编著. -- 苏州 ：
古吴轩出版社，2020.1
ISBN 978-7-5546-1492-1

Ⅰ. ①趣… Ⅱ. ①竹… Ⅲ. ①历史地理－中国－古代
－少儿读物 Ⅳ. ①K928.626-49

中国版本图书馆CIP数据核字（2019）第285024号

责任编辑：蒋丽华
见习编辑：顾　熙
策　　划：村　上　高　超
封面设计：尛　玖

书　　名：趣读山海经·海外经
编 著 者：竹马书坊
出版发行：古吴轩出版社
地址：苏州市十梓街458号　　邮编：215006
电话：0512-65233679　　传真：0512-65220750
出 版 人：钱经纬
印　　刷：唐山富达印务有限公司
开　　本：710×1000　1/16
印　　张：6.5
版　　次：2020年1月第1版　第1次印刷
书　　号：ISBN 978-7-5546-1492-1
定　　价：235.00元（全六册）

前言

《山海经》是一本百科全书性质的先秦奇书，包含了历史、神话、传说、民俗、地理、动物、植物、矿产、医药等多方面内容，一度被当成一套权威的地理书籍。现存的《山海经》全书十八卷，其中“山经”五卷，“海经”八卷，“大荒经”四卷，“海内经”一卷，共约三万一千字。本书以“山经”“海经”为线索，分六本来解读《山海经》的故事。

图文并茂是《山海经》的重要特征。因古图遗失，现存图片多为明、清时代画师绘制。本书涉及的古籍主要有如下多种：

明代胡文焕《新刻山海经附新刻山海经图》，简称明代胡文焕图本；明代蒋应镐《山海经（图绘全像）》，简称明代蒋应镐图本；明代郭璞注、蒋应镐绘图的《山海经》（十八卷），简称明代《山海经》（十八卷）；清代吴任臣《增补绘像山海经广注》，简称清代吴任臣图本；清代汪绂《山海经存》，简称清代汪绂图本；清代毕沅《山海经新校正》图注原本，简称清代毕沅图本；清代郝懿行《山海经笺疏》，简称清代郝懿行图本；来自日本的图画，简称为日本图本；来自欧洲的图片，简称为欧洲图本；清代吴任臣注，四川成或因绘图的《山海经绘图广注》，简称清代成或因图本；上海锦章图书局于民国八年（1919）出版的《山海经图说》，简称上海锦章图本；清代《钦定古今图书集成·博物汇编·禽虫典》中的异禽、异兽图，简称清代《禽虫典》。

笔者能力有限，如有错漏之处，欢迎广大读者批评指正。

地之所载，六合之间，四海之内，照之以日月，经之以星辰，纪之以四时，要（yāo）之以太岁，神灵所生，其物异形，或夭或寿，唯圣人能通其道。

大地所负载的一切，都在天地四方之间，四海以内，被日月光芒照耀，星辰运转，四季更迭，这是万物运转和变化的依据和记录，木星的运行是纪年的根基。神灵所生的万物，形貌各有不同，有的生命短暂，有的寿命绵长，只有品性高尚，通晓世事的人才能懂得其中的道理。

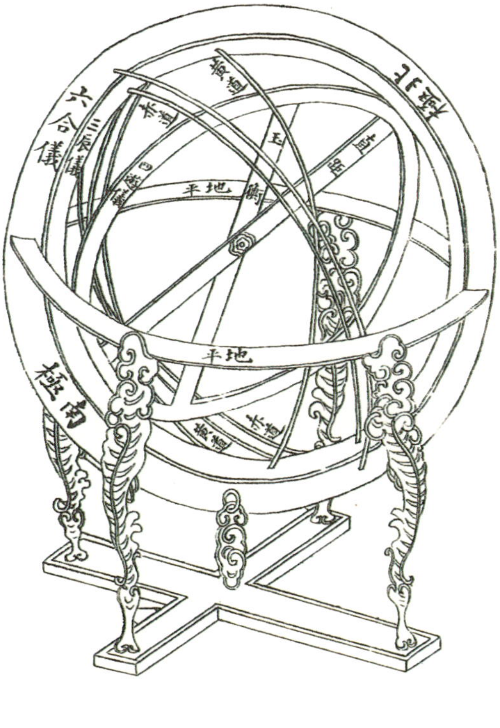

目 录

海外经·

海外南经

海外西经

海外北经

海外东经

·海外南经·

海外自西南陬（zōu）至东南陬者。

《海外南经》中记载了四海之外，从西南到东南角的世界。这里面包括三苗国、不死国，还有南方神明祝融的踪迹。“海经”的方位不如“山经”明确，多有概述、传闻的意思，包含了古时候人们对其他地方的人的想象——一如我们现在推测外星人。

结匈国

——胸突人

结匈①国在其西南，其为(wéi)人结匈。南山在其东南。自此山来，虫为蛇，蛇号为鱼。一曰南山在结匈东南。

注释：①匈：通“胸”。

结匈国处于（灭蒙鸟）西南面，这个国家的人都长着像鸡胸那样尖锐凸出的胸骨。南山在它的东南，从这座山来的人将虫称作蛇，将蛇称作鱼。还有一种说法认为南山在结匈国的东南方。

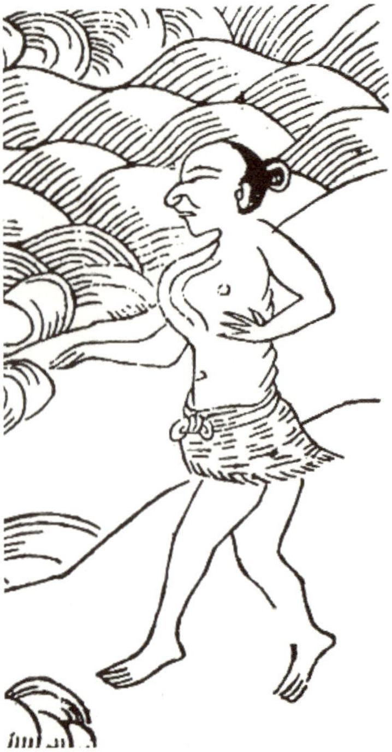

【结匈国】清代成或因图本

【结匈国】明代蒋应镐图本

【结匈国】清代《边裔典》

据说，结匈国是炎帝的后裔。当年黄帝与炎帝为争夺地盘，在阪（bǎn）泉之野打了一场大仗。这一战的结果是炎帝部落并入黄帝部落。虽然炎帝服输了，但并不是炎帝部落的所有人都愿意归降黄帝，不甘屈服的人们在吴回的领导下继续反对黄帝轩辕氏。他们顽强抵抗，尽全力保卫家园，但终因寡不敌众，败于雨母山。吴回被俘后，又被处死。

吴回死得很惨，先是被砍断了右臂，然后又被重器击胸而死，称为“结匈”。活下来的人将吴回的尸骨葬于蜀地，并在此居住下来。他们形成了一个强大的部落，就是结匈国。

羽民国

——羽人

【羽民国】明代蒋应镐图本

【羽民国】清代成或因图本

羽民国在其东南，其为人长头，身生羽。一曰在比翼鸟东南，其为人长颊。

羽民国在它的东南面，国中的人脑袋很长，全身长满羽毛。另一种说法认为羽民国在比翼鸟的东南面，国中人生有长长的脸颊。

【羽民国】清代吴任臣图本

【遣使求仙】

在结匈国的东南面，生活着一群奇怪的人。他们长着长长的脑袋、白色的头发、红色的眼睛，全身生满羽毛，背上甚至还有一对翅膀。这里就是羽民国。传说羽民国的人是从蛋里孵化出来的，他们可以飞，但翅膀短小，飞不远。

在羽民国，还有一种叫羽蒙的怪物，也像羽民们一样长着短小的翅膀，飞不起来。这些极其渴望飞翔的羽蒙就整天待在高高的悬崖上，等着风来，然后借着风的力量飞翔。它们虽然总是飞不远就掉下来，但依然不懈地努力着。

传说中的神鸟鸾鸟，就栖息在羽民国。羽民国的人经常去偷鸾鸟的蛋。因为在他们国家流传着一种说法：吃了鸾鸟的蛋就可以成仙。秦汉时期，道教兴起，修仙风气盛行，羽人因身有羽翼能飞，成为道士的崇拜对象。道士因此被称为“羽士”，成仙也被称为“羽化登仙”。

讙头国

——丹朱后裔

讙（huān）头国在其南，其为人人面有翼，鸟喙（huì），方捕鱼。一曰在毕方东。或曰讙朱国。

讙头国在毕方鸟的南边，这个国家的人长着人的面孔，却生有一对翅膀，长着鸟嘴，正在捕鱼。另一种说法认为，讙头国在毕方鸟的东边，也有人认为讙头国就是讙朱国。

【讙头国】明代蒋应镐图本

【讙头国】明代《山海经》（十八卷）

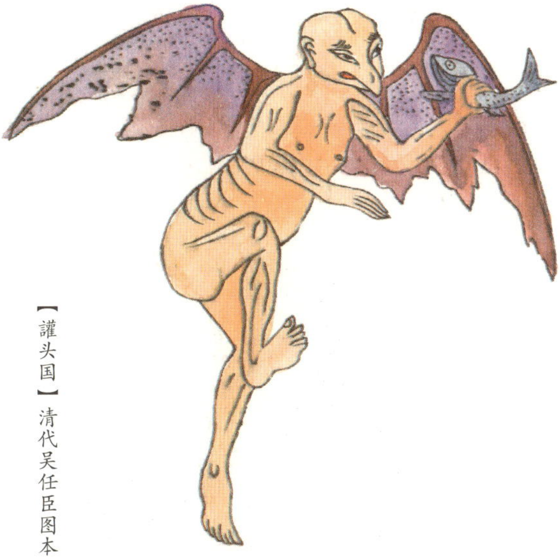

【讙头国】清代吴任臣图本

讙头国在羽民国的东南面，这儿的人虽然长有羽翼，却不能飞翔，只能把翅膀当成拐杖用。所以他们每天扶着翅膀，成群结队地巡游于海边，用他们的鸟嘴伺机捕鱼吃。

传说中，这个国家是尧的长子丹朱的后代。丹朱曾是帝位的候选人，但他为人凶狠顽劣，喜欢带着随从奴仆各处漫游，还经常虐待仆人。那时洪水为害，丹朱出游总是坐船。后来洪水平息了，许多地方都不能再通船，丹朱不习惯，就叫人不分昼夜地替他推着船走，真可谓“陆地行舟”。尧觉得丹朱性情乖戾，就特意制作了围棋交给丹朱，希望用棋道影响他的性情。可丹朱没玩多久就觉得厌烦，又跟那些狐朋狗友们一起胡闹去了。

因为丹朱的品行不佳，尧决定把天下传给舜，把丹朱放逐到南方的丹水。丹朱不满尧的安排，联合三苗国的人谋反，失败后投海自杀。他的灵魂化为鸟，归于南方，他的子孙在南海外繁衍组建的一个国家，就是讙头国。

【丹朱】陆地行舟

厌火国

——吐火人

厌火国在其国南，其为人兽身黑色，火出其口中。一曰在讙朱东。

厌火国在它的南边，这个国家的人长着野兽的身子，全身都是黑色的，他们的口中能吐出火焰。另一种说法认为厌火国在讙朱国的东面。

【厌火国】清代吴任臣图本

【厌火国】明代蒋应镐图本

【大秦国】

厌火国的人长得很像猿猴，浑身都长着黑色的毛发。他们有一项看家本领，就是可以喷火，一张嘴，就能吐出一条长长的火焰，很壮观。传说他们之所以有这个本领，是因为他们平时以火炭为食。饿了，就吃几块火炭充饥。他们一张嘴说话，嘴角都会冒火星。

我国古代将罗马帝国一带称为大秦国，通过丝绸之路来往中国的大秦国人常有鱼龙曼衍的术法，也就是我们常说的戏法。这些戏法中就有吐火之术。表演者在口中含一口燃料，用力喷出时，快速将其点燃，营造出口中喷火的奇观。

三株树——结珠树

这树像柏树一样，但所有的叶子都如珍珠一般。传说黄帝游赤水时，将自己的三颗玄珠丢了，后来水中就长出了这棵树。树如同彗星一般梦幻，临风而立，如有脆响。后来人们就用三株树来形容珍贵的树木，或者难得一见的三位人才。

【厌火兽】日本图本

三苗国

——流亡人

【白牛祭祀】

三苗国在赤水东，其为人相随。一曰三毛国。

三苗国在赤水的东边，这个国家的人彼此跟随着，结伴而行。另一种说法认为三苗国也叫三毛国。

【三苗国】明代蒋应镐图本

【三苗国】清代《边裔典》

三苗国人肋下有肉翅，短小难飞，但可以短距离滑翔，在战场上有“奇兵”之称。在描述中，他们总是结队出行，其实说的是他们南迁、流亡的情形。三苗原是颛顼的后代，是天帝的子孙，他和他的后代建立了三苗国，曾经被卷入过两次大的战争：跟随蚩尤反对黄帝统治，跟随丹朱反对舜继位。在这两次战争中，三苗国支持的一方都战败了。他们作为战败方，放弃了自己原有的居所，不断向西南迁徙，偏居一隅。

蚩尤死后，三苗人仍崇拜他，他们骁勇善战，性格奔放贪婪，随心而为，不讲道理。传闻三苗叛乱，血红的雨连下了三天，夏季生冰，有青龙盘踞在庙宇之上，日夜不隐。三苗人如此恋战，当时的统治者也只有不断镇压，然后将他们流放这一种办法。后来随着后稷将稻米的种植方法普及，三苗人才渐渐安定下来，但他们骨子里的善战、随性的因子仍是存在的。

【三苗祭祀】

𢧵国

——擎弓人

【𢧵国】清代成或因图本

𢧵（zhì）国在其东，其为人黄，能操弓射蛇。一曰盛国在三毛东。

𢧵国在它的东边，这个国家的人都是黄色皮肤，能操持弓箭射死蛇。还有一种说法认为𢧵国叫盛国，处于三毛国的东面。

【𢧵国】明代蒋应镐图本

【臷国】清代《边裔典》

【取盐】

臷国人是帝舜的后裔。帝舜生无淫，无淫生活在臷这个地方，是臷国的祖先。传说臷国的人生活安乐，衣食无忧。他们不用纺纱织布，就有衣服穿；不用耕种五谷，就有粮食吃。这里鸾鸟歌唱，凤凰翔舞，百兽群聚，都和平相处，一派和谐景象，是古代先民心中的世外桃源。

其实，这个叫臷国的部落很有可能是我国西南地区一个靠盐而兴的古老部落。臷国附近的山上，有源源不断的盐如泉水一般从地下涌出。国人就地取盐，后来又发现煎煮此地的泉水也可得盐。一时间，盐的产量大增，堆积如山。

听闻此处产盐，各国人民都带着五谷、兽肉兽皮、水果等，慕名前来，与臷国人交换食盐。这样一来，臷国人足不出户便能得到足够的五谷和肉食，而那些外来的人也得到了食盐。双方各取所需，皆大欢喜。

贯匈国

——胸洞人

【贯匈国】清代成或因图本

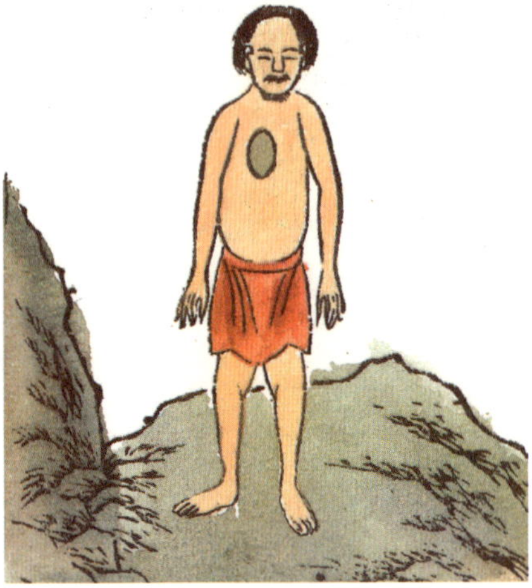

【贯匈国】明代蒋应镐图本

贯匈国在其东，其为人匈有窍。一曰在载国东。

贯匈国在它的东面，这个国家的人胸膛上都有个洞。还有一种说法认为贯匈国在载国的东面。

【贯匈国】清代吴任臣图本

贯匈国的人都是山神防风氏的后裔。当年大禹奉命治水，为了立威，在会稽山杀掉了迟来的防风氏，他的后代对禹颇为记恨。禹继承帝位后，乘着两条龙巡游四方，到南方时，防风氏的后裔看见大禹，就张弓搭箭，准备射杀大禹为祖先报仇。这时，突然雷声大作，二龙驾车带大禹飞驰而去。防风氏的后裔知道自己闯了祸，便以尖刀自贯其心而死。大禹哀念他们忠心耿直，便命人把不死草塞到他们胸前的伤口中，使他们死而复生，但胸口上留下的大洞却无法填补。他们的子孙聚集起来，在海外建立了一个国家，为感念大禹的不杀之恩，便将自己的国家命名为“贯匈国”。

传说贯匈国的富人出门不用坐轿，仆人用一根竹竿从其胸中的窟窿处一穿，抬起来就走，十分省事。其实，“贯胸”应该是海岛居民的一种古老习俗。就是把胸前和背后的皮拉起来，用刀穿个洞，通过施行“穿胸”的巫术，来寻求神灵的庇护，以求达成所愿。

交胫国

——交腿人

交胫[1]国在其东，其为人交胫。一曰在穿匈东。

注释：①胫：小腿。

交胫国在它的东边，这个国家的人小腿是相互交叉着的。还有一种说法认为交胫国在穿匈国（即贯匈国）的东边。

【交胫国】清代成或因图本

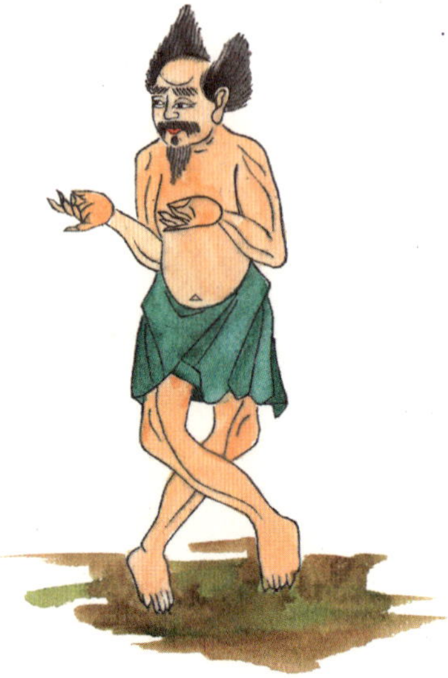

【交胫国】清代吴任臣图本

【交胫国】清代《边裔典》

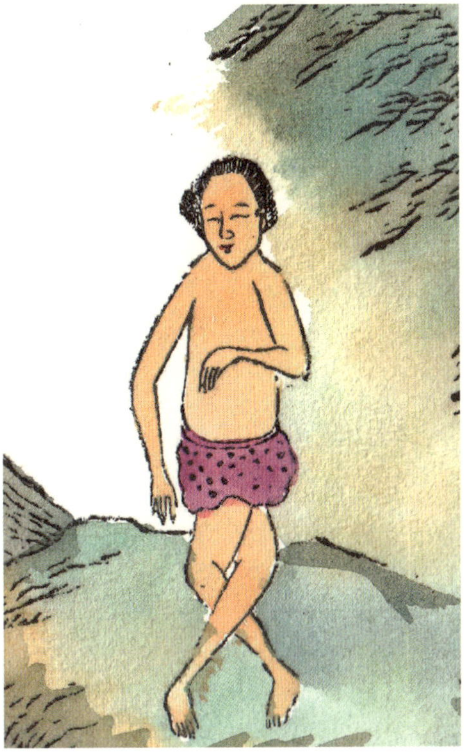

【交胫国】明代蒋应镐图本

贯匈国再往东走，便是交胫国。这个国家的人很有特点：个子不高，身上长有毛，足骨没有骨节，双腿总是交叉在一起。他们走路时都是一瘸一拐的，看着非常别扭。据说交胫国的人走路时都格外小心，因为一旦摔倒就只能趴在地上，直到有人搀扶才能站起来。

交胫国居住在一个很封闭的地方，群山合围，只有一个小洞能让国人和外界沟通，所以这个国家很落后，衣不蔽体，食不果腹。但这个国家的人都彬彬有礼而且很容易害羞，他们这样走路，是为了在沐浴时遮挡自己的身体。另一个这样走路的原因是他们离群索居，饮食单一，缺乏钙质，所以膝盖外翻，小腿相交。

不死国

——长生人

不死民在其东，其为人黑色，寿，不死。一曰在穿匈国东。

不死民在它东面，国中的人全身都是黑色的，每个人都很长寿，不会死。还有一种说法认为不死民在穿匈国的东边。

【不死民】明代《三才图会》

【不死民】清代成或因图本

传说流沙河以东，黑水之间，有一座山，叫员丘山。山上有一棵不死树，吃了它的枝叶和果实就可以长生不老。山下还有一眼泉水，名叫赤泉，喝了这赤泉里的水就可以长生不死。这里生活着一群不死民，因为不死树和赤泉，所以他们都长生不死，不知死亡为何物。

不死国的位置临近昆仑，是古代人心目中的仙乡乐土。对永生的追求，是古代人皇的一大目标。秦始皇屡次派人到海外寻求不死之药；汉武帝同样相信方士们的谎言，花巨资修建了柏梁台。柏梁台上有一个六十多米高的铜柱子，柱顶上又铸造着手托铜盘的铜仙人。那个铜盘叫“承露盘”，用来承接上天降下的仙露。

岐舌国

——反舌人

岐舌国在其东，一曰在不死民东。

岐舌国在它的东边，这个国中的人都是舌根在前、舌尖伸向喉部。还有一种说法认为岐舌国在不死民的东面。

【蛇吐信】

【岐舌国】明代蒋应镐图本

岐舌国又叫作反舌国。这个国家的人说话，别人都听不懂，只有他们本国人才明白。原来，岐舌国的这些人，舌头都是倒着生长的，舌根长在嘴唇边上，舌尖向喉咙里伸展。正是因为这样独特的构造，他们与其他国家的人的发音不同，所以很难听懂。

由于语言不通，岐舌国的人很少跟外界接触，故外人对他们的风俗文化知之甚少，只知道他们很崇拜蛇。有人说，岐舌国的人舌头经常从嘴角吐出去，而且还有分叉，跟蛇的舌头一模一样。夜间行走时，他们的眼睛常常闪烁着红色光芒，非常恐怖。

这个对蛇崇拜的国家，很有可能就是古闽族。古闽族对蛇也非常崇拜，留下了很多蛇形岩画和石刻。这些石刻的内容不外乎两蛇交尾、蛇产卵、幼蛇破壳、群蛇游动，栩栩如生，非常繁复。

【岐舌国】清代《边裔典》

周饶国

——小矮人

周饶国在其东，其为人短小，冠带。一曰焦侥（yáo）国在三首东。

周饶国在它的东边，这个国中的人身材都十分矮小，戴着帽子，系着腰带，很文明。还有一种说法认为周饶国又叫焦侥国，在三首国的东边。

【周饶国】明代蒋应镐图本

【小人国】清代吴任臣图本

【靖人国】明代蒋应镐图本

周饶国，又叫作“焦侥国”，这个国家的人身材都比较矮小，据说最高的只有一米那么高。这些人穿戴非常整齐，每个人都文质彬彬。他们住在山洞里，心灵手巧，能制造出各种灵巧的东西来。尧在位时，周饶国还曾去朝拜，进贡了一种叫作“没羽”的箭。这些人平时耕田种地，最怕白鹤，因为善飞的白鹤会把他们叼走吃掉。幸好附近有其他国家的人，经常帮他们驱赶白鹤，他们才得以正常生活。

在大人国的附近也有个小人国，那里的人被称为“靖人”。和周饶国的人差不多，靖人也都是身材矮小，只有三十厘米左右。他们赤身长发，面有胡须，和邻国大人国的人形成鲜明对比。别看他们个头小，但都特别敏捷，异常聪颖，一般人很难制服他们。

在《山海经》里，还有一种小人，叫作“菌人”。他们比上面两国的人长得更小，只有不到四厘米。但他们总是身穿红衣红帽，乘坐白色的马车，很有威仪。据说吃了菌人之后，就不会被蚊子叮咬，能知道万事万物的名字，还可以杀死三尸（人体内三种危害最大的寄生虫）。所以，人们遇到他们的车，就会把他们抓住吃掉。

【菌人】明代蒋应镐图本

长臂国

——长臂人

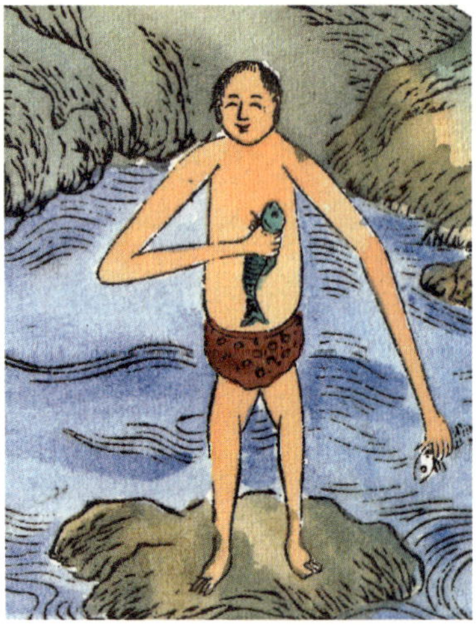

【长臂人】明代蒋应镐图本

【长臂人】清代成或因图本

长臂国在其东，捕鱼水中，两手各操一鱼。一曰在焦侥东，捕鱼海中。

长臂国在它的东面，那里有人在水中捕鱼，两只手各抓着一条鱼。还有一种说法认为长臂国在焦侥国的东边，那里的人在大海中捕鱼。

【鸬鹚】

长臂国的人喜欢吃鱼，他们都是渔民，擅长捕鱼，因为有两条长长的胳膊，都不用弯腰，就可以摸到水里。《大荒南经》中所记载的张弘国，是长臂国的别称，张弘也就是长肱，即修臂人。

我国沿海的渔民没有这种长臂，但会驯养鸟来帮忙捕鱼，这鸟就是鸬鹚（lú cí）。在南方水乡，渔民外出捕鱼时常常带着驯化的鸬鹚，它们整齐地站在船头，各自脖子上都戴上一个脖套。渔民发现鱼时会吹响口中的哨子，鸬鹚听到哨声便纷纷飞向水面捕鱼。由于戴着脖套，鸬鹚捕到鱼却无法吞咽下去，只好叼着鱼返回船边。主人把鱼拿下后，鸬鹚又会再次去捕鱼。

【长臂国】清代吴任臣图本

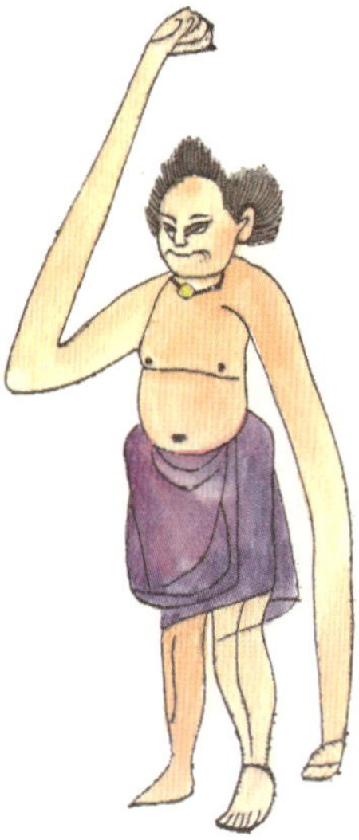

【长臂国】清代毕沅图本

祝融

——南方之神

南方祝融，兽身人面，乘两龙。

南方的神祝融，有着野兽的身子和人的面孔，驾乘着两条龙。

【祝融】明代蒋应镐图本

祝融是炎帝的子孙，他是火神，也是南方的神，主色为赤，又有掌管夏天的传说。相传上古时期，人类发明了钻木取火，但生火之后却不会保留火种，也不会控制火。祝融和火比较亲近，因而成了管火、用火的能手。祝融曾参与过炎帝和黄帝之间的大战，与黄帝为敌。炎帝在败给黄帝之后，称臣避守南方，祝融作为炎帝后裔，也对黄帝称臣。

【祝融】清代成或因图本

【南方火帝】

祝融神勇无敌，听命于黄帝，为他做过很多事情。他奉命将偷盗息壤的鲧杀死于荒野，并在三年后，用同一把刀将他剖腹；祝融还曾领天命，降火夏朝西北，助夏朝灭亡；他还在殷商末期，助周灭商。

这是个稳重、很少抱怨的臣子，天帝给什么任务他就完成什么任务，一直受天帝重用，所以他是五帝之一。他的儿子共工有他的神通，脾气却过于暴躁，最后丢了性命。

·海外西经·

海外自西南陬至西北陬者。

《海外西经》讲述了从西南角到西北角所有国家、物产、山川。这里有乘黄、龙鱼，还有西方神明蓐收。

大乐野

——启舞之地

【启】清代成或因图本

大乐之野，夏后启于此儛《九代》，乘两龙，云盖三层。左手操翳，右手操环，佩玉璜。在大运山北。一曰大遗之野。

夏后启在大乐野观看《九代》乐舞，他乘驾着两条龙，有三重云雾在其头上充当伞盖。他左手握着一把华盖，右手拿着一只玉环，腰间还佩戴着一块玉璜。大乐野就处于大运山的北面。还有一种说法认为夏后启观看乐舞《九代》的地方是大遗野。

启是大禹和妻子沟通不善的时候，从石头里蹦出来的，天生是个有想法的人。大禹在东巡的时候，死在了会稽山，之后伯益继承了帝位。伯益是颛顼的后代，原身为鸟，跟随大禹治水多年，并且带领人们蓄养家禽，开启了畜牧业的篇章。伯益在三年孝期满后，将位置让给了启，自己退隐了。启就成了天下的帝王，开启了世袭制的夏王朝。

启的座驾是两条龙，他乘着它们去天上偷听了神仙的乐曲，并偷偷记录了下来。仙乐不应留在人间，但启的胆子很大，他在高达三百仞的大运山北面的大乐之野上演奏。那个地方人无法到达，是他秘密的享乐之地。

【启】出征

三身国

——三身人

【三身国】明代《山海经》(十八卷)

【三身国】明代蒋应镐图本

三身国在夏后启北，一首而三身。

夏后启的北面是三身国，这个国家的人都生有一个脑袋和三个身子。

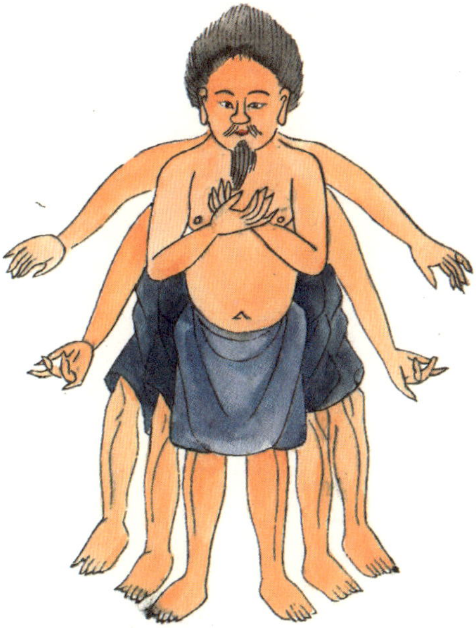

【三身国】清代吴任臣图本

【三身国】清代成或因图本

三身国的人是帝俊的后代。帝俊是中国古代神话中的上古帝王，商王朝信奉的最高神，也是东夷部落都供奉的祖灵。但商王朝被周取代之后，东夷部落就成了被统治者，周王朝的神话取代了商王朝的神话，周人信奉的黄帝也就取代了帝俊的地位。帝俊的名字渐渐地少被提起，故事虽流传下来，但和黄帝一系杂糅在一起，有时只剩了名号。

周朝建立之后，对曾经强大的东夷部落依然保持高度警惕，并采取了很多手段分化、压制东夷部落。很多东夷部落不堪压制，就四处迁徙。其中三身国就逃到了大荒西面。三身国的人都是一个脑袋、三个身子。他们都姓姚，以黍为食，已经学会用火，并且能驯化驱使虎、豹、熊、罴四种野兽，他们身旁还有四种鸟陪伴。

奇肱国

——三眼巧匠

奇肱（jī gōng）之国在其北，其人一臂三目，有阴有阳，乘文马。有鸟焉，两头，赤黄色，在其旁。

一臂国的北面是奇肱国，国中的人都长着一条胳膊、三只眼睛，而且眼睛都分阴阳，阴眼在上面，阳眼在下面，都骑着一种身上有花纹的马。那里还有一种长着两个脑袋、身体是红黄色的鸟，它栖息在人的身边。

【奇肱国】清代成或因图本

【奇肱国】明代蒋应镐图本

【奇肱国】明代《三才图会》

【奇肱国】清代吴任臣图本

奇肱国的人因为只有一臂，远不如其他国家的人灵便，不过他们很擅长制作各种精巧的器械，善于用工具来弥补身体的缺憾。他们能够制作精致的飞车。这种飞车造型奇特，能顺风远行。相传成汤时，西风将一名奇肱国人的风车吹到了豫州，十年以后，东风来了，他才乘着车回了家。

当年，大禹考察各地水情，有一日看见天空中一辆飞车缓缓而行，十分惊奇。他循着车子飞行的轨迹向前走去，沿途所见之人，都是一只手、三只眼睛。而且他们的眼睛都是一只在上，两只在下，成“品”字形。一打听，才知道这里就是奇肱国。

刑天

——不屈者

刑天与帝争神，帝断其首，葬之常羊之山。乃以乳为目，以脐为口，操干戚以舞。

刑天与天帝争夺神位，天帝砍掉了他的脑袋，将他的脑袋埋在常羊山。刑天就把乳头当作眼睛，把肚脐当作嘴巴，一只手拿着盾牌，另一只手挥舞着大斧头，继续作战。

【刑天】清代吴任臣图本

黄帝和炎帝的战争，以黄帝胜利，炎帝避守南方告终。可是炎帝的部下仍有人不服气，刑天就是其中一个。和蚩尤鼓动三苗、夸父等部落，试图将黄帝一系踩在脚下不同，刑天握着自己的斧头和盾牌，凭借一腔孤勇，直接找黄帝单挑去了。

黄帝那时候已经很不耐烦，他虽然敬重炎帝，也知道炎帝为这天下做了很多，但他觉得这件事应该有个了断。刑天一直嚷嚷着要求单打独斗，黄帝虽已经称帝，自觉受辱，却也拖着自己的轩辕剑下界了。

两人在常羊山附近搏斗，那里是炎帝出生的地方。刑天敬重炎帝，边打边退，想换个地方继续打。黄帝看出他的退意，拎起轩辕剑，将他的头整个砍了下来。刑天失了头颅，什么都看不见，只能四处乱摸，在乱石废土中找自己离体的头颅。那头颅虽然离开了他的身体，但仍似有感应。黄帝见情况有变，转手将常羊山劈开，将他的头颅挑进山体里，埋了。

刑天知道自己再也找不回头颅，便用两个乳头做眼睛，肚脐做嘴巴，他的上半身就是他的头颅。他继续挥舞着他的武器，砍向黄帝。但黄帝已经厌倦了，他不想再将刑天的上半身劈开，留个“冷酷天帝”的名号，所以他转身回了天庭，只留下刑天自己战斗。

常羊山常有乌云罩顶，传说就是刑天在寻找黄帝决斗。

【刑天】清代成或因图本

丈夫国

——无女子

【丈夫国】清代成或因图本

丈夫国在维鸟北，其为人衣冠带剑。

维鸟的北面是丈夫国，这个国家的人都穿着衣服，戴着帽子，佩戴着宝剑。

【丈夫国】明代蒋应镐图本

维鸟是一种极其漂亮的鸟，浑身上下的羽毛都青中带黄，让人眼前一亮。但是，与其漂亮的外表不符的是，维鸟是不祥之鸟，它们飞经哪个国家，哪个国家就会发生战乱。

丈夫国就位于维鸟栖息之地的北边，那里的人都衣冠楚楚，身佩宝剑，颇有英雄气概。但是这里的国民全是男子，没有女人。没有女人的国家如何繁衍呢？他们是哪里来的呢？传说商朝君主太戊派大臣王孟等一行人到西王母那里去求不死之药，他们走到此地断了粮，不能再往前走了，只好滞留在这里，以野果为食，以树皮做衣。

【丈夫国】清代《边裔典》

由于随行人员中没有女人，所以人人无妻。天帝怜悯他们没有后代，便施法帮助他们每人都生了两个儿子。据说他们的儿子是从他们背部的肋骨中间钻出来的，所以儿子一生下来，本人便立即死去。因为这种繁衍方式，这个国家中只有男人，被称为丈夫国。

【维鸟】亡国之鸟

巫咸国

——巫人

巫咸国在女丑北，右手操青蛇，左手操赤蛇。在登葆山，群巫所从上下也。

女丑尸体的北面是巫咸国，这个国家的人右手握着一条青蛇，左手握着一条红蛇。附近有座登葆山，是众巫师来往于天界和人间的通道。

在我国古代，巫师是人和神灵沟通的桥梁，既是大夫，也是导师，代表着那个时候人所能掌握的知识。巫师会占卜之术，传说黄帝和炎帝在涿鹿决战时，炎帝就请巫师来卜算，结果并不好，炎帝也确实输掉了那场战役。巫师还会采药，昆仑山上就有巫师手持不死药，意图复活无辜死亡的天帝臣子。除了这些，巫师最常做的事情是供奉神灵，通过和神沟通，为人祝祷。传说中作为巫师来往于天界与人间的通道的登葆山就在巫咸国这里。

【巫咸国】清代《边裔典》

巫师的地位很高，但有时也是牺牲品。女丑就是例子。她生前是很受人尊敬的巫师，常骑着一只独角龙鱼巡行天下。后来天上同时出现了十个太阳，农作物纷纷被烤焦了。于是人们将她扮成旱魃的样子舞蹈，让她来祈雨。时间渐渐地过去，雨没有来，女丑却忽然掩盖住面孔，站立不动。又过了一会儿，人们上前查看，发现她已经被太阳烤死了。

【女丑尸】明代蒋应镐图本

【赤水女子献（旱魃）】明代蒋应镐图本

女子国

——无男子

女子国在巫咸北，两女子居，水周之。一曰居一门中。

巫咸国的北面有个女子国，四周被水环绕着，有两个女子住在那里。还有一种说法认为这两个女子住在一道门里面。

【女人国】清代成或因图本

女子国位于巫咸国的北面，起初只有两个女子居住在这里。这里被水环绕着，国境内有一眼神奇的泉水，名叫黄池，女子只需在黄池中沐浴即可怀孕生子。若生下男孩，三岁便会死去；若是女孩则可以长大成人。所以女子国里只有女子而没有男子。

中国神话里有很多关于女儿国的传说，流传最广的，则是《西游记》里的女儿国的故事。唐僧取经路上路过西梁女国，一国尽是女子，没有男子。国内有一条河，唤作子母河，王都城外，还有一座迎阳馆驿，驿门外有一个照胎泉。西梁女国的人长到二十岁便去喝子母河里的水，喝水之后，便觉腹痛有胎。至三日之后，到那迎阳馆照胎水边照去。若照得有了双影，就会降生孩儿。

【女子国】明代蒋应镐图本

【女子国】明代《三才图会》

轩辕国

——长寿神裔

轩辕之国在穷山之际，其不寿者八百岁。在女子国北，人面蛇身，尾交首上。

穷山的旁边就是轩辕国，国中寿命很短的人也能活到八百岁。轩辕国位于女子国的北面，国中的人长着人的脸和蛇的身子，尾巴盘绕在头顶上。

【轩辕国】明代蒋应镐图本

【轩辕国】清代成或因图本

轩辕国的人都受到上天庇佑，冬暖夏凉，各个寿命都和彭祖差不多。黄帝就是这个地方的人。轩辕国外不远处有轩辕丘，四四方方，被首尾相环的蛇围绕着。传闻中黄帝年幼时，这块地方为他提供了遮风避雨的住所。轩辕丘附近有一片沃野，鸾鸟和凤凰自歌自舞，居住在这里的人，吃凤凰的蛋，饮用甘露，随心自在地生活着。在不远处的穷山，那里的居民拉弓射箭从来不敢向西射，就是因为畏惧黄帝。

龙鱼

——龙子

龙鱼陵居在其北，状如鲤。一曰鰕（xiā）。即有神圣乘此以行九野。一曰鳖鱼在夭野北，其为鱼也如鲤。

龙鱼在沃野的北边，它在水中和山陵上都能居住，龙鱼的形状与鲤鱼很像。还有种说法认为龙鱼很像鰕鱼，有神人骑着它遨游在九州的原野上。另外一种说法认为龙鱼又叫鳖鱼，生活在沃野的北面，而且其形状也与鲤鱼非常类似。

【龙鱼】

在沃野的北边，有一只龙鱼，曾经是黄帝的坐骑。龙鱼既可以在水中居住又可在山陵上居住，黄帝曾经骑着它遨游沃野。有人说，龙鱼其实就是龙生九子之一的螭吻。螭吻的形状像四脚蛇剪去了尾巴，是鱼和龙的结合，喜欢在险要处东张西望，也喜欢吞火。螭吻的形象在古代建筑上很常见。建筑师们将这种吉祥的形象放到屋脊上，希望可以消除火灾。

乘黄

——飞黄腾达

【乘黄】日本图本

【乘黄】明代蒋应镐图本

在龙鱼的北面还有一种供神巫骑乘的神马，名叫乘黄，也是黄帝的坐骑之一。传说中，黄帝成仙的时候，骑着的就是这种异兽。乘黄是种吉兽，只要骑上它，寿命就能达到三千岁，和成仙也相去不远了。“飞黄腾达”这个成语中的“飞黄”，指的就是这种异兽。

【乘黄】清代吴任臣图本

肃慎国

——树衣人

肃慎之国在白民北，有树名曰雒(luò)棠，圣人代立，于此取衣。

白民国的北面是肃慎国。那里有一种叫雒棠的树，每当中原地区出现圣明的帝王，肃慎国的人就会用雒棠树的树皮来制作衣服穿。

【肃慎氏】明代蒋应镐图本

雒棠这种树有“应德而生”的能力。一旦中原地区有英明的帝王继位，雒棠树就会生长出一种树皮，国内的人见到之后就用树皮做衣服，以此来庆贺。另外，这个国家的人还擅长拉弓射箭，因为力大无比，所以只需要用石头做的箭头就能将野兽杀死。

相传，舜在位时，肃慎氏来朝拜，进贡弓矢；大禹定九州，周边各族入朝进贡，肃慎氏也有人来朝。到了周武王时，肃慎氏又一次入贡楛矢石砮。周人在列举其疆土时称：“肃慎、燕、亳，吾北土也。”可见在春秋以前，肃慎氏已臣服于中原王朝。

长股国

——长腿人

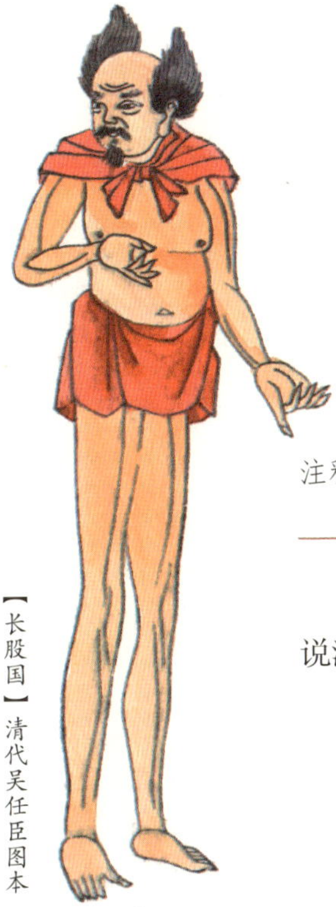

【长股国】清代吴任臣图本

长股之国在雒棠北，被（pī）①发。一曰长脚。

注释：①被：披。

长股国在雒棠树北面，这里的人都披散着头发。还有一种说法认为长股国叫长脚国。

【长股国】清代成或因图本

【长股国】明代蒋应镐图本

【长股国】明代《山海经》（十八卷）

【长股国】清代汪绂图本

长股国又叫作“长脚国”，那里的人都赤裸着上身，披散着头发。他们的上半身跟普通人的并没有太大的区别，但双腿奇长无比，可达十米，走路的时候就像踩着高跷一样。长股国人很喜欢吃鱼，但是他们腿太长，捕鱼的时候，弯下腰，手都探不到水里。于是他们就利用自己的优势和长臂国人相互配合。曾有人看见一个长股国的人背着一个长臂国的人在海里捕鱼，他们不坐船，身上的衣服却一点也不会被浪花打湿。

【蓐收】清代《天问图》

蓐收

——西方之神

西方蓐（rù）收，左耳有蛇，乘两龙。

西方的神名为蓐收，他左耳有蛇，出入乘坐两条龙。

【蓐收】明代蒋应镐图本

【蓐收】清代吴任臣图本

少昊有两个非常著名的儿子：一个是句芒，又称木神，接替少昊做了东方的天神；另一个就是蓐收，死后跟随少昊的神魂来到了西方，做了他的属臣。蓐收名该，长着人的面孔，却有着老虎的爪子，尾巴是白色的。他左面耳朵上盘着蛇，同时乘两条龙。他用钺作为兵器，住在少昊附近的泑（yōu）山上，在那里能望见夕阳落入长留山中的场景。

【蓐收】欧洲图本

【蓐收】明代《三才图会》

蓐收常跟在少昊身后，帮着少昊为秋季的人间忙碌。传说中，他掌握着秋收时的量尺，规定人间的收成。他还管辖赤铜这种金属，很多铸剑师都会祭拜他，期望自己制出的武器无坚不摧。

·海外北经·

海外自西北陬至东北陬者。

海外从西北角至东北角的国家、山丘、河川、物产分别如下所述。这里有钟山神烛阴、无肠国人，更有北方神灵禺彊。

无启国

——无子人

无启之国在长股东，为人无启。

长股国的东面是无启国，这个国家的人并不繁衍子孙后代。

无启国，在有的古书上叫“无继”，就是没有后嗣的意思。这个国家的国民很神奇，他们可以无限复活。他们的生活很简单，平时住在洞穴里，吸口空气就可以延续生命。偶尔馋了，也会吃几条小鱼，有时甚至吃泥土也能消化。

【无启国】清代吴任臣图本

【无启国】明代《三才图会》

【三蛮国】食土复生

无启国的人没有男女的区别，所以无法繁衍后代。他们死后会被埋入土中，神奇的是，人虽然死了，但心脏依然跳动，尸体也不会腐烂。等一百二十年之后，他们就会复活，从泥土中爬出来，重新享受世间之乐。所以在他们看来，死亡和睡觉差不多。他们虽然无法生育，没有后代，但依旧人丁兴旺。

钟山神

——烛阴

钟山之神，名曰烛阴，视为昼，瞑为夜，吹为冬，呼为夏，不饮，不食，不息，息为风，身长千里。在无启之东。其为物①，人面，蛇身，赤色，居钟山下。

注释：①物：形貌。

名字叫烛阴的神是钟山的山神，他睁开眼睛就是白天，闭上眼睛就是黑夜，吹口气就是寒冬，呼口气就是夏天，他既不吃东西也不喝水，也不呼吸，他一呼吸就成了风，他的身体足足有一千里长。这位烛阴神在无启国的东边。他的形貌是人面蛇身，全身赤红，就住在钟山脚下。

【烛阴】清代成或因图本

【烛阴】清代《天问图》

【烛阴】清代吴任臣图本

《西山经》里提到了烛阴所在的钟山和他不成器的儿子。烛阴身体十分庞大，能将钟山团团围起，钟山在它的身躯中，久久没有日光。烛阴面向北方，掌控着北方的日夜和冬夏，他不吃东西，不休息，靠风雨活着。在我国古代，北方气候恶劣，几乎没有常住居民，也是人们口口相传的“幽冥之地”。

相传，西北的天空始终有块残缺，日月都照不到那里，烛阴叼着一根蜡烛，来点亮那片天空。蜡烛能驱散九层息壤的阴暗，他将蜡烛举在北方幽暗的天门之上，为贫瘠的土地增添一点光亮。相传他的眼睛一只是本眼，一只是阴眼。他的阴眼连着地狱，人只要被他看一眼就会被恶鬼附身，久之就会变成人头蛇身的怪物。这种怪物也叫作烛阴。舜帝时代人们常狩猎这种怪物，将其炼油，制成蜡烛，用以照明，这种蜡烛的烛火能够长久不熄。

【烛阴】日本图本

【烛阴】明代蒋应镐图本

一目国

——单眼人

一目国在其东，一目中其面而居。

钟山的东面有个一目国，这个国家的人只长着一只眼睛，眼睛长在脸的正中间。

一目国位于钟山的东面，这个国家的人相貌奇特，只在脸的正中央竖着长一只眼睛，赤身光脚，腹部系着一个围腰。虽然一目国的人长相奇特，但是他们的来头不小，并不是野人异族，而是正儿八经的帝裔——少昊的后代。他们因怪异的长相而被其他部族鄙视，又因为他们姓威，“威”“鬼”音近，大家称呼他们的时候逐渐讹传为“鬼族”。因此，《山海经》记载的鬼国也是一目国。

在离一目国不远的地方，还有一个深目国，国中的人眼窝深陷，在很多经典图本中也是一只眼睛的形象。

【一目国】清代成或因图本

【一目国】明代蒋应镐图本

【深目国】明代蒋应镐图本

【一目国】明代《山海经》（十八卷）

【鬼国】明代蒋应镐图本

相柳

——共工之臣

共工之臣曰相柳氏，九首，以食于九山。相柳之所抵，厥[①]为泽溪。禹杀相柳，其血腥，不可以树五谷种。禹厥之，三仞三沮[②]，乃以为众帝之台。在昆仑之北，柔利之东。相柳者，九首人面，蛇身而青。不敢北射，畏共工之台。台在其东。台四方，隅有一蛇，虎色，首冲南方。

注释：①厥：通“掘”。
②沮：地面陷落。

天神共工有位臣子叫作相柳氏，他生有九个脑袋，分别在九座山上觅食。相柳氏所经过的地方地表都会被破坏，变成沼泽和溪流。大禹将相柳氏杀死，他的血流过的地方腥臭无比，无法再种植五谷。大禹只好用其他地方的土壤填埋这里，结果填多少次就塌陷多少次，后来，大禹就用挖掘出来的泥土为众帝修造了帝台。这些帝台就在昆仑山的北面，柔利国的东面。相柳氏生有九个头颅，每个脑袋上都长着人的面孔，他有青色的蛇身。因为敬畏共工威灵所在的共工台，人们射箭不敢射向北方。共工台处于相柳的东面，台呈四方形，每个角上有一条身上布满和虎纹相似的斑纹的蛇，蛇头面向南方。

【相柳】清代《天问图》

【相柳】清代吴任臣图本

相柳氏是共工的忠实跟随者，一直听共工的指挥。共工将不周山撞倒了以后，被发配到了幽陵，也就是北方幽冥之地，不许回到中山的领地去。之后天帝降下了滔天洪水，用来惩罚人类的恶行。鲧偷息壤治水失败后，禹子承父业，奉命治水。共工本就是水神，觉得这种安排是对他的蔑视，所以又开始和禹作对。他让洪水涨得更高，连东面的空桑都被淹没了，还派相柳氏出来捣乱，阻止禹挖掘河道。

【相柳】明代蒋应镐图本

【相柳】日本图本

到这个时候，禹和共工的战争就不可避免了。禹那时不仅拿到了河图，还有上古伏羲氏的帮助。两人缠斗了一些时候，禹将相柳氏斩杀了。他九个头颅掉了以后，流出很多腥臭的血液，那些血液不仅有腐蚀性，还有剧毒，所到之地寸草不生。禹几次用泥土来掩埋它的血液，都没有成功。相柳的血混着泥土，散发着阴毒的气息，始终不肯被掩埋。禹只好用这些血泥在昆仑北面为几位天帝浇筑了帝台。他也浇筑了共工台，由天帝之威和相柳氏原来的首领来镇守这凶魂。

【相柳】欧洲图本

无肠国

——无肠人

【无肠国】明代《三才图会》

无肠之国在深目东，其为人长而无肠。

无肠国在深目国东面，国中的人个子很高，但没有肠子。

无肠国人姓任，没有孩子，爱吃鱼。他们吃东西，但因为没有肠子，所以食物藏不住，会直接掉出去。在《镜花缘》中，唐敖路过无肠国的时候想上去看看，却被多九公劝住了。唐敖问多九公为何，多九公和他讲了无肠国的奇怪之处。

食物从无肠人的身体里经过，虽然没什么消化的过程，但吃东西的人还是能感到满足，自觉吃饱了。这没什么，但有些人呢，明明什么都没吃，还是做出一副吃饱了的样子，假得很。还有这国家的富人为人刻薄，算计很深，从自己身体里掉出来的东西，还要给仆人吃第二遍、第三遍，一直到人不能忍受，吐了出来，才会做新的食物。

【无肠国】清代《边裔典》

聂耳国

——大耳人

聂（shè）[1]耳之国在无肠国东，使两文虎，为人两手聂其耳。县（xuán）[2]居海水中，及水所出入奇物。两虎在其东。

注释：①聂：通“摄”，抓住，捧着。
②县：通“悬”，孤独无所依托。

聂耳国在无肠国的东边，这个国家的人都驱使着两只身上布满花纹的老虎，都用手托着自己的两只大耳朵。聂耳国处于海水环绕的孤岛上，经常能看到海中的各种怪物。聂耳国的东面有两只老虎。

【聂耳国】明代《三才图会》

【聂耳国】明代蒋应镐图本

聂耳国的人身旁总跟着两只大老虎，用来保护他的安全。他们的耳朵非常大，据说如果露宿野外的话，一只可以用来做褥子，另一只可以当被盖。《镜花缘》中描写过很多海外异国，提到聂耳国时，也有评断。

唐敖问："相书上说，耳垂长，可以长寿，这里的人一定都是长寿的了！"老者回答："这个国家的人，自古以来就没有寿命超过七十岁的人。这大概是因为'过犹不及'。"

当年汉武帝刘彻问东方朔："人中有一寸长，那个人必定有百岁的寿命。现今朕的人中有一寸多，是不是可以享有百年多的寿命？"东方朔说："彭祖活了八百八十岁，难道他的人中有八寸八那么长？"也是这个道理。

【聂耳国】清代吴任臣图本

欧丝女

——蚕神

欧丝之野在反踵东，一女子跪据[①]树欧[②]丝。三桑无枝，在欧丝东，其木长百仞，无枝。

注释：①据：倚靠。

②欧：通“呕”，吐出。

【欧丝国】清代成或因图本

反踵国的东面有个欧丝野，在那里有位女子跪倚着桑树在吐丝。在欧丝野的东面生长着三棵没有枝干的桑树，这种树虽然高达一百仞，却没有生长树枝。

【蚕女】蚕神传说

【欧丝国】清代《边裔典》

欧丝之野，就是呕丝之野的意思。荒野之上，有三棵高达百仞的树，没有枝干，有位女子在不停地吐丝结茧。这女子是古代桑神的化身。相传很久之前，她的父亲被征派去远方打仗，好几年也没有回来。她很思念父亲，担心父亲已经死在外面，就经常对着一匹自己养的马啼哭，说：“有谁能把我父亲救回来，我就嫁给谁。”结果这匹马长嘶一声，挣脱缰绳跑走了。过了半个月，这匹马突然回来了，马背上就驮着她的父亲。

之后，这匹马每天都大声嘶叫，要求她兑现承诺。她就把这件事告诉了她的父亲。她父亲觉得有辱门庭，立刻抽出剑，杀死了这匹马，还把它的皮挂在门口的桑树上。后来有一天，她父亲不在，她便和朋友一起嘲笑马，说它痴心妄想。那马皮忽然动起来，将她卷住，跑远了。几天后，她父亲找到了她，但她和那马皮已经化成了一只蚕蛹挂在高高的桑树上。蚕蛹硕大，能取出数十倍的蚕丝，之后人们争相来养，才有了后来的养蚕一事。

务隅山

——颛顼所葬之处

务隅之山，帝颛顼葬于阳，九嫔葬于阴。一曰爰有熊、罴、文虎、离朱、鸱（chī）[1]久、视肉。

注释：①鸱：疑为“鸥”。

务隅山，颛顼帝死后埋葬在山南，他的九个嫔妃埋葬在山北。还有一种说法认为这座山中有熊、罴、文虎、离朱鸟、鸥鹰、视肉兽。

【颛顼】

颛顼是黄帝的后裔，但神灵间血脉关系较淡，所以他小时候过得并不是很如意。他不是在天庭出生的，相貌带着很浓厚的动物属性，类似他的爷爷。颛顼这位天帝，心思深沉，做事情也很专一。他喜欢音乐，热爱摆弄乐器，但需要他协理政务的时候，他就会将乐器扔进海里，认真地处理天下大事。黄帝正是看中了他的这种秉性，所以将帝位让给他来坐，自己退隐了。

颛顼做了很多事情，最重要的一件事，就是重新划分天地间的规则。那个

【噎】明代蒋应镐图本

【颛顼、重、黎】

时候天地间有很多来往枢纽，他统统取消了，并且命令自己的孙子重和黎分别看管天和地，让人和神彻底分开。黎来到人间后，又生了个儿子叫噎，他替颛顼来规定日月星辰的法则。大地死气沉沉，共工谋反，洪水再袭，上古留在人间的异兽们也各生祸事。人间有过多次变动，但颛顼制定的人神分处的规则，还是稳稳地推行下去了。

颛顼死后葬在这里，和很多神仙一样，他也有复生的能力。传说中有一种叫鱼妇的鱼。当大风从北方吹来，泉水随着风涨起，蛇就会变成鱼的样子，颛顼的灵魂就会附在鱼身上，苏醒过来，看看自己用心打造的世界。

禺彊

——北方之神

【禺彊】清代《天问图》

北方禺彊（qiáng），人面鸟身，珥（ěr）[1]两青蛇，践[2]两青蛇。

注释：① 珥：在耳朵上穿挂饰品。

② 践：踩，踏。

北方的神是禺彊，这位神人面而鸟身，耳朵上穿挂着两条青蛇，脚踩两条青蛇。

【禺彊】明代蒋应镐图本

【禺彊】清代汪绂图本

北海海神禺彊，是黄帝的孙子，东海海神禺虢的儿子，颛顼的忠诚属臣。禺彊还兼任风神。当他以风神的形态出现时，非常凶恶，扇动着巨大的翅膀，鼓起飓风，风中还带着疫病。传说中，“鲲鹏”就是禺彊的两种化身。当他变成鲲时，身体之大，不知道有几千里；当他变成鹏时，翅膀垂下来，就好像是天上的乌云。每年冬天，他都要从北海迁到南海，由鱼变成鸟。

相传在渤海的东面，有一个大壑，名叫归墟（xū）。归墟深不可测，陆上百川、海洋之水和天河之水统统都流到这里来，但归墟从来没有满过。归墟的水面上漂浮着五座仙山，分别是岱舆（yú）、员峤（qiáo）、方丈、瀛洲、蓬莱。这五座仙山庄严巍峨，是众神仙居住的地方。但是因为它们浮在海面上，一旦遇到风暴，稍不小心就会沉没。于是天帝就命令禺彊解决这个问题。禺彊调遣了十五只大鳌到归墟去，让它们用头把五座仙山顶起来。这十五只大鳌每三只一组，通常是一只顶着，其余的两只在下面守候着，每六万年交换一次，轮流担起仙山。

【蓬莱】

· 海外东经 ·

海外自东南陬至东北陬者。

西海之外，从东南到东北的区域，里面的物产、人群如下。这里有大人国、君子国，更有东方神明句芒。

大人国

——巨人

大人国在其北，为人大，坐而削船。一曰在䃂(jiè)丘北。

大人国在它的北边，这个国家的人身材非常高大，坐着造船。还有一种说法认为大人国在䃂丘的北面。

【大人国】清代汪绂图本

【大人国】清代《边裔典》

大人国的人双腿、双臂奇长无比，双手硕大，长着一对招风耳，赤身裸体，长发披肩，看起来高大威猛。传说大人国的孕妇孕期长达三十六年，孩子生下来，母亲就变老，孩子则很快长大了。新生的孩子不能走，但能乘云出行。

相传大人国是龙伯人的后代。龙伯人都是巨人，有一天一个人闲来无事，就带了一根钓竿，到东方海外的归墟去钓鱼。他蹚在海里，海水只能漫过他的脚面，没几步，就到了归墟。这个人举起钓竿，接二连三地钓上来六只大鳌。前面讲过，禺彊用十五只大鳌托起了五座仙山，使上面的仙人能够安心生活，这龙伯人钓起来的就是很久没有吃过东西的负山鳌。无知的龙伯人将鳌吃了，而那两座仙山就一直流到北极去，沉在了大海里，仙人死伤无数。天帝怒极，将龙伯人变小，让他们再也不能蹚过归墟。慢慢地，龙伯人就退化了，但即便这样，他们还是有数十丈那么高。

【大人国】明代《山海经》（十八卷）

奢比尸

——黄帝属臣奢龙

奢比之尸在其北，兽身、人面、大耳，珥两青蛇。一曰肝榆之尸在大人北。

大人国的北面有位奢比尸，他有着野兽的身子、人的面孔，大大的耳朵上穿挂着两条青蛇。还有一种说法认为肝榆尸在大人国的北面。

【奢比尸】清代吴任臣图本

【奢比尸】明代蒋应镐图本

【奢比尸】明代《山海经》(十八卷)

【奢比尸】日本图本

传说奢比尸是黄帝身边的奢龙所化。奢龙不仅善于用毒，还可以改变天气，因此被称为“天气之神”。

奢龙很早就追随黄帝了。黄帝刚刚继位时，得到了几个人才，分别是东方奢龙、南方祝融、西方火封、北方后土。这些人都是当时四方大部落的首领。黄帝想尽办法收服了这些部落，并把四方分别交给他们去治理。这四个部落当中，黄帝最看重的就是奢龙部落。这是因为在东方有黄帝的大敌——蚩尤部落。蚩尤部落实力很强大，一直是黄帝的心头大患。而奢龙部落与蚩尤部落离得很近，可以帮助黄帝牵制蚩尤部落。黄帝与蚩尤作战时，后方奢龙部落“捣乱”，牵制住了蚩尤很大一部分兵力。

黄帝打败蚩尤后，奢龙部落没有了强敌，而且占据了蚩尤部落的大部分土地，力量空前壮大，奢龙也开始有了与黄帝争雄的野心。但是黄帝早有准备，在奢龙起兵之前，就先下手为强，杀死了奢龙。奢龙死后就变成了奢比尸，也叫作肝榆尸。

君子国

——有礼之人

君子国在其北，衣冠带剑，食兽，使二文虎在旁，其人好让不争。有薰华草，朝生夕死。一曰在肝榆之尸北。

奢比尸的北面是君子国，这个国家的人衣冠楚楚，腰间佩着剑，他们以野兽为食，身边还有两只花纹老虎以供驱使。君子国的人喜欢谦让，不喜欢争斗。这个地方有种草叫作薰华草，早上开花，傍晚凋谢。还有种说法认为君子国在肝榆尸的北边。

【君子国】清代汪绂图本

【君子国】清代《边裔典》

【君子国】清代成或因图本

君子国是人们对理想道德境界的想象。在君子国中，田间劳作的农民都是相互礼让、互相帮助的，知道谁家的庄稼长得不好，就一起帮助那家人整理田地。国人走在路上，不管是官员还是百姓，是贵族还是贫民，言谈举止都彬彬有礼。

在他们的集市上，人人都以自己吃亏，让别人得利为开心事。也就是说，在这里做生意，卖东西的讨价还价，不是为了卖个好价钱，而是为了卖得更便宜；而买东西的，也要拼命讨价还价，但不是为了买得更便宜，而是为了让卖家多挣一点。至于次品假货之类的东西，在这里根本没有。君子国还有一项很有意思的规定：臣民如果向国王进献珠宝，除将进献之物烧毁之外，臣民还要受到刑罚。

朝阳谷

——水伯天吴

朝阳之谷，神曰天吴，是为水伯。在虹（hóng）虹北两水间。其为兽也，八首人面，八足八尾，背青黄。

有位叫天吴的神居住在朝阳谷，也就是传说中的水伯。他住在虹虹北面两条河流的中间。他身形类似野兽，长着八个脑袋，每个脑袋上都生有人的脸面，有八只脚和八条尾巴，背部颜色青中带黄。

【天吴】明代蒋应镐图本

天吴是中国古代神话传说中的水神，也是吴人的祖先。吴人原住在丛林中，以狩猎为生，崇拜一种类似老虎的动物，期盼可以跑得更快。天吴的兽身，就是类似老虎的样子，体现着吴人的图腾样貌。

后来随着炎黄部族的向东扩张，吴人也逐渐向东南迁徙。到尧舜时期，吴人许多支系都迁徙到东南海滨、长江三角洲一带。从此，吴人告别了茂密的原始森林，开始征服波涛滚滚的大海。那原来保佑他们狩猎时多有收获的族神“天吴”，慢慢变成了与江湖大海打交道时，保护他们平安、丰收的“水伯”了。

【天吴】清代吴任臣图本

汤谷

——十日居所

下有汤(yáng)谷[1]。汤谷上有扶桑，十日所浴，在黑齿北。居水中，有大木，九日居下枝，一日居上枝。

注释：①汤谷：旸谷。

（黑齿国）下面有个汤谷，汤谷边上有棵扶桑树，十个太阳在这里洗澡，这个地方就在黑齿国的北面。浩瀚的海水中间有一棵高大的树木，九个太阳在树枝下休息，一个太阳停留在树枝上。

【羲和沐日】清代汪绂图本

上古大神帝俊有个妻子叫羲和，羲和生了十个太阳，太阳是人间光明的来源。这十个太阳每天有一个去天上照明，晚上回来的时候，羲和就给他们洗澡，然后让他们在扶桑树上休息。（扶桑树长千丈有余，二十人合围粗细，两两同根生，相互依偎。）

【羲和】清代《边裔典》

但是每日如此，她的十个孩子有些腻了，不愿意事事顺从母亲的安排。有一天早上，十个太阳突然一窝蜂地跑出去，也不按照预定的路线走，而是在天上乱窜。孩子们的胡闹导致人间非常炎热，人们不但要忍受十个太阳的炙烤，而且天不下雨，连草木都枯死了。人们请求女丑来为他们祈雨，结果女丑被十个太阳活活晒死了。

帝俊看到孩子们这么胡闹，就派了大神羿去惩罚他们。羿弯弓搭箭，接连射死了九个太阳，只留下一个太阳每日在天上值班。羿的做法有效但残忍，帝俊见自己孩子因此而死，对羿产生了厌弃的情绪。从那以后，羿就没有再返回天庭，而是在人间除害。

雨师妾国

——巫师国

雨师妾（国）在其北，其为人黑，两手各操一蛇，左耳有青蛇，右耳有赤蛇。一曰在十日北，为人黑身人面，各操一龟。

汤谷的北面是雨师妾国，这个国家的人皮肤都是黑色的，两只手中都各抓着一条蛇，左边的耳朵上穿挂着一条青蛇，右边耳朵上穿挂着一条红蛇。还有一种说法认为雨师妾国位于十个太阳的北面，那里的人全身是黑色的，长着人的面孔，两只手中各抓着一只乌龟。

【雨师妾（屏翳）】明代《三才图会》

【雨师妾】清代吴任臣图本

【雨师妾（黑人）】明代蒋应镐绘本

【雨师司职】

雨师妾是个国名，里面的人都是巫师，也有人认为雨师妾是雨师的妾侍，一个统率蛇族的女巫。人面兽身，操蛇、挂蛇是她的标志。

在《山海经》中雨师是司雨之神，但无名姓，不能确认究竟为谁，极有可能雨师这个职位的工作繁琐细致，所以很多人都担任过这个职位。《楚辞》中称雨师名“玄冥”“萍翳”。《抱朴子》则说：“山中辰日有自称雨师者，龙也。”《搜神记》说：“赤松子者，神农时雨师也……至高辛时，复为雨师，游人间。今之雨师本是焉。”还有将卫公李靖称为雨师的说法。以上各种，足以看出作为一个农业大国，百姓对于作物生长过程中必不可少的降水的重视。

毛民国

——长毛人

毛民之国在其北，为人身生毛。一曰在玄股北。

毛民国处在它的北边，这个国家的人全身长满了毛发。另外还有一种说法认为毛民国处在玄股国的北边。

【毛民国】明代蒋应镐图本

【毛民国】明代《山海经》（十八卷）

毛民国人身上长着又黑又粗的体毛，力气非常大。他们以黍为食，擅长驱使虎、豹、熊、罴作战，非常勇猛。相传他们是绰人的子孙，绰人被禹的后代无辜杀害，禹可怜他，将他的后人救下来，建立了一个国家，就是毛民国。

传说东晋年间，吴郡人戴逢在海边航行时发现一条小船，船上有男女四人，全都身材矮小，浑身长着硬毛，就像豪猪一样。戴逢觉得奇怪，又因为语言不同，便决定先把他们送到丞相府。没想到在半路上，四个人就死掉了三个，只剩下一个男的。戴逢赶紧向丞相说明了情况。丞相得知这个野人来自异域他乡，不懂中原语言，心生怜悯，便将自己的一个侍女赏赐给他，让他们一起生活。后来，他们生了一个儿子，这个男人在妻儿的教导下，渐渐学会中原地区的语言。他向别人介绍说自己来自毛民国，那里的人都异常勇猛，能够役使野兽作战。因此，丞相任命他为军事指挥官，在战场上驱使猛兽来击退敌人。

【毛民国】清代吴任臣图本

句芒

——东方之神

东方句（gōu）芒，鸟身人面，乘两龙。

东方有神曰句芒，形貌为鸟身而人面，出行时驾乘着两条龙。

【句芒】清代汪绂图本

【句芒】明代蒋应镐图本

【东方青帝】

【句芒】清代成或因图本

东方之神句芒，是西方天帝少昊的儿子，名为“重”。少昊身死之后，魂归西方，句芒取代他成了东方之神。句芒在古代很受尊崇，每到立春时节，百姓都要祭祀句芒。那时候，人们身穿青衣，戴青色的头巾，敲锣打鼓，很是热闹。这种风俗从周朝一直延续到了清末民初。

此外，句芒还是生命之神。春秋时，秦国国君秦穆公是个贤王，曾经拿了五张羊皮把百里奚从楚国人手里赎回，委任他为国家的重臣。他还厚爱百姓，赦免了三百个将他的马杀来吃的歧下百姓，后来这些人感念他的恩德，帮助他打败了晋国的军队。传说有一次，秦穆公来到一座庙内，忽然进来一个神，长着鸟的身子、人的脸，脸四四方方的。秦穆公见了，吓得想跑。那神却说：“不必害怕，我是青帝句芒。天帝知道你施行仁政，派我来为你增加十九年的寿命，并使你的国家繁荣昌盛、六畜兴旺。”听完这些话，秦穆公立即叩头拜谢。

趣读山海经

南山经

竹马书坊 编著

古吴轩出版社
中国·苏州

图书在版编目（CIP）数据

趣读山海经. 南山经 / 竹马书坊编著. -- 苏州 ：古吴轩出版社，2020.1

ISBN 978-7-5546-1492-1

Ⅰ. ①趣… Ⅱ. ①竹… Ⅲ. ①历史地理－中国－古代－少儿读物 Ⅳ. ①K928.626-49

中国版本图书馆CIP数据核字（2019）第285022号

责任编辑：蒋丽华
见习编辑：顾　熙
策　　划：村　上　高　超
封面设计：尛　玖

书　　名：**趣读山海经·南山经**
编 著 者：竹马书坊
出版发行：古吴轩出版社
地址：苏州市十梓街458号　　邮编：215006
电话：0512-65233679　　传真：0512-65220750
出 版 人：钱经纬
印　　刷：唐山富达印务有限公司
开　　本：710×1000　1/16
印　　张：7
版　　次：2020年1月第1版　第1次印刷
书　　号：ISBN 978-7-5546-1492-1
定　　价：235.00元（全六册）

前言

《山海经》是一本百科全书性质的先秦奇书，包含了历史、神话、传说、民俗、地理、动物、植物、矿产、医药等多方面内容，一度被当成一套权威的地理书籍。现存的《山海经》全书十八卷，其中“山经”五卷，“海经”八卷，“大荒经”四卷，“海内经”一卷，共约三万一千字。本书以“山经”“海经”为线索，分六本来解读《山海经》的故事。

图文并茂是《山海经》的重要特征。因古图遗失，现存图片多为明、清时代画师绘制。本书涉及的古籍主要有如下多种：

明代胡文焕《新刻山海经附新刻山海经图》，简称明代胡文焕图本；明代蒋应镐《山海经（图绘全像）》，简称明代蒋应镐图本；明代郭璞注、蒋应镐绘图的《山海经》（十八卷），简称明代《山海经》（十八卷）；清代吴任臣《增补绘像山海经广注》，简称清代吴任臣图本；清代汪绂《山海经存》，简称清代汪绂图本；清代毕沅《山海经新校正》图注原本，简称清代毕沅图本；清代郝懿行《山海经笺疏》，简称清代郝懿行图本；来自日本的图画，简称为日本图本；来自欧洲的图片，简称为欧洲图本；清代吴任臣注，四川成或因绘图的《山海经绘图广注》，简称清代成或因图本；上海锦章图书局于民国八年（1919）出版的《山海经图说》，简称上海锦章图本；清代《钦定古今图书集成·博物汇编·禽虫典》中的异禽、异兽图，简称清代《禽虫典》。

笔者能力有限，如有错漏之处，欢迎广大读者批评指正。

目　录

南山经

南次一经

招摇山

杻阳山

柢山

亶爰山

基山

青丘山

南次二经

柜山

长右山

尧光山

羽山

浮玉山

会稽山

洵山

鹿吴山

南次三经

祷过山

丹穴山

令丘山

仑者山

南山逸闻

·南次一经·

山脉览

◎ 原文

凡䧿(què)山之首，自招摇之山，以至箕尾之山，凡十山，二千九百五十里。其神状皆鸟身而龙首。

◎ 译文

䧿山山系之首尾，从招摇山起，到箕尾山止，一共有十座山，长约二千九百五十里。这些山中的山神都是鸟身龙头。

【南山神】鸟身龙首

【璋玉】山神祭品

【白茅】山神祭品

山神说

“我们䧿山山系，西临西海，东至东海，从招摇山到箕尾山，一共有十座，从西到东约二千九百五十里。我们山里宝石珍兽、稀罕草木应有尽有，九尾狐、旋龟都是我们山中的异兽，金银奇矿更是数不胜数。哪里好玩儿？哪里危险？看异兽首推招摇山，挖宝石要去堂庭山，亶爰（chán yuán）山连树都没有，不要去，很危险。”

招摇山

◎ 原文

南山经之首曰䧿[1]山。其首曰招摇之山，临于西海之上，多桂，多金玉。有草焉，其状如韭而青华（huā）[2]，其名曰祝余，食之不饥。有木焉，其状如榖（gǔ）[3]而黑理，其华四照，其名曰迷榖，佩之不迷。有兽焉，其状如禺（yú）[4]而白耳，伏行人走，其名曰狌狌（xīng xīng），食之善走。丽麐（jǐ）之水出焉，而西流注于海，其中多育沛，佩之无瘕（jiǎ）疾。

◎ 注释

①䧿：同“鹊”。

②华：亦作“花”。

③榖：构树。

④禺：像猕猴，但比猕猴大，赤目，长尾。

◎ 译文

南方诸山系之首叫䧿山。䧿山山系的第一座叫招摇山，它高高地屹立在西海岸边，山中多桂树，并且出产大量的金属和玉石。山里有种草，形状像韭菜，开青色的花，名叫祝余，人吃了它就不会感到饥饿了。招摇山里还有一种树，形状像构树，有黑色的纹理，其光华照耀四方，名字叫迷榖，把它的枝叶佩戴在身上就不会迷路了。山中有一种野兽，样子很像长尾猿，耳朵是白色的，它既能匍匐前行，也能像人一样直立行走，名唤狌狌，吃了它的肉能走得很快。丽麐水发源于这座山，然后向西注入大海，附近水中生长着大量育沛，把它佩戴在身上就不会得蛊胀病。

【桂树】

【构树】

祝余

——解饿的草

“吃了不饿，是不是件好事呢？酸甜苦辣，四方美食，兴许饿了才更觉得好吃。”

《山海经》中的第一种珍宝，是一株草。有人说它生在荒野中，苗很细，叶子圆圆的，花是粉紫色的；还有人说它如同兰花一样。关于它的味道，有人说它吃起来是辣的，有人说它吃起来清香满口。古时候的人很希望顿顿吃饱，所以才会对它有这么多的想象。

【祝余】形似韭菜，开紫色花朵

【粉紫花桔梗】与祝余相似

迷穀

——指路法宝

“招摇山最受欢迎的特产，谁来我们招摇山都爱带一根回去。四海八荒，上下西东，有了它，任君游玩。”

【迷穀】有它不迷路

【楮树】构树的别称

迷穀长得像构树，树干上有很多黑色的纹路，散发的光芒可以驱散黑暗。这种树一直光芒四射，佩戴上它当然就不会迷路了。

古时候人烟稀少，没有 GPS 导航，夜里又缺少足够的光源，旅途中的人很容易就会迷失方向。对迷穀的想象，体现了人们渴望了解周围环境的想法。

狌狌
——贪酒的猩猩

相传狌狌知人名，知来历，人吃了它的肉能健步如飞，改善腿脚不好的毛病。那么如何捕获一只狌狌呢？最简单的办法是用酒来诱惑它。准备一坛好酒，旁边再摆上一双连在一起的草鞋，然后耐心等待。狌狌最爱喝酒，喝多了后套上特制的草鞋，跑也跑不动。这时候出手，就可以轻而易举地将它捕获。

【狌狌】明代蒋应镐图本

“听说凡人信‘吃什么补什么’，家里有人腿摔伤了，要弄点排骨吃吃，所以……因为这个才来吃狌狌吗？”

【狌狌】清代吴任臣图本

【狌狌】清代汪绂图本

【猿猴】和狌狌相近的动物

【草鞋】捕捉狌狌的东西

育沛

——治瘕疾的良药

“凡人的大夫李时珍说，瘕疾分很多种，血液不好、长虫子、生气、吃多了都有可能令人得瘕疾。育沛能治这么厉害的病，可真是个宝物呢！”

育沛是一种模样无法确定的上古奇物，关于它的形象，有三种说法：第一种是生活在西海旁边的神奇水龟，第二种是像在河里发光的琥珀一样，第三种是像发光的海藻或者海草一样。无论它样貌如何，人们都相信，将它带在身边，就不会生瘕疾。

【育沛】可能形态之一

【育沛】可能形态之二

【育沛】可能形态之三

笼统地说，瘕疾是一种“大肚子病”，指肚子里有了肿瘤、肿块，有时候好像是条能动的虫子一样。《正字通》中说：“腹中肿块，坚者曰症，有物形曰瘕。”肿块发展成瘕疾的时候，已经很严重，不容易治了。古代外科手术的条件有限，育沛这种宝物承载了人们治愈病痛的美好愿望。

杻阳山

◎ 原文

又东三百七十里，曰杻（niǔ）阳之山，其阳多赤金，其阴多白金。有兽焉，其状如马而白首，其文如虎而赤尾，其音如谣，其名曰鹿蜀，佩之宜子孙。怪水出焉，而东流注于宪翼之水。其中多玄龟，其状如龟而鸟首虺（huǐ）①尾，其名曰旋龟，其音如判木，佩之不聋，可以为②底③。

◎ 注释

①虺：毒蛇。

②为：治疗。

③底：通“胝（zhī）”，脚底的厚茧。

◎ 译文

（猨翼山）再向东三百七十里，是杻阳山。这座山南坡盛产赤金，北坡盛产白金。山中有种形状像马，却长着白色脑袋的野兽，它身上的斑纹像虎纹，尾巴是红色的，叫声就像人在吟唱，这种野兽的名字叫鹿蜀。将它的皮毛佩戴在身上，可以让子孙繁衍不息。怪水从这座山发源，向东流入宪翼水。怪水中生长着许多黑色的乌龟，长着鸟的头和蛇的尾巴，它的名字叫旋龟。旋龟的叫声像劈开木头时所发出的响声，将它的壳佩戴在身上，能使人的耳朵不聋，还能治疗脚底的老茧。

【赤金】

【白金】

鹿蜀

——生生不息

“鹿蜀唱歌很好听，即使清唱也很有魅力，是我们南山里有名的歌者，我们山神都喜欢它。遇见它唱歌，听了再走呀！”

古代，人们都希望多子多孙，但那时的医疗条件有限，生育率和存活率都不高。对鹿蜀的想象，正体现了人们对家庭美满的向往。

相传明末崇祯时期，有人见到过一次吉兽鹿蜀，并写诗记载。这也是人们寄托在鹿蜀身上的期望：即便皇朝将倾，也希望子孙后代好好地活在这片土地上。

【鹿蜀】明代胡文焕图本

【鹿蜀】明代蒋应镐图本

【鹿蜀】清代汪绂图本

【斑马】唐代《山海百灵》图卷

旋龟

——可治耳聋

“中山豪水有旋龟的同类，尾巴短一点，也是尖的，像鳖一样，同样叫旋龟。可见我们各个山脉间的水系是通的。”

【旋龟】上海锦章图本

旋龟是南山、中山水系中特有的大型龟。人带着它，可不患耳聋，还能治疗足茧。

我国研究人员在贵州发现了一种两亿多年前的原始龟类的化石，名叫中国始喙龟。它长得和旋龟很像，嘴修长而且尖，尾巴很长，像蛇一样，身长两米多。古时候或许真的有旋龟存在呢！

【鸱龟曳衔】清代《离骚图》

【旋龟】明代蒋应镐图本

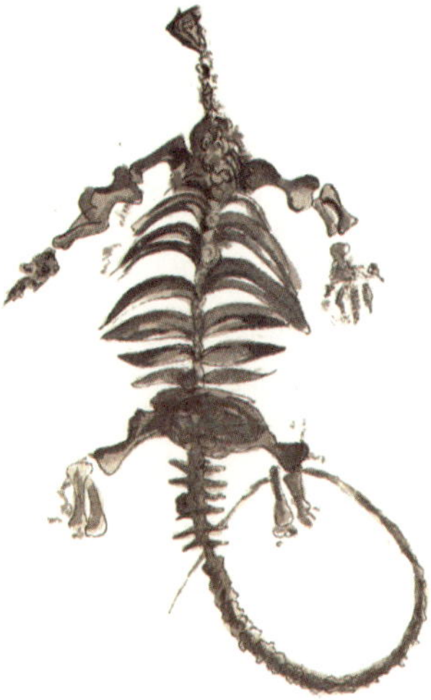

【中国始喙龟】

柢山

◎ 原文

又东三百里，曰柢（dǐ）山，多水，无草木。有鱼焉，其状如牛，陵居，蛇尾有翼，其羽在魼（xié）①下，其音如留牛，其名曰鯥（lù），冬死而夏生，食之无肿疾。

◎ 注释

① 魼：亦作“胁”，鱼的肋骨部位。

◎ 译文

再往东三百里是柢山，山中多水流，没有花草树木。有一种形状像牛的鱼栖息在山坡上，长着蛇一样的尾巴，生有翅膀，翅膀长在肋下，它与犁牛的声音很像，这种怪鱼的名字叫鯥。它冬天蛰伏，夏天苏醒，吃了它能使人不患痈肿病。

【犁牛】

【奶牛】

鯥

——怪鱼止痈

“我们山中的水有古怪，草木碰上就会枯萎，鱼也不住在水里。我潜下去看过，河底漆黑一片，深处有亮晶晶的东西，发着绿幽幽的光，看着就很危险。”

柢山水流很多，却没有草木，鯥鱼虽然住在这里，但它只生活在丘陵上，不住在水里。这鱼不仅有翅膀还有蛇尾，但平时很少露出来，只有受到生命威胁的时候，才速速飞走或者滑开。

【鯥】明代胡文焕图本

【鯥】明代蒋应镐图本

【鯥】上海锦章图本

亶爰山

◎ 原文

又东四百里，曰亶爰之山，多水，无草木，不可以上。有兽焉，其状如狸而有髦（máo）[1]，其名曰类，自为牝牡（pìn mǔ）[2]，食者不妒。

◎ 注释

①髦：动物头颈上的长毛，另有版本为“髮（发）”。

②牝牡：牝，鸟兽的雌性。牡，鸟兽的雄性。

◎ 译文

再往东四百里，是亶爰山。山间多水流，没有花草树木，这座山非常险峻，无法攀登上去。亶爰山中有一种野兽，形状像野猫，脑袋上有毛发，它的名字叫类，雌雄同体，可以自行繁衍，人吃了它的肉就不会心生嫉妒。

【野猫】

类

——消弭嫉妒

“我们山里水多，没草木，也没有访客，平时我只见着类在山中游走。它又当爹又当妈，平时很忙，如果想见它，可以约在山脚下，远远地见一面。”

类是一种雌雄同体的异兽，吃了它可以消除嫉妒这种令人不快的情绪。有人称在云南见过香狸（类），说它形如狸猫，身上有豹纹；《楚辞》中也对它有过描述，称它为“文狸”。

在古人眼中，类是一种类似野猫，尾巴非常长，令人愉悦的吉兽。通过对类的想象，我们可以发现古人不仅追求身体健康，而且追求心理健康。

【类】清代吴任臣图本

【类】日本图本

【类】欧洲图本

【类】明代蒋应镐图本

基山

◎ 原文

又东三百里,曰基山,其阳多玉,其阴多怪木。有兽焉,其状如羊,九尾四耳,其目在背,其名曰猼訑(bó shì),佩之不畏。有鸟焉,其状如鸡而三首、六目、六足、三翼,其名曰鹇鸺(chǎng fū),食之无卧。

◎ 译文

再往东三百里,是基山。这座山的南坡盛产玉石,北坡生长着许多奇怪的树木。山中有一种形状像羊的野兽,生有九条尾巴、四只耳朵,眼睛长在背上,它的名字叫猼訑,人将它的毛做成装饰物带在身上,就不会心生恐惧。山中还有一种鸟,形状像鸡,却长着三个脑袋、六只眼睛、六只脚、三只翅膀,它的名字叫鹇鸺,吃了它的肉,人会精神亢奋,睡不着觉。

【羊】

【鸡】

猼訑

——佩之无畏

“山中夜里只有月光，怪树还多，树影很吓人，所以猼訑的毛很受山里的小妖怪欢迎。每年猼訑换毛的时节，都有很多妖怪排队领取。”

【猼訑】清代《禽虫典》

猼訑的眼睛长在脊背上，是很奇特的怪兽。自古以来它的形象都比较固定，只是有些人觉得它尾巴长些，有些人觉得它尾巴短些。传说中，猼訑的毛能让人减少恐惧，这可能是因为它的眼睛长在后背上，能看到自己周围所有事物。看得见，就会少害怕一些，减少对世界的畏惧。

【猼訑】唐代《山海百灵》图卷

猼訑

【猼訑】清代汪绂图本

【猼訑】明代蒋应镐图本

䳋鳺

——食之少眠

“山上的妖怪一般把它叫作‘它们’。同一个问题，常常有三种不同的答案，还会同时说；准备食物，也要准备三份，三个头还要同时吃。真是怪鸟。”

【䳋鳺】明代胡文焕图本

䳋鳺的形象有点像三只鸟挤在一个身体里面。古人说它的性子很急，传说中䳋鳺只要有一个头死掉，整只鸟就死了。吃了它的肉可以少休息，这种期望体现了古时候善良的农民勤劳能干的优秀品质。

【鹋鸺】欧洲图本

【鹋鸺】明代蒋应镐图本

【鹋鸺】清代成或因图本

青丘山

◎ 原文

又东三百里，曰青丘之山，其阳多玉，其阴多青雘（huò）。有兽焉，其状如狐而九尾，其音如婴儿，能食人，食者不蛊（gǔ）①。有鸟焉，其状如鸠，其音若呵（hē）②，名曰灌灌（guàn guàn），佩之不惑。英水出焉，南流注于即翼之泽。其中多赤鱬（rú），其状如鱼而人面，其音如鸳鸯，食之不疥。

◎ 注释

①蛊：蛊毒，或指妖邪之气。

②呵：人相互呵斥。

◎ 译文

再往东三百里，有座青丘山，山南面盛产玉石，山北面出产大量青雘。山中有一种形状像狐狸的怪兽，长着九条尾巴，叫声就像婴儿的啼哭声，能吃人。人如果吃了它的肉，就能不沾染妖邪之气。山中有一种禽鸟，形状像雉鸡，叫声就像人在互相斥骂，它的名字叫灌灌，将它的羽毛佩戴在身上，可以使人不迷惑。英水就发源于这座山，然后向南流入即翼泽。附近水中出产大量赤鱬，它的形状像鱼，却长着一张人样的脸，声音如同鸳鸯的叫声，人吃了它的肉，可以不生疥疮。

【青雘】

【雉鸡】

九尾狐

——应时而变

一般的怪兽要么是吉兽，要么是凶兽，九尾狐却不是固定的。它有时是祥瑞的象征。相传禹在涂山见到一只九尾狐，想到一首歌谣，说：谁见了九尾狐，谁就可以成为王；谁娶了涂山的女儿，谁就可以家道兴旺。因此禹娶了涂山女子为妻。九尾狐幻化成美女后，有时也是灾祸的象征。著名的妲己的故事便是如此，她奉女娲之命，去纣王身边，加速了商朝的灭亡。海外流传的九尾狐，多能幻化成美人，蛊惑人还是帮助人，全看它的选择。

【九尾狐】明代胡文焕图本

【九尾狐】明代蒋应镐图本

【九尾狐】日本图本

【九尾狐】欧洲图本

“大家都想看看九尾狐的样子，可别忘了，它会吃人，远远看看就好，不要上前打招呼。九尾狐强大而美丽，很多地方都有它的踪迹，东山的九尾狐长得还不太一样，记得去看哦。”

灌灌

——醒神首选

【灌灌】清代《禽虫典》

灌灌和斑鸠长得很像，也有人说像布谷鸟多一些。据说烤着吃味道鲜美，吃了还可以定神醒脑，一举两得。

“九尾的声音像小孩啼哭，灌灌的声音像人吵架，赤鱬的声音又像鸳鸯一样聒噪，青丘山是山系里最吵的，又想搬到堂庭山住一阵子了。”

【灌灌】清代成或因图本

【斑鸠】类似灌灌的鸟

【花枝下的小鸟】

赤鱬

——食之不疥

“长着人脸的鱼，就不要吃了吧？其他山上还有能治疥的花草，不如去那边看看？”

英水发于青丘，注入南方的湖中，赤鱬生活在这里。在《山海经》中，赤鱬是一种很普通的异兽，但在日本的传说中，它是一种神兽，据说吃了它的肉不仅可以治病，更可以长生不老。它的鳞片也是日本阴阳师制作石碑护身符的常见原料。

【赤鱬】清代汪绂图本

【狩衣】日本阴阳师常见装束

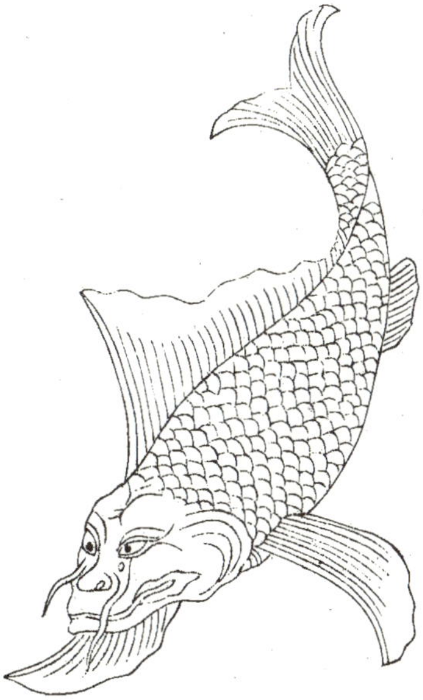

【赤鱬】清代吴任臣图本

【赤鱬】明代蒋应镐图本

·南次二经·

山脉览

◎ 原文

凡南次二山之首，自柜（jǔ）山至于漆吴之山，凡十七山，七千二百里。其神状皆龙身而鸟首。

◎ 译文

南方第二列山系，从柜山起到漆吴山止，一共有十七座山，长达七千二百里。诸山山神都是龙身鸟头的样子。

【南山神】龙身鸟首

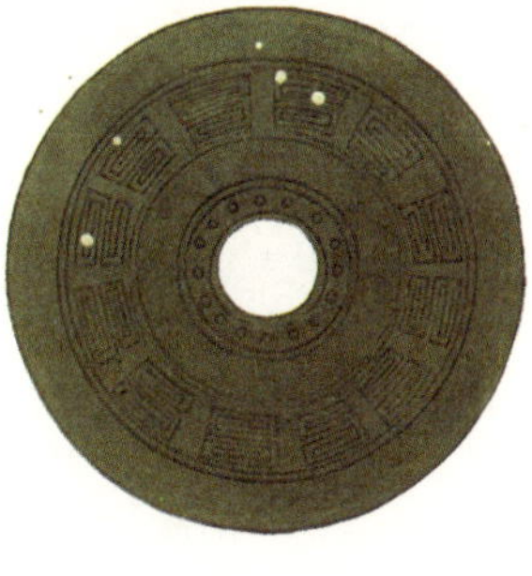

【璋玉】山神祭品

【白茅】山神祭品

山神说

“我们是南方第二山系，西面挨着流黄氏族，东南临海，从柜山起到漆吴山，一共有十七座山，绵延七千二百里。我们山系中盛产矿石，山上多草木、上古遗迹，异兽多凶兽。若是想看上古治水的遗迹，有羽山和会稽山；若是想寻矿，句余山是个好去处。其中最荒芜的当属咸阴山，无草无水，是我们山神静修时喜欢去的地方。”

柜山

◎ 原文

南次二经之首，曰柜山，西临流黄，北望诸毗（pí），东望长右。英水出焉，西南流注于赤水，其中多白玉，多丹粟。有兽焉，其状如豚（tún），有距[①]，其音如狗吠，其名曰狸力，见（xiàn）[②]则其县多土功。有鸟焉，其状如鸱（chī）[③]而人手，其音如痺(bēi)[④]，其名曰鴸(zhū)，其名自号(háo)也，见则其县多放士。

◎ 注释

①距：雄鸡、雉等腿的后面突出的像脚趾的部分。

②见：通“现”。

③鸱：鹞鹰。

④痺：雌鹌鹑。《尔雅》云：“鹑之雌者名痺。”

◎ 译文

南方第二列山系的首座山叫柜山，山的西边临近流黄国，山的北面与诸岻山相望，东边与长右山相望。英水就从这座山发源，然后向西南流入赤水，附近水中出产许多**白色玉石**，还出产粟粒般的**丹砂**。山中有一种像小猪的野兽，长着一对鸡爪，声音像狗叫，它的名字叫狸力。它出现在哪里，哪里就会多土木工程。山中还有一种鸟，形状像鹞鹰，脚却像人手一样，啼叫声与雌鹌鹑的很像，名字叫鴸，因它的叫声而得名。它出现在哪个地方，哪个地方就会有众多才智之士被流放。

【白色玉石】

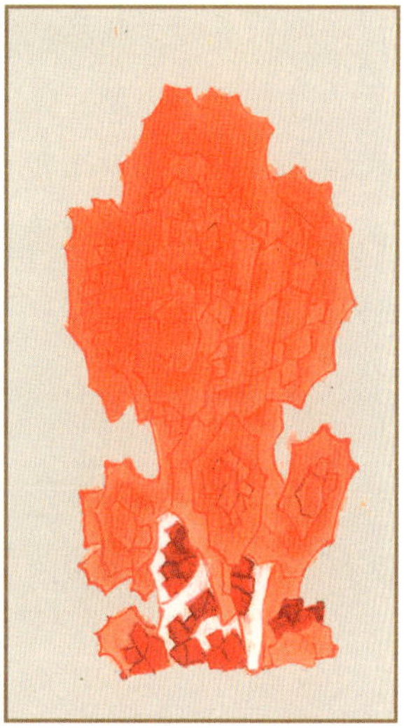

【丹砂】

狸力

——土木之兆

“狸力喜爱大工程，欢呼雀跃地赶到长城那里去，却没想过修长城的人多数是被强制征集的苦力。人们觉得是狸力带来了繁重的劳动，愤怒之余经常将它们捉住杀掉，很多狸力就这样有去无回。”

狸力长着猪鼻子，善于拱土；还长着鸡爪，善于刨坑；它叫声像狗叫，洪亮醒耳。有它在的地方必定大兴土木。相传秦朝修筑万里长城时，很多狸力和鵹（lí）鹕（见《东山经·卢其山》）就聚集在那片区域，为如此大型的土木工程欢呼。

【狸力】清代《禽虫典》

【狸力】明代蒋应镐图本

【狸力】清代成或因图本

【野猪】唐代《山海百灵》图卷

鴸

——名士之殇

鴸长得像猫头鹰，脚和人的手一模一样，叫声如“朱”音，和它名字的音是一样的。它是不幸的象征。如同彗星划过天际，鲸鱼的尸体沉浮于海，它出现在县邑时，这地方的有识之士便要被流放。

这种鸟和尧的长子丹朱有关。丹朱性情不定，容易受人蛊惑，他知道皇位没有传给他之后，决心起兵谋反。不久之后，丹朱谋求皇位失败了，在战乱中溺海而亡。他死后的灵魂化为鴸，是凶兽。

关于丹朱的事情，也有一种相反的说法。说他有才华却不被肯定，后来被神后稷流放到丹水，郁郁而终，化为鴸鸟。

【丹朱】

“丹朱顽劣乖戾，是个混人，死后的灵魂依旧喜欢惹是非。有一些鴸从南山去了海外，还留下了一些后代。”（见《海外南经·讙（huān）头国》）

【猫头鹰】

【鴸】欧洲图本

【鴸】明代蒋应镐图本

【鴸】明代胡文焕图本

长右山

◎ 原文

东南四百五十里，曰长右之山，无草木，多水。有兽焉，其状如禺而四耳，其名长右，其音如吟，见则其郡县大水。

◎ 译文

往东南四百五十里，有座长右山，山上没有花草树木，但水源非常丰富。山中有一种野兽，形状像猿猴，却长着四只耳朵，名字叫长右。它的叫声就好像人的呻吟声。它出现在哪个郡县，哪个郡县就会发生大水灾。

【孙悟空】

长右

——洪水将倾

“长右喜水，平常喝水即可，它很少出门，但有时听说哪里有旱灾了，也会出门一趟。还有啊，猿猴类的怪兽都不好惹，长右和无支祁是，六耳猕猴是，孙悟空更是……”

【长右】清代吴任臣图本

长右山因长右而得名。长右出现的地方，必然河溪横流。《太平广记》中记载了一种类似长右的地方水神，名叫无支祁。无支祁能说人话，样子像猿猴，白首青身，眼睛里闪耀着金光，力气大过九头大象，脖子拉长能有三十多米。大禹治水时，无支祁兴风作浪，令淮水不安。禹用大铁链锁住它的脖颈，在其鼻孔里穿上金铃，然后把它镇压在了淮水旁的龟山脚下。无支祁被降服后，淮水终于平静下来，顺河道入海。

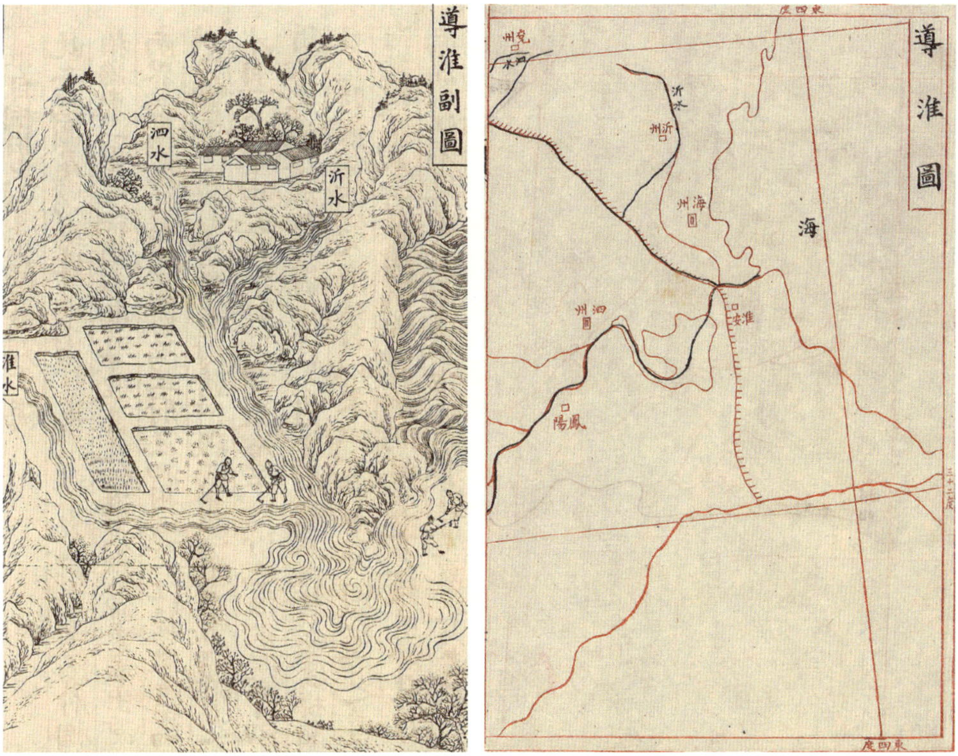

【禹导淮河图】

【长右】明代蒋应镐图本

尧光山

◎ 原文

又东三百四十里，曰尧光之山，其阳多玉，其阴多金。有兽焉，其状如人而彘鬣（zhì liè）[①]，穴居而冬蛰（zhé），其名曰猾褢（huái），其音如斫（zhuó）木，见则县有大繇（yáo）[②]。

◎ 注释

①彘鬣：猪毛。

②繇：通“徭”，徭役。

◎ 译文

再往东三百四十里，有座尧光山，这座山的南面多产玉石，北面出产大量金属。山中有一种野兽，形状像人，身上长着猪一样刚硬的鬣毛，它住在山洞里，冬季蛰伏，名为猾裹，叫声像劈伐木头的声音，它出现在哪个郡县，哪个郡县就会有繁重的徭役。

【徭役图】

猾裹

——劳民之怨

“猾裹挺不错的，性格好，不爱出门。有徭役其实并不是它的错，它只是闻到了兆头，去看看热闹而已。”

猾裹像人一样，身上却长着又长又硬的猪毛，叫声像砍木头的声音，冬季闭门不出，其他季节活动。相传它出没在苛政频出、徭役繁重的地区，有它便有徭役，当地就会起暴乱，民不聊生。当统治者治理有道、布施仁政的时候，它便销声匿迹，极少出现了。徭役是强制性的，没有报酬，还会打乱人们的正常生活节奏，所以过于繁重的徭役常激起民怨，猾裹在人们的认知里，也就成了一种凶兽。

【猾裹】明代胡文焕图本

【猾褢】明代蒋应镐图本

【猾褢】日本图本

羽山

◎ 原文

又东三百五十里，曰羽山，其下多水，其上多雨，无草木，多蝮虫（huǐ）[1]。

◎ 注释

①虫：“虺”的本字。毒蛇。

◎ 译文

再往东三百五十里，是羽山。山的下面有很多流水，山上经常下雨，却不生长任何花草树木，山中的反鼻虫非常多。

蝮虫

——反鼻虫

“有毒，有毒，有毒，万万小心。”

羽山是座冢山，草木不生，只有一种喜爱潮湿的水生虫活了下来。这种虫子颜色如同绶（shòu）带上的纹路，鼻子上有针状的刺，大的能有一百多斤。

【蝮虫】明代蒋应镐图本

鲧

——治水先驱

羽山上的水常年满至山腰，天上的雨从不停歇，是鲧的身死之处。

鲧是黄帝的孙子，生是一匹白马，他出生后便为黄帝攻城略地，帮助黄帝取得帝位。后来，鲧成了一方首领，虽然脾气暴烈，但仍是未来帝位的有力竞争者。那时神对人不满，降下滔天洪水，鲧被尧任命治水。他试图用土来掩埋洪水，将山铲平，填在洪水处，这事很费神并且没有什么效果。他治水九年，洪水依旧不停，鲧很发愁，也不知天帝是怎么想的。这天鲧削山填水的时候，有一只活了很久的大龟来了，它扬起头说："听说，天帝有息壤这种东西，放在地上就能不断生出新土，可以将这滔天洪水湮灭。"鲧听了它的意见，带着它上天盗取息壤。路上那龟又问他："不怕吗？你祖父会惩罚你的。"鲧对它说："人是神造，自然不完美，犯错了不告诉是什么错，只惩罚算什么？若他要罚我，就罚吧。"

因为和黄帝的亲缘关系，鲧拿到息壤的过程很顺利。息壤果然很神奇，洪水涨，但息壤造的山更高，那些无边无际的漫天洪水渐渐变成了湖、溪流、沼泽。人们很开心，鲧也觉得快乐。填埋洪水到尾声的时候，天帝发现息壤不见了。鲧挑战了他的权威，让他降下的洪水和他的宝物都成了笑话，而且下界的人很崇拜鲧，不再崇拜、害怕天帝了。于是，天帝找来了和鲧有仇的神将——祝融。“鲧不听我的命令，还偷了我的神物，你去将他杀了。”天帝这样对祝融说。

【鲧】

那个时候鲧治水到羽山处，正值疲惫不堪之时，与祝融缠斗一番后，死于吴刀之下。息壤被祝融带回。祝融对天帝说：“他快将洪水填完了，息壤只剩这些。”天帝挥手，将人间的息壤也收了回来，天地间又一次洪水泛滥。人匍匐在地上，乞求天帝的谅解，但天帝仍觉得不到时候，没有理会。

鲧就这样死了，死不瞑目。羽山的雨一直不停，他的尸体躺在羽山下，三年也没有腐坏，只有肚子越鼓越高。天帝在天上看着，心生恐惧。他又将祝融叫来了，对祝融说：“你去将他肚子破开，不要让他复活。”

祝融又一次去了羽山，又一次举起了吴刀。有新生的龙从鲧的肚子里跳出来，带着鲧的神力腾于空中，这便是治水英雄—— 禹。禹出生后，鲧的尸体化成了一只黄熊，看了空中一眼，遁入了羽山附近的深渊中，再也没出来过。

【虬龙负熊】清代《离骚图》

“羽山的雨是不会停的，那都是人们对鲧的思念。人的脾气各不相同，做好事总该得到嘉奖而不是惩罚啊！”

浮玉山

◎ 原文

又东五百里，曰浮玉之山，北望具区，东望诸毗。有兽焉，其状如虎而牛尾，其音如吠（fèi）犬，其名曰彘（zhì），是食人。苕水出于其阴，北流注于具区。其中多鮆（cǐ）鱼[①]。

◎ 注释

①鮆鱼：一种刀鱼，头长身窄。

◎ 译文

（句余山）再往东五百里，是浮玉山。此山向北可以望见具区泽，向东可以望见诸毗水。山中有一种野兽，样子像老虎，却长着牛一样的尾巴，叫声像狗吠声，它的名字叫彘，能吃人。苕水从这座山的北麓发源，之后向北注入具区泽，水中盛产鮆鱼。

【刀鱼】体窄味美

【老虎】

彘

——虎身牛尾

“若想吃美味少刺的鳖鱼，就要小心山上的彘。如果听见狗叫，就速速跑开吧。”

彘这种食人的凶兽，身上有虎纹，尾巴梢像坠着个小扫帚一样，叫声如狗吠。吃人的怪兽叫声多半很常见，如婴儿哭声、狗叫声、猪哼唧声等。常见的声音会令人放松警惕，从而靠近它们。

【彘】明代胡文焕图本

【长彘】日本图本

【彘】明代蒋应镐图本

会稽山

◎ 原文

又东五百里，曰会（kuài）稽之山，四方，其上多金玉，其下多砆（fū）石。勺水出焉，而南流注于溴（jú）。

◎ 译文

（成山）再往东五百里，有座会稽山。这座山呈四方形，山上盛产金属和玉石，山下有一种武夫石，晶莹剔透，非常美丽。勺水从这座山发源，向南注入溴水。

【洪水】

禹

——治水大能

在羽山时说到，鲧死不堕志，用神力孕育了禹。禹从父亲肚子里腾空而出，翱翔于天，向天帝传达了永不服输的精神。天帝见到了新生的龙，想起了鲧，终于觉得人类的这场洪水该有个尽头了。

他写了任命书，将当时为鲧带路的大龟叫来，让它背负息壤下界，去找禹。禹拿到了天帝的任命书和宝物，又有其他龙族来帮助他，从此踏上了和他父亲不同的治水之路。

大禹治水的主要思路是疏导，让天地间的水向四方流进海里。他将河床加深、堤坝加固，然后用息壤造了很多平原，让人们能够长住久居。这时候水神共工不高兴了，大禹的做法令他神力消减，而且他认为大禹没有丝毫可取的地方，所以共工在触不周山之后，又一次掀起了滔天巨浪，淹到了空桑那里。

大禹分身乏术，只能在治水途中的一座荒山上召集天下有能力的人一起来商量。大多数人都按时到了，只有防风氏不以为意，来晚了一会儿。大禹将他杀了，用他的骨头做了车，以此震慑众人。大禹由此成了一位当权者，这座商议大事的山也改名叫会稽山。

在此之后大禹继续治水，并在这个地方封禅，死了以后也葬在这个地方。总体而言，禹是一位贤明的君主。

【禹娶涂山图】

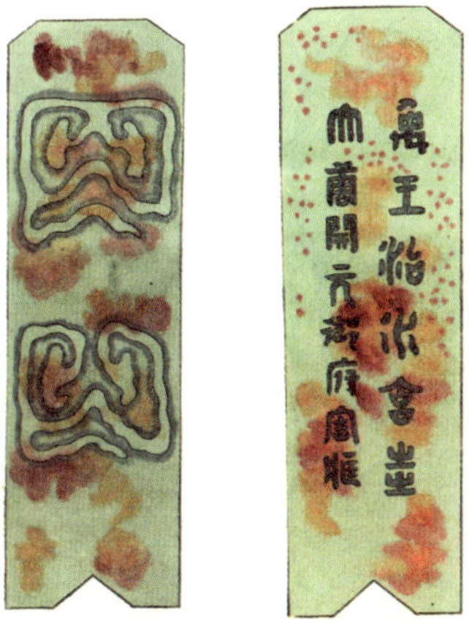

【治水玉圭】

“禹凭借治水一项功绩就可以永垂青史了。听说他忙起来的时候，三次路过家门都没时间进去看一看。后来他妻子跟随他治水，有一次他变成熊打山时，被他妻子看见了。他妻子觉得熊太可怕，变成了一块大石头不理他。大禹当时一定很生气吧。”（见《中山经·泰室山》）

洵山

◎ 原文

又东四百里，曰洵(xún)山，其阳多金，其阴多玉。有兽焉，其状如羊而无口，不可杀也，其名曰䍺(huàn)。洵水出焉，而南流注于阏(è)[1]之泽，其中多芘蠃(luó)。

◎ 注释

①阏：湖泊名。

◎ 译文

（咸阴山）再往东四百里，有洵山。山南盛产金属，山北多出玉石。山中有一种野兽，形状像羊，但是没有嘴巴，不吃东西也能活下去，名叫䍺。洵水就从这座山发源，之后向南注入阏泽，水中出产许多紫色螺。

茈 蠃

——紫色螺

“茈蠃很好玩，有时将它们召集起来，可以做一块扎染的布。和别的山头比，我们山上的异兽性情柔和，自得其乐，优哉游哉。”

传说中的紫螺是白的，摩擦它的时候，壳上会有紫色的纹路出现。如今也有紫螺存在，身上有白、紫两色，遇见危险的时候，会喷出淡紫色的液体，与传说有相似之处。紫色螺现在很少见，多生活在浅水的泥沙之中，四处缓慢游走。

【茈蠃】

䍶

——不死羊

“集天地灵气，采日月精华，䍶虽然没有嘴，但还是摄取了很多东西。还听说它得到了女娲娘娘补天所剩的五色石碎片，佩戴起来就再也不用吃饭了。”

䍶长得像羊一样温顺，五官中缺少嘴，最有趣的地方在于它饿不死，不吃东西也能好好活着。传说中，有害的东西都进不到它体内，它自身就能形成一个良性的循环。古人讲“病从口入，祸从口出”。䍶无口，所以不会吃到有毒的东西，也不会惹口舌之祸，自然寿命就长了。

【䍶】清代吴任臣图本

【猼訑】日本图本

【猼訑】明代蒋应镐图本

鹿吴山

◎ 原文

又东五百里，曰鹿吴之山，上无草木，多金石。泽更之水出焉，而南流注于滂(pāng)水。水有兽焉，名曰蛊[1]雕，其状如雕而有角，其音如婴儿之音，是食人。

◎ 注释

①蛊：一说“纂”。

◎ 译文

（区吴山）再往东五百里，有座鹿吴山，山上没有花草树木，但盛产金属和玉石。泽更水从这座山发源，之后向南注入滂水。水中有野兽，名曰蛊雕，形状像大雕，头上却长着角，发出的声音如同婴儿的啼哭声，喜欢吃人。

【雕】

蛊雕

——荒山凶兽

“蛊雕很懒，一般十年进食一次，吃了之后再睡上十年。所以挑它睡着的时候来鹿吴山玩吧。”

【蛊雕】明代蒋应镐图本

蛊雕在传说中有两种形象：一说是水中像雕的带角异兽；另一说是豹身带角异兽，长鸟嘴。这两种说法都肯定了蛊雕像鸟，只是对蛊雕的大小想象有些不同。日本鬼怪中有叫川赤子的妖怪，是婴儿模样，常在池塘、沼泽附近出现，它喜欢在夜晚时模仿婴儿的哭声引诱人前来，戏耍之后当作食物吃掉。

【川赤子】

【蛊雕】明代胡文焕图本

【蛊雕】清代吴任臣图本

·南次三经·

山脉览

◎ 原文

凡南次三山之首，自天虞之山以至南禺之山，凡一十四山，六千五百三十里。其神皆龙身而人面。

◎ 译文

南方第三列山系，从天虞山起到南禺山止，一共有十四座山，行经六千五百三十里。居住在这些山中的神都是龙身人面。

【南山神】龙身人面

【稌】山神祭品

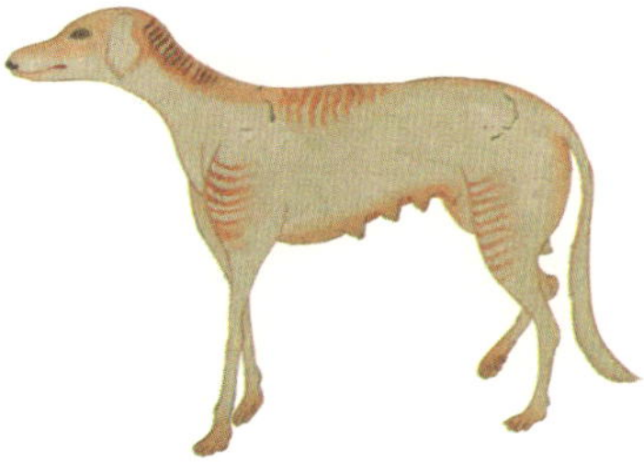

【白狗】山神祭品

山神说

“我们山系西起天虞山，东至南禺山，共十四座山，约六千五百三十里。我们山脉起伏不大，奇兽异景却很多，大陆上的风也出自我们山系。若来此游览，定不要错过丹穴山，上头有神鸟凤凰，还要去育遗谷，从近处感受一下吹遍大陆的南风。”

祷过山

◎ 原文

东五百里，曰祷过之山，其上多金玉，其下多犀兕（sì）[1]，多象。有鸟焉，其状如鵁（jiāo）[2]，而白首、三足、人面，其名曰瞿（qú）如，其鸣自号也。泿水出焉，而南流注于海。其中有虎蛟，其状鱼身而蛇尾，其音如鸳鸯，食者不肿，可以已痔。

◎ 注释

①兕：似水牛，青色，一角，重三千斤。

②鵁：见《北山经·蔓联山》。

◎ 译文

（天虞山）往东五百里，叫祷过山。山中盛产金属和玉石，山下生活着大量犀牛、兕，还有很多的大象。山中有一种鸟，形状像䴔，长着白色的脑袋，三只脚，有和人一样的脸，名字叫瞿如，它的鸣叫声就是它名字的读音。浪水从祷过山发源，向南流入大海。水中有虎蛟，长着鱼的身子，却拖着一条蛇尾，叫声像鸳鸯，人吃了它的肉，可以不生痈肿病，还能治疗痔疮。

【独角犀】

【大象】

瞿如

——三足怪鸟

“瞿如的声音很清脆，常和山中的独角犀一同散步，性情温顺。句芒神很喜欢它，还带走了几只放在扶桑树旁。”

瞿如的脑袋是白色的，狭窄的鸟头上长着人的五官，它有三只脚，尾巴很长。另有传说，它的三只脚也是人手的模样，这样看更怪异了些。人面鸟在《山海经》中有很多，诸多神灵都是人面鸟的形象。瞿如和这些神灵或许有些渊源，却没有什么灵力，只是相貌怪异了些。

在外国神话中，也有一位人面鸟的邪神，名叫哈耳庇厄。她长着人的脸，却有着秃鹫的身体，性情残暴，常常恐吓别人和偷东西。

【瞿如】清代吴任臣图本

【瞿如】日本图本

【瞿如】上海锦章图本

【瞿如】清代《禽虫典》

【瞿如】明代蒋应镐图本

虎蛟

——似鱼蛟龙

“虎蛟能治病，又常行善，早有成龙的资格。但我们山临近南海，又离东海不远，它总不能决定去跳哪个龙门。虎蛟性子慢腾腾的，错过太多机会啦……是不是蛟龙？应该算是了吧！”

虎蛟名字威武，但体形并不算大。它是兽，但总体上是鱼的样子，长了蛇尾。它声音纤细，听起来有些柔弱。吃了它的肉，不仅不生痈肿病，还能治痔疮这种常见病。

虎蛟名“蛟”，在人们的印象中，应该有四只脚，是龙的一种，所以也有人说虎蛟应作“虎鲛”，是鱼的一种。现存的物种中，有大虎鲛，是一种鲨鱼，它性子羞怯，行动缓慢，和虎蛟的样子有些相似，可将两者进行对比。

【虎蛟】明代蒋应镐图本

【海怪】形似大虎鲛

【虎蛟】清代汪绂图本

丹穴山

◎ 原文

又东五百里，曰丹穴之山，其上多金玉。丹水出焉，而南流注于渤海。有鸟焉，其状如鸡，五采而文，名曰凤皇①，首文曰德，翼文曰义，背文曰礼，膺（yīng）②文曰仁，腹文曰信。是鸟也，饮食自然，自歌自舞，见则天下安宁。

◎ 注释

①凤皇：即凤凰。

②膺：胸膛。

◎ 译文

再往东五百里，有座丹穴山，山上盛产金属矿物和玉石。丹水发源于这座山，向南注入渤海。山中有一种鸟，形状像鸡，羽毛五彩斑斓，名叫凤凰。它头上的花纹呈“德”字的形状，翅膀上的花纹呈“义”字的形状，背部的花纹呈“礼”字的形状，胸部的花纹呈“仁”字的形状，腹部的花纹呈“信”字的形状。这种叫凤凰的鸟，饮食自然从容，悠然自得，自己唱歌，自己跳舞，只要它出现，就一定会天下太平。

【凤凰】

【凤凰】明代蒋应镐图本

凤凰

——祥瑞图腾

“凤凰身长六尺有余，三四只一起在空中翱翔时，如彩云绚烂。迎着夕阳看凤归巢，是我最喜欢的闲暇时刻。”

【凤凰】清代《禽虫典》

凤凰身负五德纹彩，姿态优雅从容，自古便是象征祥瑞的神鸟。有凤来仪是明德之君的象征，预兆着国泰民安，万事顺利。凤凰素来被皇族所喜爱。传说少昊诞生时，天空有五只凤凰飞来，分别是红、黄、青、白、黑，代表五方颜色，它们一起落在少昊氏的院内，因此少昊又被称为“凤鸟氏”。

【凤凰】明代《太古遗音》

【凤凰】日本图本

鹓（yuān，出自南禺山）也是一种凤鸟，只住在梧桐树上，只吃竹子结出的果实，只饮甘泉。古代官员上朝被称作“鹓行”，也就是行列整齐地上朝，鹓班也就是朝班，鹓鸿比喻朝官的班列。鹓也经常用来比喻君子与贤者。元好问在《德修家儿子》中提到“凤山自有鹓鸰种，九子相从不厌迟”；三国时贤士庞统号“凤雏”，用以形容其贤能。除了种种赞美，凤凰还有“不死”的传说，浴火重生，就是新的开始。

令丘山

◎ 原文

又东四百里，曰令丘之山，无草木，多火。其南有谷焉，曰中谷，条风自是出。有鸟焉，其状如枭，人面四目而有耳，其名曰颙（yú）[1]，其鸣自号也，见则天下大旱。

◎ 注释

①颙：《玉篇》《广韵》这两本书中“颙”作“鷸”。（清代郝懿行注解。）

◎ 译文

（鸡山）再往东四百里，有座令丘山，山上没有草木，却常喷火焰。山南边有一道深谷，名叫中谷，东北风就是从这里吹出来的。山中有一种鸟，形状像枭，人脸，有四只眼睛，还长着一对耳朵，名字叫颙，它的叫声和名字的发音相同，一出现天下就会发生大旱。

条风

——春风

“谷中有风，山上有火，草木都绝了，结果山上还有只旱鸟。在此处做山神，每日烟熏火燎，喝水也要去别的山上，当真难受。”

【迎春花】

【玉兰花】

条风又称融风，指的是大陆上的东北风，从中谷吹出，在立春前后的四十五日内吹拂。开始吹条风，说明冬天结束了，春回大地，天气转暖，一年的春耕时节就快来了。

颙

——怪鸟鸣旱

“颙和鱄（tuán）是邻居，又都是旱灾的象征，经常一起行动，常听着颙喊‘鱼——鱼——’，然后就有鱄‘哼哼’地应答。”

颙长得像大型的猫头鹰配上人脸，不过它比人还多了两只眼睛，样貌奇异得很。令丘山上没有草木，因为这里有令天不下雨的旱鸟。好不容易生出了一点草木，又被常燃不息的天火烧光了。即使还剩了些顽强的植物，在条风吹拂时，也会被浓烟熏枯。

【颙】明代胡文焕图本

【颙】欧洲图本

【颙】明代蒋应镐图本

【鱄鱼】明代蒋应镐图本

这样恶劣的环境里，只有一种鱼顽强地陪伴着颙。在令丘山旁边的鸡山水系中，有一种名叫鱄鱼的怪兽，它长得像鲫鱼，身上长满了猪毛，叫声像小猪的叫声一样，也是旱灾的象征。

它们如果一起出现，旱灾会非常严重，可能蔓延至全境。特大旱灾有可能带来蝗灾、逃荒、瘟疫等一系列难以在短期内解决的问题，根本无法预测何时灾难才能结束。我国清代的丁戊奇荒就是一次极其惨烈的天灾。

仑者山

◎ 原文

又东三百七十里，曰仑者之山，其上多金玉，其下多青雘。有木焉，其状如穀而赤理，其汁如漆，其味如饴（yí），食者不饥，可以释劳[①]，其名曰白萶（gāo），可以血玉。

◎ 注释

①劳：忧愁。

◎ 译文

再往东三百七十里，有座仑者山，山上盛产金属矿物和玉石，山下盛产青雘。山中有一种树，形似构树，却有红色纹理，树身流出的汁液像漆，味道像糖浆，人吃了不会感到饥饿，还能忘记忧愁，它的名字叫白萶，可以将玉石染红。

白䓘

——解忧树

“从山顶凿下一块冷玉，用它的汁液浸泡上七日，那块玉就成了甘甜的血玉。出门时带在身旁，饿了或想家的时候都可以拿出来舔一口，家乡甜美的味道充斥整个口腔，整个人都振奋起来了。‘右南经之山，大小凡四十山，万六千三百八十里。’以上，我们南山共四十座山，总计一万六千三百八十里。”

白䓘树干割开后会流出红色的汁液，滋味香甜，能解忧排愁，据说吃了一次后，终身都不会忘记。

现实中有龙血树，树汁殷红，割取后熬制成糖浆，凝固之后就是著名的中药——血竭。这药称云南红药，能活血化瘀，和云南白药齐名，被李时珍称为活血圣药。在我国，龙血树已经是珍稀的濒危植物了。

【白䓘】

【龙血树】

·南山逸闻·

苍梧

——舜与丹朱所葬之处

【舜】

【舜南巡图】

在南方有苍梧丘，还有苍梧渊，两者中间就是九嶷山，舜和丹朱葬在那里。舜是尧的继任者，而丹朱是尧的长子，两人曾有过关于皇位的争执。丹朱死后灵魂化成凶鸟，尸身葬在苍梧山的北坡。舜接替尧的位置，做了很久的仁德帝王，死后葬在苍梧山的南坡。这多半是尧嘱咐的，他希望他的儿子能够一直向舜学习，踏实下来，重生后成为一个贤能的人。在两人埋葬之地的东面，有一种独角犀牛，身体藏黑色，默默地陪伴着他们。

【独角犀牛】

巴蛇

——吞象之力

在离犀牛不远的地方，还有一种巴蛇，身上有四种颜色：青、黄、红和黑。这种蛇体形很大，能一口吞掉一只大象，据说象的骨头三年后才吐出来。这条巨大的蛇后来被羿杀死了，骨头像丘陵一样堆积起来，被人称为巴陵。

在巴蜀附近，还有一个朱卷国，里面有一个糊涂神，名叫孟涂。他主管巴蜀地区，但处事非常敷衍，有人来找他断案，他看来人的衣服上有血，就把人家扣押了。他还说自己这样是有好生之德。

【巴蛇】明代胡文焕图本

【玄蛇】巴蛇同类

【巴蛇吞象】清代《离骚图》

【巴蛇】明代蒋应镐图本

氐人国

——神嗣人鱼

【氐人国】清代汪绂图本

【氐人国】明代蒋应镐图本

【氐人国】清代汪绂图本

在建木的西面有一个氐(dǐ)人国，这里的人都是人面鱼身，没有脚，在水里生活。炎帝有个孙子叫灵恝(jiā)，氐人是他的后代，虽然没有腿，但能自由来往于天地间。还有一种传说，氐人国的人死了不久就会复生，可操控云雨，浮游在天际。

枭阳国

——与人同乐

【狒狒】日本图本

【枭阳国】清代成或因图本

在南山西南的地方有个枭阳国，那里的人很高，像狒狒一样，脚后跟是反着长的，嘴唇很厚很大，笑起来的时候，上唇能将脸都盖住。这个国家的人手里拿着竹管，很善于行走，如果见到别人笑，他们就会跟着笑起来。枭阳国的人喜欢吃人，经常在山里面抓独行的过路人做零食。他们的脚虽然是反着长的，但他们跑得飞快，人们根本跑不过他们。抓住人后，他们会先把厚嘴唇翻过来盖在额头上，一阵大笑，等到笑够了，才开始吃人。后来就有聪明人想出了对付他们的办法，先拿两个竹筒套在胳膊上，等他们抓住人的胳膊开始大笑的时候，人们就迅速把胳膊从竹筒里抽出来，掏出匕首一下子钉在他们的额头上，这样不仅把他们的厚嘴唇钉在了额头上，还把他们的眼睛、鼻子都挡住了，可以不费吹灰之力就抓住这高大的怪物。

传说枭是他们部落的图腾，所以这个地方的人隐居在山上，住在巢穴里，特别诚心供奉的人，会化成鸟在夜里飞行。枭在古代是不孝的代表。

【枭阳国】清代吴任臣图本

【枭阳国】明代蒋应镐图本